키워드
한국 현대사 기행 2

키워드 한국 현대사 기행 2

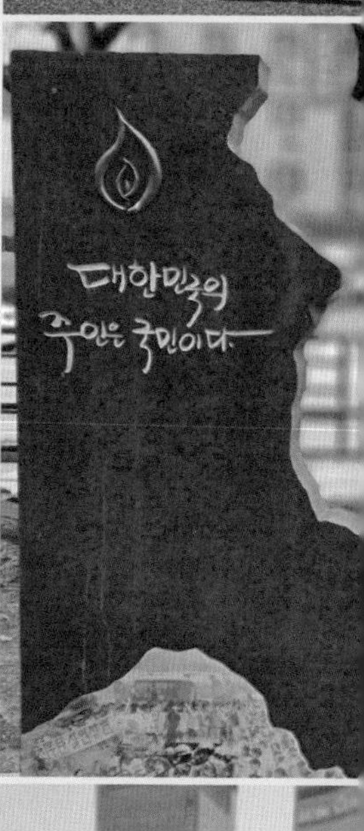

충청 · 강원 · 경기 · 서울

손호철 지음

키워드 한국 현대사 기행 2

충청·강원·경기·서울

초판 1쇄 2022년 8월 15일
지은이 손호철
펴낸곳 이매진 **펴낸이** 정철수
등록 2003년 5월 14일 제313-2003-0183호
주소 서울시 은평구 진관3로 15-45, 1018동 201호
전화 02-3141-1917 **팩스** 02-3141-0917
이메일 imaginepub@naver.com
블로그 blog.naver.com/imaginepub
인스타그램 @imagine_publish
ISBN 979-11-5531-135-6 (04300)
979-11-5531-132-5 (세트)

- 환경을 생각해 재생 종이로 만들고, 콩기름 잉크로 찍었습니다.
- 값은 뒤표지에 있습니다.

차례

4부 | 충청

5부 | 강원

6부 | 경기

4부 충청

49. 대전 | 명학소 민중 봉기

우리의 현재를 빚진 저항의 씨앗

우리는 여러 선입견을 갖고 산다. '충청도 양반'도 그중 하나다. 말이 느리고 행동이 신중해서 생긴 말인 듯하다. 그러다 보니 '항쟁'이나 '봉기'는 충청도에 잘 어울리지 않는다고 여겨진다. '광주' 항쟁이나 '부마' 항쟁은 있지만 '대전' 항쟁은 없다. 나도 얼마 전까지 충청도는 항쟁하고 별로 상관없다고 알았다. 잘못된 생각이었다.

첫째, 1960년 4·19 혁명 때 가장 먼저 이승만 정권에 저항한 곳은 대구(2·28 민주 운동)이고(이 책 32장 참조), 그다음이 대전이다. 바로 마산 3·15 의거에 앞서 대전에서 일어난 '3·8 민주 의거'다. 둘째, 문헌에 나오는 최초의 민중 봉기가 일어난 곳이 대전이다. 흔히 '망이·망소이의 난'으로 부르는 '명학소 민중 봉기'의 무대가 예전의 공주, 현재의 대전이다(명학소 민중 봉기는 고려 때 일어난 사건이지만 근대의 핵심인 자유와 평등을 지향한 만큼 근현대사 기행에 넣었다).

처음으로 민중 봉기가 일어난 곳, 대전

계급을 이야기하면 우리는 조건 반사로 좌파를 떠올린다. 그렇지만 계급이나 신분은 이념이나 정치적 견해에 상관없이 존재해온 객관적인 역사적 현실이다. 계급이라는 말에 신경질적 반응을 보일 박근혜도 조선 시대에 태어나면 노비가 될 수 있고, 내로라하는 극우 논객들도 고대라면 노예 검투사 글래디에이터로 살아갈지 모른다. 이 땅은 시대에 따라 구체적인 모습은 다르더라도 언제나 불평등한 신분 사회였으며, 차별받고 지배받는 민중은 자유와 평등을 얻으려 투쟁했다.

"무신정변 이후 천민도 권력자에 올랐다. 그러니 우리라고 왕후장상이 되지 말라는 법이 있는가? 왕후장상의 씨가 따로 있겠는가? 각자 주인을 없애고 노비 문서를 불태운 뒤 시장에 모여 봉기하자!"

1198년 최충헌의 사노비인 만적이 노비들을 모아 만적의 난을 일으키면서 한 연설은 자유와 평등을 향한 투쟁을 상징적으로 보여줬다.

"왜 우리만 갖가지 차별을 받아야 하는 겁니까?"

1176년 정월, 현재 대전광역시 서구 탄방동 일대에 자리한 명학소에서 망이와 망소이가 사람들을 모아놓고 열변을 토했다. 명학소 민중 봉기가 시작됐다. 고려 시대에는 일반 행정 구역 말고도 향, 소, 부곡 같은 특수 행정 구역이 있었다. 신분상 양민이던 이곳 사람들은 일반 양민보다 세금은 훨씬 많이 내면서도 과거를 못 보고 국학에 들어가지 못하며 승려도 될 수 없었다. 그중 소는 철강 등 특수 제품을 만드는 곳이었다. 명학소의 실체에 관련해서는 '탄방동炭坊洞'이라는 지명에서 알 수 있듯 숯을 만든 곳이라는 설, 숯을 써서 철을 만든 곳이라는 설, 단순한 수공업 생산지로 탄방동은 훨씬 뒤에 생긴 지명이라는 설 등이 맞선다.

명학소 민중 봉기가 일어난 원인은 두 가지였다. 첫째, 무신들이 힘으로 권력을 잡은 무신정변을 본 뒤 민초들도 신분제란 영원한 제도가 아니며 언제든 뒤엎을 수 있다는 현실을 깨우쳤다. 둘째, 무신들이 문신들보다 더 악랄하게 수탈하는 바람에 삶이 피폐해지고 불만도 쌓였다. 명학소 말고도 곳곳에서 반란이 일어났는데, 신분 차별까지 겹치면서 저항이 거세졌다. 소에 사는 사람이 얼마 안 되는 탓에 봉기는 농민이 합세한 뒤에야 폭발할 수 있었다. 그래서 연구자들은 명학소 민중 봉기가 특수 행정 구역인 소에 사는 민중들이 벌인 신분 해방 운동이자 농민 반란이라는 이중성을 지닌 민중 연합 봉기라고 생각한다. 예나 지금이나 단일 계급이 아니라 다양한 민중들이 함께 손잡을 때 힘은 배가되기 마련이다.

망이와 망소이가 이끄는 봉기군 1000여 명은 수적 열세를 뚫고 공주를 공격해 함락했다. 놀란 중앙 정부가 대규모 진압군을 보내지만 봉기군은 잇달아 승리했다. 봉기군은 충주로 진격했고, 산행병마사山行兵馬使를 자칭한 망이는 농토를 빼앗기고 산으로 올라간 농부들을 설득해 힘을 합쳤다. 반란이 길어져 반년을 넘기자 중앙 정부는 명학소를 일반 양인에 견줘 부역 등에서 동등한 대우를 받는 충순현忠順縣으로 승격시킨다는 파격적인 유화책을 제시했다. 망이와 망소이 등은 이런 제안에 응하지 않지만 몇몇 봉기군은 동의하면서 분열이 일어났다. 게다가 서경(지금의 평양)에서 조위총의 난을 진압한 병력까지 내려오자 봉기군은 1177년 초에 항복했다. 중앙 정부는 봉기군에게 곡식을 나눠주고 고향으로 돌려보냈다.

끝난 듯하던 명학소 민중 봉기는 두 달 뒤 다시 타올랐다. 예산에 있는 가야사를 약탈한 망이와 망소이는 천안으로 가 홍경원을 습격해 불태우고 승려들을 살해했다. 2차 봉기였다. 중앙 정부가 유화책을 쓰면서도 뒤로는 가족들을 잡아가는 등 보복을 한 때문이었다.

"싸우다 죽을지언정 결코 항복하지 않고, 반드시 왕경까지 쳐들어가겠다."

봉기군은 홍경원의 주지승을 거쳐 개경으로 보낸 편지에서 이렇게 정권 타도와 권력 장악의 의지를 밝혔다. 봉기군은 청주를 장악하고 이천 등 지금의 경기도 남부까지 진출하지만 관군에 진압됐다. 1년 반 만에 실패로 끝난 명학소 민중 봉기는 소 같은 행정 제도를 없애고 사회경제적 불평등에 맞선 저항의 씨를 뿌렸다.

기념물이 된 불온한 반란

대전광역시 서구에 가면 남선공원이 있다. 작은 공원 한가운데에 꽤 높은 탑이 보인다. 기둥 세 개를 세운 탑 앞에 머리띠 동여매고 죽창과 칼 든 장정들을 본뜬 조각상이 서 있다. 2006년에 만든 '명학소 민중봉기 기념탑'이다. 근처 유성온천에 자주 왔지만 이런 탑이 있는 줄은 몰랐다. 지자체들이 기념 시설을 짓느라 경쟁한다지만 불온한 반란으로 치부하던 망이와 망소이의 난을 이름까지 바꿔 기념한 탑은 상상하지 못했다. 지방 자치는 좋은 제도다.

기둥 세 개는 과거, 현재, 미래를 각각 뜻하며, 정면에 선 장정들은 망이와 망소이였다. 점잖게 칼을 찬 이들에 견줘 세 기둥 끝에 있는 농민군들은 분노에 차 고함을 지르며 칼을 내리 찍으려 하거나, 죽창을 찌르거나, 주먹을 쥔 팔을 높이 쳐들고 소리 지르는 전투적인 모습이다. 화장실 외벽에 그린 벽화가 특이하다. 관군에 맞서 싸우는 봉기군 사이에 스님이

명학소 민중봉기 기념탑 앞에
반란군 지도자 망이의 동상을 세웠다.

명학소 민중들이 관군에 맞서 싸우는 모습(왼쪽)과 봉기를 준비하는 모습(오른쪽)을 그린 벽화.

두 명 있다. 화가가 단순히 상상력을 발휘해 스님들을 그려 넣을 리는 없는데, 자료는 찾지 못했다.

우리가 누리는 자유와 평등은 동학혁명 같은 근현대에 벌어진 투쟁에 기인하지만, 실질적으로 실현되기 시작한 때는 해방 이후다. 그러나 그 뿌리는 멀리 명학소 민중 봉기에 닿아 있다. 우리는 모두 명학소 민중 봉기에 조금씩 빚진 사람들이다.

망이와 망소이의 후예들, 그리고 3·8 민주 의거

"학생을 정치 도구화하지 말라!"

"학교에서의 선거 운동을 배격한다!"

대통령 선거를 며칠 앞둔 1960년 3월 8일, 대전고등학교 1학년과 2학년 학생 1000여 명이 교문을 박차고 나와 구호를 외치며 대전 시내

3·8민주의거 기념탑.

중심가로 달려갔다. 바로 3·8 민주 의거다.

3·8 민주 의거는 3·15 부정선거와 4·19 혁명에 관련해 맨 처음 일어난 대구 2·28 민주 의거에 동조해 벌어진 시위다. 고등학생을 선거에 동원하는 이승만 정부에 반대해 학생들이 들고 일어난 사건이다. 경찰은 관권 선거를 반대하는 평화 시위에 무차별 구타와 연행으로 대응했다. 분노한 학생과 시민들은 3월 10일에 투석전까지 동반된 대규모 시위를 벌였다.

잊힌 3·8 민주 의거는 1987년 민주화 뒤 재조명되기 시작해 2006년에는 명학소 민중봉기 기념탑에서 멀지 않은 둔지미공원에 3·8민주의거 기념탑이 들어섰다. 하늘을 찌를 듯 높이 솟은 탑 위에는 새 한 마리가 앉아 있었다. 2018년 정부가 3월 8일을 국가 기념일로 지정한 뒤부터 대전시는 해마다 3월 8일 이곳에서 기념행사를 연다.

찾을 곳

명학소 민중봉기 기념탑 대전광역시 서구 남선로 66 남선공원. **3·8민주의거 기념탑** 대전광역시 서구 둔산동 533 둔지미공원.

50. 공주 | 우금치

동학혁명 정신을 되살린 5·16과 유신?

공주와 보은은 거리는 멀지만 슬픈 역사를 공유한다. 19세기 말 조선 민중의 꿈을 상징한 동학농민혁명을 이끈 농민군이 최후의 전투를 벌이고 처절하게 산화한 곳이다.

"전투가 아니라, 일방적인 학살, 살육이었다."

우금치 전투에 관해 어느 연구자가 한 말이다. 우금치는 논산에서 공주로 올라가는 언덕이었다. 관광지로 만들려고 주차장 닦는 공사가 한창이었다. 언덕을 올라 '동학혁명군 위령탑' 앞에 섰다.

우금치 산마루에 통곡 소리 묻히고

전투가 벌어진 장소를 답사하려고 언덕 위로 더 올라가자 공주여성인권회에서 걸어놓은 '평화·평등·존중'이라는 깃발이 나타났다. 언덕 아래 버려진 푸른 숲의 적막 속에 동학군의 마지막 신음 소리가 들리는 듯했다. 동학군은 논산에서 우금치로 올라오다가 학살됐는데, 위령탑은 우금치 넘어 북쪽, 곧 공주와 서울 쪽에 세웠다. 탑 앞에서 짚신이 생각났다. 소설가 김성동이 〈개남아, 개남아, 김개남아! — 짚신과 워커〉에서 지적한 대로 군화 신은 일본군에 맞선 동학군은 꽁꽁 언 길과 얼음 탑 건너 남도에서 우금치까지 짚신발로 행군했다. 이미

개틀링 건. 고종이 군대를 현대화한다면서 농민을
수탈한 세금으로 수입한 기관총이다.

신발에서 이길 수 없는 전투였다.

개틀링 건은 남북전쟁 때 도입된 세계 최초의 기관총이다. 1894년 11월 8일 우금치, 일본군 대위의 도움을 받아 바퀴 달린 기관총을 설치한 관군은 언덕 아래 개미떼처럼 모여든 동학군이 공격을 시작하기를 기다렸다. 몇몇만 화승총으로 무장하고 대부분 죽창을 든 동학군이 고함을 지르며 언덕을 달려 올라왔다.

"발사!"

기관총이 불을 품기 시작하자 동학군은 꽃잎처럼 쓰러졌고, 자주와 해방을 염원하던 민중의 꿈과 자생적인 근대화의 가능성도 함께 사라졌다. 동학군은 2만 명, 관군은 3200명, 일본군은 200명이었다. 현대식 기관총 앞에서 수적 우위에 기반한 인해 전술식 공격은 아무런 힘을 발휘하지 못했다. 개틀링 건은 병인양요와 신미양요 등을 겪으며 군을 현대화해야 한다고 느낀 고종이 큰돈 주고 수입한 무기였다. 봉건 왕조가 민중을 수탈해 장만한 현대식 무기에 동학군이 쓰러졌으니, 이보다 더한 비극이 어디 있겠는가? 일본군보다 관군이 많은 만큼 학살 주범은 일본이 아니라 조선이었다. 동학군 학살의 또 다른 축인 민보군이 같이하지 않은 점은 그나마 다행이었다.

개혁적이지만 자주적이지 못한 개화파의 하향식 근대화 실험, 그리고 자주적인지 모르지만 낡은 봉건제를 수호하려던 위정척사파하고 다르게 자주적이면서 개혁적인 자생적 근대화를 추구한 동학농민혁명은 조선 왕조-일본-양반이 꾸린 삼각 연합에 부딪혀 좌초했다. 우금치 전투는 이 비극에 마침표를 찍은 사건일 뿐이었다.

역사의 정치화와 독재의 정당화

우금치는 동학 최후의 격전지라는 의의 말고도 또 다른 역사적 의미를 지닌 곳이다. 국정 교과서 논쟁으로 문제가 된 '역사의 정치화'를 잘 보여주는 사례다. 동학혁명이 평등과 자유를 지향한 반면 박정희는 5·16 쿠데타를 일으켜 자유와 평등을 짓밟았다. 유신 또한 자유와 평등을 짓밟은 '정반대 운동'이다. 동학은 박정희와 유신에 어울리지 않는데, 우금치에 세운 동학혁명군 위령탑은 박정희 독재에 밀접히 관련된다. 박정희가 위령탑을 세우는 데 도움을 주고 탑명도 직접 썼다.

유신 1주년인 1973년에 세운 동학혁명군 위령탑 비문에는 5·16 쿠데타와 유신이 동학혁명의 정신을 계승한 사건이라는 구절이 들어 있다. 대표적인 친독재 어용 지식인 이선근이 쓴 이 비문이다. 민주화 운동이 한창이던 1985년에 한 사회 단체 회원들이 '5·16혁명', '시월 유신', '박정희 대통령'이라는 단어를 파버렸다. 어렵게 읽을 수는 있다. '님들이 가신 지 80년, 5·16혁명 이래의 신생 조국이 새삼 동학혁명의 순국 정신을 오늘에 되살리면서 빛나는 시월 유신 한 돌을 보내게 된 만큼 이 언덕에 잠든 그 님들의 넋을 달래기 위해 이 탑을 세우

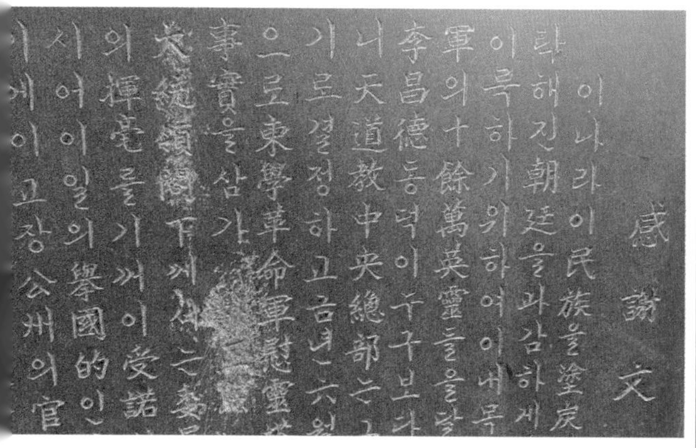

우금치 동학혁명군위령탑. 박정희가 유신 뒤에 세운 이 탑 비문에는 유신이 동학 정신을 계승한다는 구절이 있는데, 1985년에 한 사회 단체가 '시월 유신', '박정희 대통령', '5·16혁명' 같은 단어를 파버렸다.

노니.' 유신이 '동학혁명의 순국 정신'을 되살리는 일이라니, 모독도 이런 모독이 없다.

반란으로 치부되던 동학의 명예를 회복시킨 사람도 박정희였다. 박정희는 5·16 쿠데타로 권력을 잡자 경북 선산 지역의 접주로 동학혁명에 가담한 뒤 간신히 살아남은 아버지의 뜻을 살려 '동학난'을 '동학농민혁명'으로 승격시켰고, 1963년에는 황토현에 최초의 동학 기념물인 '갑오동학혁명기념탑'을 세웠다. 그러고 나서 다시 동학혁명군 위령탑을 세울 수 있게 지원했다. 박정희가 동학 재평가에 크게 기여한 점은 평가할 만하지만, 5·16 쿠데타와 유신을 정당화하는 데 역사를 이용한 행동은 잘못이었다. 또한 박정희가 갑자기 동학을 띄우자 학계도 허겁지겁 동학 재평가 작업에 들어가면서 기초 연구 없이 일본군이 작성한 공초 문서 등에 의존한 바람에 동학 연구가 첫 단추부터 잘못 꿰어지기도 했다.

정권 정당화에 동학 이용하기, '동학 능욕'의 절정은 전두환이었다. 광주 학살은 우금치 학살에 견줘 별 차이 없는 잔인한 만행이었다. 권력을 잡은 전두환은 갑자기 전봉준 관련 유적을 정비하라고 지시했고, 1983년 황토현 전적지 일대 4만 5000평 부지에 황토현기념관을 세웠다. 그곳에 세운 전봉준 동상은 대표적인 친일 조각가 김경승이 만든데다가 맨 상투로 압송되는 사진을 바탕으로 하는 통에 장군의 풍모가 아니라 죄수의 모습이라는 비판을 듣다가 얼마 전 철거됐다.

우금치에서 동쪽으로 한 시간 반을 달리면 충북 보은이 나온다. 우금치 전투에서 패배한 북접 농민군이 장수, 진안, 영동을 거쳐 전열을 가다듬으려 이곳에 집결했다. 때마침 폭설이 내리자 장거리 행군에 지친 농민군은 다음 전투를 대비해 북실마을에서 휴식을 취했다. 일본군과 관군이 파수병들을 살해하고 기습 공격을 해 농민군 2600명을 몰살했다. 옛 북실마을에 만든 동학농민혁명기념공원 언덕 꼭대기에는 죽창 든 농민군이 쓰러진 동료를 안은 조각과 동학농민혁명군위령탑이 서 있다.

보은에 세운 동학농민혁명군위령탑.

'권귀'들을 물리쳐서 이 나라를 반석 위에

서울로 올라오는 내내 동학농민혁명군위령탑에 새겨진 무명 동학 농민군의 일기가 떠올랐다.

늙으신 부모님을 남겨두고 집을 떠나온 지 어느덧 두 달이 지났다. …… 떠나기를 망설이던 나에게 단호히 말씀하시던 아버님의 목소리가 지금도 귓전에 쟁쟁하다. '가서 저 무도한 왜놈들과 서양 오랑캐들, 서울의 권귀權鬼(권력을 탐하는 귀신)들을 물리쳐서 이 나라를 반석 위에 두고 장차 만백성이 저마다 하늘님이 되는 세상을 열어라.' …… 우리는 우금치 능선을 오르내리며 관군, 일본군과 밤낮없이 혈전을 벌였다. 전투가 거듭될수록 …… 동학 농민군의 주검들이 골짜기마다 겹겹이 쌓여갔다. 찢겨진 깃발 나부끼는 겨울나무 가지 사이로 게걸스럽게 날아드는 숱한 까마귀, 까마귀 떼, 까마귀 떼를 뒤로 한 채 우리들은 피눈물을 흘리며 후퇴를 거듭했다.

처절한 일기는 보은으로 이어진다.

석 달 만에 다시 밟은 보은 땅 덜컥 내려앉은 하늘에서 폭설이 쏟아지고 있었다. …… 12월 18일 꼭두새벽, 마을을 둘러싼 산자락에서 적들의 총구가 불을 뿜기 시작했다. 최후의 결전! 골짜기마다 까마귀에게 눈알 빼앗기고 심장 파헤쳐진 채 나뒹굴던 벗들이여, 형제들이여. 아, 수많은 농민군들이여. 우리의 피와 살과 뼈가 흩어진 이 산하에 고이 잠들라. 그대들을 따라 저 쏟아지는 눈보라를 뚫고 왜놈들의 총구를 헤치고 이 깊은 역사의 겨울을 넘어가리니, 기필코 눈부신 봄을 맞으리니. 진달래 되어 조선 산하 굽이굽이 꽃불 밝히리니.

이제 '무도한 왜놈들과 서양 오랑캐들, 서울의 권귀들'은 물러나고 만백성이 저마다 하늘님이 된 세상이 온 걸까? 깊은 역사의 겨울을 넘어, 조선 산하 굽이굽이 꽃불 밝히는 눈부신 봄이 온 걸까?

찾을 곳

우금치 전적지 충청남도 공주시 금학동 327-2. **동학농민혁명기념공원** 충청북도 보은군 보은읍 동학로 236-22. **송장배미** 충청남도 공주시 금성여고 앞 용못.

우금치 근처에 있는 용못은 동학농민군 시신으로 가득차 송장배미라는 이름이 붙었다.

51. 아산 | 김옥균

재주는 비상하지만 '상식'을 모른 자의 비극

구한말 격동의 개화기, 가장 처참한 말로를 기록한 지도자는 누구일까? 최익현을 비롯한 많은 선비가 곡기를 끊고 자정 순국을 하지만, 이 정도는 '양반'이었다. 전봉준 사례를 보자. 전봉준이 교수형을 당한 뒤 형제들도 연좌제에 걸려 목숨을 잃었고, 후처는 노비가 됐다. 동학혁명군에서 가장 처참한 최후를 맞은 사람은 전주에서 처형된 김개남이다. 양반들이 앞다퉈 시신의 내장을 나눠 씹어 먹었고, 잘린 머리는 서울로 보내 서소문에 효시한 뒤 전국을 돌며 전시됐다.

전봉준과 김개남보다 더 비참한 사례도 있다. 암살된 뒤 능지처참을 당해 머리는 효시되고, 갈가리 찢긴 몸은 전국을 돌며 전시되고, 생모와 누이는 음독 자결하고, 생부는 투옥 뒤 처형되고, 동생은 옥사하고, 부인은 간신히 관군을 피해 숨어 지냈다. 도대체 누구이고 무슨 짓을 해서 온 집안이 풍비박산이 난 걸까? 바로 김옥균이다.

일본은 동양의 영국, 조선은 동양의 프랑스

충남 공주시 정안면 광정리 외딴 곳에 잡초만 무성한 공터가 있다. 작은 비를 세워둔 이곳은 김옥균이 태어나고 자란 생가 터다. 10여 가구가 살던 작은 마을은 불이 나서 다 타고 빈터만 남아 있다. 명문 양반집 장남인 김옥균은 여섯 살 때 먼 친척인 세도가 김병기의 양자로 들어갔다. 1870년 흥선 대원군이 총애하던 박규수의 문하가 돼 개혁적 인사들을 만나고 일본에서 들여온 서양 문물을 접했다. 재주도 빼어나 2년 뒤에는 과거에 장원 급제해 관직에 나갔다.

위기에 빠진 조국을 구하려면 개화를 해야 한다는 생각에 김옥균은 박영효와 서재필 등하고 비밀 결사를 꾸렸다. 1881년 신사유람단을 구성해 일본에 가 구석구석을 돌아보고 개화의 길을 연구했다. 대원군이 임오군란에 연관돼 청나라로 끌려가자 승승장구한 김옥균은 일본이 동양의 영국이 되려 하니 조선은 동양의 프랑스가 돼야 한다는 글을 고종에게 올렸다. 김옥균은 그 뒤에도 수신사 자격으로 일본을 드나들었고, 일본은 자기들이 군비를 증강해야 조선 독립을 돕고 아시아 평화를 도모할 수 있다며 설득하는 한편 차관을 주선하려 하는 등 조선의 천재를 친일파로 만들려 노력했다.

김옥균은 신분제 철폐, 공평한 인재 등용을 위한 공채 제도, 무상

김옥균이 나고 자란 생가 터에 세운 추모비.

토지 분배, 근대 공업 발전, 신식 학교 설립, 자주 국방력 강화, 종교의 자유 허용, 영세 중립국화 등 포괄적인 개혁을 주장했다. 이렇게 생각은 개혁적이었지만 실생활을 보면 김옥균도 신분제를 벗어나지 못한 면이 많았다. 개혁의 동지여도 세도가 집안이 아니라 평민 출신이면 시종처럼 부리는 바람에 항의를 받고 사과한 일이 있었다. 재정 위기를 벗어나려 일본에서 차관을 도입하는 시도가 실패하고, 박영호 등이 설립한 서양식 군사 학교가 폐교되고, 개화파들이 만든 최초의 근대적 신문《한성신보漢城新報》가 명성황후 일가들이 행사한 압력에 밀려 폐간되는 등 수구파가 득세하자 김옥균은 정계를 은퇴하고 칩거한다.

삼일천하로 끝난 개혁의 꿈

안국동 로터리 조계사 정문 앞 오른쪽에 울긋불긋한 단청으로 장식한 한옥이 있다. 처음으로 근대적 우편 업무를 수행한 우정국이다. 부속 건물은 불타 없어지고 본청만 남았다. 1884년 10월 17일, 이곳에서

우정총국은 이제 본청만 조계사 앞에 남아 있다.

우정국 준공식이 열렸다. 축하연이 무르익자 김옥균은 미리 상의한 일본 공사관에 오늘 거사를 할 테니 군대를 준비하라 부탁했고, 서재필에게도 병력을 동원하라 귀띔했다. 갑자기 북쪽 건물에서 불이 나 참석자들이 건물 밖으로 피신하자 매복하고 있던 개혁파 군인들이 수구파들을 처단했다. 갑신정변이 시작됐다.

김옥균은 궁으로 달려가 미리 이야기해놓은 대로 고종과 명성황후 등하고 함께 경우궁으로 이동했고, 궁 주변에 일본군을 배치해 경비를 강화했다. 왕명을 받고 입궐한 위정척사파와 수구파를 처단하고 청에 주는 조공 폐지, 능력에 따른 인재 등용, 조세 개혁, 농민 부채 쌀 탕감 등 개혁안을 발표했다. 특히 전국민 단발과 과거 폐지 등 혁명적인 세부 개혁안도 발표했다. 그러나 명성황후가 한 요청을 받아 청나라 군대가 출동하고 수적 열세가 된 일본군이 처음 한 약속하고 다르게 철수하면서 갑신정변은 사흘 만에 실패했다.

삼일천하로 끝난 갑신정변은 김옥균과 개화파의 한계를 잘 보여줬다. 개화파는 낡은 신분제를 유지하려 한 위정척사파나 수구파에 견줘 신분제 타파를 주장하는 등 전체적인 방향은 옳았다. 그러나 일본의 도움을 받아 개혁을 하려는 생각은 비극적이다 못해 희극적이다. 다른 나라도 아니고 호시탐탐 조선을 집어삼키려 기회를 엿보는 일본에서 군대를 빌려 혁명을 하려 한 때문이었다.

동학을 다루면서 살펴본 대로 우리는 구한말에 닥친 위기에 세 가지 방식으로 대응했다. 하향식은 선비들이 중심이 된 위정척사파와 김옥균을 중심으로 한 개화파가 한 대응이었고, 상향식은 농민이 중심이 된 동학농민혁명이었다. 개혁적이면서 자주적인 대응은 동학농민혁명뿐이었다. 위정척사파는 지향은 '자주적'인지 모르지만(청나라 중심의 질서를 유지하려 하거나 소중화주의에 빠진 점을 보면 올바른 의미에서 자주적이지도 않았지만), 시대착오적 신분제와 봉건 질서를 지키려 한 점에서 퇴행일 뿐이었다. 개화파는 신분제 타파 등 세계사적 흐름을 따라가려 한 점에서 높이 평가해야 하지만, 외세에 기대어 이런 목표를 달성하려 한 면은 희극적이었다.

갑신정변이 삼일천하로 끝난 뒤 김옥균의 삶은 별 의미가 없다. 박영효 등하고 함께 일본 공사관으로 도주한 김옥균은 일본인으로 변장한 채 일본군의 호위 아래 인천항으로 가 일본 배를 타고 일본으로 망명했다. 일본에서 고위층을 접촉하며 조선으로 쳐들어가 명성황후 정권을 전복하려 시도했다. 이런 소식을 들은 고종과 명성황후는 여러 차례 자객을 보냈다. 찬밥 신세가 된 뒤에는 청나라의 실세인 이홍장을 만나 담판을 지으러 상해로 간다. 그러나 이홍장을 만나지도 못하고 홍종우가 쏜 총을 맞았다. 김옥균의 시신은 서울로 와 양화진에서 능지처참한 뒤 목은 '대역부도大逆不道 옥균'이라는 깃발을 걸어 효시하고 조각낸 신체 부위도 전국을 돌며 전시했다.

세 개의 무덤으로 찢긴 비상한 재주

갑오개혁 뒤 복권된 김옥균의 묘는 일본 도쿄 중심부 아오야마 공원묘지의 한구석 외국인 묘역에 자리한다고 알려져 있지만, 그렇지 않다.

김옥균 묘는 세 군데다. 김옥균은 일본 망명 시절 주위에서 감시를 피하려면 주색에 빠진 척하라고 충고하자 문란한 생활을 했다. 그때 만난 내연의 처 중 한 명이 남대문 도성을 넘어 장대에 달린 김옥균의 목을 내려서 한강 물에 씻은 뒤 일본으로 가져가 도쿄에 자리한 진정사에 묻었다. 다른 하나는 아오야마 공원묘지 외국인 묘역이다. 일본인 친구들이 목숨을 잃은 친구 김옥균의 의관을 비롯해 머리카락과 손톱, 발톱을 챙겨 와 묻은 곳이다. 지금 아오야마에는 위패만 남아 있다. 김옥균의 양아들 김영진이 이 무덤을 수습해 귀국한 때문이다. 충청남도 아산에 가면 언덕 위 무성한 숲속에 낡은 석물이 지키는 무덤이 하나 있다. 아산 군수를 지낸 양아들 김영진이 아오야마에 자리한 묘에서 머리카락 등을 수습해 와 묻은 김옥균의 묘다.

'비상한 재주를 갖고, 비상한 시대를 만나, 비상한 공도 못 세우고, 비상하게 죽은, 하늘나라의 김옥균 공이여.' 아오야마 김옥균 묘지에 세운 비석에 유길준이 적은 글이다. 김옥균 묘 앞에 서서 김옥균을 생각했다. 비상한 시대에 태어난, 비상한 재주를 지닌 인재인지는 모르겠지만, 외국 군대를 빌려 혁명을 할 수는 없다는, 별로 비상하지 않은 상식을 알지 못한 잘못 때문에 중요한 역사적 실험을 실패로 이끌고 비참한 말년을 보낸 비운의 주인공이라는 생각은 지울 수 없었다.

찾을 곳

우정총국 서울특별시 종로구 우정국로 59. **공주 김옥균 선생 유허(생가 터)** 충청남도 공주시 정안면 광정리 38. **아산 김옥균 선생 유허(묘지)** 충청남도 아산시 영인면 고균길 41.

충남 아산에 자리한 김옥균 묘지.

52. 제천 | 친일 문학

두 얼굴의 문학, 반야월과 '종천 친일파' 서정주

'천등산 박달재를 울고 넘는 우리 님아/ 물항라 저고리가 궂은비에 젖는구려/ 왕거미 집을 짓는 고개마다 굽이마다/ 울었오 소리쳤소 이 가슴이 터지도록.'

가요 〈울고 넘는 박달재〉의 한 구절이다. 박달재는 충청북도 충주에서 제천을 잇는 38번 국도를 달리다가 제천에 거의 다 가면 나타나는 사랑산 고개다. 과거를 보러 가는 경상도 청년 박달과 고개 아랫마을에 사는 금봉이의 슬픈 사랑 이야기가 전해 내려오는 곳이다. 인기 작사가 반야월이 이 전설을 바탕으로 〈울고 넘는 박달재〉의 가사를 지었다. 이 가요 덕분에 박달재라는 이름이 유명해졌다. 한때 트럭이 많이 다녀서 툭하면 길이 막혔지만, 박달재터널이 생긴 뒤부터는 박달과 금봉이를 기리는 조형물과 '박달재 노래비'만 쓸쓸히 남은 한적한 고개가 됐다.

박달과 금봉이의 사랑을 묘사한 기념 조형물.

박달과 금봉이의 사랑을 노래한 친일 작사가

이곳이 한국 현대사의 중요한 현장인 이유는 반야월 때문이다. 반야월은 작곡가 박춘석, 가수 이난영하고 함께 '한국 가요계의 3대 보물'로 불린 작사가다. 〈단장의 미아리고개〉, 〈소양강 처녀〉, 〈산장의 여인〉 등 히트곡을 작사했고, 노래비도 가장 많이 세웠다.

노래비 옆에는 작은 팻말이 있다. 2016년 제천의병유족회와 민족문제연구소 제천단양지회는 '가수 반야월의 일제하 협력행위'라는 팻말을 세운다. 박달재를 넘어가다가 우연히 이 팻말을 보고 받은 충격을 잊을 수 없다. 이 땅에 친일 문인 고발 기념물이 있다는 이야기를 들은 적이 없기 때문이다. 다만 거제 포로수용소 김백일 동상 옆에는 만주국 장교로 간도특설대 창설에 참여하고 독립운동가들을 탄압한 사람이라고 적은 '김백일 친일행적 단죄비'가 있다.

작사가 반야월을 기리는 박달재 노래비.
박달재 노래비 옆에는 반야월이 저지른 친일 행각을 고발하는 표지판을 세워놓았다.

나아가자 결전이다. 일어나거라/ …… 민족의 진군이다 총력전이다/ 피 뛰는 일억일심 함성을 쳐라/ 싸움터 먼저 나간 황군 장병아/ 총후는 튼튼하다 걱정 마시오/ …… 올려라 히노마루 빛나는 국기/ …… 승리다 대일본은 만세 만만세

반야월은 이런 가사가 포함된 〈일억일심〉을 작사하고 노래도 직접 부르는 등 친일 행각을 저질러 2009년 민족문제연구소가 발간한 《친일인명사전》에 실렸다. 팻말에는 세상을 떠나기 2년 전인 2010년 국회 간담회에서 친일 행각을 사과한 사실도 자세히 적어놓았다.

팔자 따라 한 친일

해방 뒤에도 친일파가 계속 권력을 잡으면서 친일 문제는 오랫동안 금기였다. 임종국이 1966년 《친일문학론》을 발표했지만, 그 뒤에도 우리는 친일 문제를 제대로 단죄하지 못했다. 몇몇 뜻있는 사람이 1991년에 임종국의 뜻을 살려 민족문제연구소를 만든 뒤 조사와 연구를 거쳐 《친일인명사전》을 발간하자 정부도 뒤늦게 노력했다. 친일반민족행위진상규명위원회를 구성한 노무현 정부는 친일파 705명을 발표하지만 문제가 있었다. 여기에는 일왕에게 혈서로 충성을 맹세하고 일본 육사를 졸업해 관동군에 복무한 박정희는 제외됐다. 또한 정부 훈장 등을 받은 225명 중 2019년 현재 25명은 서훈이 취소되고 유명한 친일 고문 경찰 노덕술을 비롯해 200명은 서훈이 유지되고 있다.

한 송이의 국화꽃을 피우기 위해

봄부터 소쩍새는

그렇게 울었나 보다.

설경이 아름다운 곳을 꼽을 때 전라북도 고창군 선운사가 빠지지 않는다. 선운사에서 북쪽으로 올라가 전망이 기막힌 언덕 위에 서서 바다를 내려다보면 누구나 다 아는 서정주의 〈국화 옆에서〉가 떠오른다. 이곳이 폐교를 정비해 만든 미당시문학관이기 때문이다.

미당 서정주는 '국민 시인', '우리말 시인 중 가장 큰 시인', '시의 정부政府'라는 칭송을 받지만, 《친일인명사전》은 물론 정부가 발표한 친일파 명단에도 오른 대표적인 친일 문인이다. 광주 학살 주범 전두환을 찬양하고, 솔직히 사과한 반야월에 견줘 변명만 늘어놓은, '우리말 시인 중 가장 큰 곡학아세曲學阿世의 큰 어른'이다. 학문이 아니라 글을 왜곡해 아부한 사람이니 '곡문아세曲文阿世의 큰 어른'이라 할 만하다.

> 우리의 몸뚱이를 어디다 던져야 할 것인가? …… 인제 겨우 20살의 벗아, 나도 너처럼 하고 싶구나. 나도 총을 메고 머언 남방과 북방을 포연과 탄우를 뚫고 가보고 싶구나.

천안에 있는 친일 문학 연구의 선구자 임종국 선생 흉상.

미당시문학관 입구에 세워놓은 서정주 흉상.

서정주는 '우리말의 달인'답게 뛰어난 문장력으로 젊은이들에게 징병을 권유하고 가미가제까지 찬양했다. 민주화 뒤인 1990년대에도 국민 총동원령 때문에 징용에 안 끌려가려고 어쩔 수 없이 친일 문학을 썼다고, '살기 위해 어쩔 수 없었던 일'이었다고, 자기가 친일파라면 '하늘이 이 겨레에게 주는 팔자'라고 생각해 하늘의 뜻을 따르는 '종천從天 친일파'일 뿐이라고 변명을 늘어놓았다. 서정주에 견주면 반야월은 최소한의 양심은 있는 셈이었다.

> 한강을 넓고 깊고 또 맑게 만드신 이여
> 이 나라 역사의 흐름도 그렇게만 하신 이여
> 이 겨레의 영원한 찬양을 두고두고 받으소서.

서정주의 '곡문아세'는 친일에 그치지 않았다. 전두환에게 생일 축시 〈처음으로〉도 바쳤다. 삼청교육대에 끌려가지 않으려면 어쩔 수 없었다고 변명했을까? 서정주는 '변명의 대가'답게 핑계를 댔다. "하도 깡패같이 굴어서, 좋은 사람이라고 하면 사람을 안 죽일 것 같아서 그랬다." 서정주를 따르는 '후학'들도 스승하고 크게 다르지 않았다. "생전에 시집으로 발표한 작품만 수록하는 것이 원칙이다."《미당 서정주 전집》을 내면서 친일 시를 빼버려 비판을 받자 내놓은 변명이다.

핑계 있는 무덤, 친일

나는 '운 좋게' 늦게 태어나 반민족적 친일과 죽고 죽이는 이념 대립을 강요당하지 않았다. 그러나 일개 필부가 아니라 지도자나 지식인은 달라야 한다. '가능 의식'과 '한계 의식'이라는 말이 있다. 루시앙 골드만은 한 인간을 연구할 때 그 시대가 불가피하게 한계를 지우는 '한계 의식'과 그 시대에도 가능한 '가능 의식'이 있다고 했다. 이를테면 일제 강점기에 이광수가 한 친일 행위를 평가할 때, 순수 가정으로 모두 어쩔 수 없이 친일을 한 상황이라면 친일은 '한계 의식'이다. 그러나 한용운이나 장준하 등 항일 운동을 한 사람들이 있다면 친일은 한계 의식이 아니라 그 시대에도 가능한 '가능 의식'이 된다.

최인훈은《서유기》라는 소설을 썼다. 주인공은 과거로 돌아가 한국사의 주요 인물을 만나는데, 친일 행각을 다그치자 이광수는 단파 라디오를 탓하면서 흐느낀다.《미국의 소리VOA》 방송으로 미국이 이기는 뉴스를 들었으면 친일을 안 하고 버텨 민족적 영웅이 됐을 텐데 단파 라디오를 못 구해 일본이 선전한 대로 믿고 친일을 할 수밖에 없었다며 변명한다. 친일파와 단파 라디오를 생각하면서 고창을 떠났다.

찾을 곳

박달재 노래비 충청북도 제천시 백운면 평동리 705-4 박달재목각공원 안. **미당시문학관** 전라북도 고창군 부안면 부안면 질마재로 2-8. **임종국 흉상** 충청남도 천안시 동남구 신부동 815 신부공원.

53. 예산 | 박헌영

한반도의 저주받은 자

《대지의 저주받은 자들》. 프란츠 파농이 식민지를 경험한 사회들에 관해 쓴 대작이다. 이 표현을 한반도에 적용해보자. '한반도의 저주받은 자'는 누구일까? 남북한 대치 상황 때문에 남한이 '빨갱이'로 저주하는 사람을 북한은 '혁명 열사'로 칭송한다. 북한이 '반동 분자'로 저주하는 사람을 우리는 '반공 열사'로 떠받든다. 그런데 남한에서도 북한에서도 저주받은 사람이 있다. 바로 박헌영이다.

박헌영은 남한에서 '빨갱이 괴수'로 저주받았다. 북한도 '미 제국주의의 간첩'이라며 처형했다. 한반도에서 가장 저주받은 자이고 가장 마지막으로 복권될 자가 '조선의 레닌' 박헌영이다.《남부군》을 쓴 이태는 휴전 뒤인 1953년 9월 모든 권한을 빼앗긴 채 지리산을 내려오다가 사살된 남부군 사령관 이현상이 남북에서 모두 버림받은 '한국 현대사에서 가장 고독한 사람'이라 했다. 북한은 그런 이현상을 혁명 영웅으로 대접한 반면 박헌영에게는 미제 간첩이라는 오명을 씌웠다. 박헌영은 손석춘이 한 말마따나 '남과 북 모두의 역사적 트라우마'다.

소나무 심고 고향 떠난 공산주의자

충청남도 예산군 신양면 의용소방서 옆길로 들어가면 커다란 주차장과 면사무소가 나타난다. 20세기가 시작된 1900년에 양반집 서자로 태어난 박헌영이 어릴 때 자란 곳이다. 바로 앞 소시장에서 어머니가 큰 국밥집을 했다. 소시장 뒤로 돌아가면 소 몰고 나와 풀 먹이면서 박헌영이 책을 읽은 둑길이 나온다. 여기에서 30리 떨어진 대흥초등학교에는 상하이로 떠나면서 박헌영이 심은 소나무가 자라고 있다.

박헌영은 경성고등보통학교(지금 경기고등학교)에 들어가 《상록수》를 쓴 심훈하고 가깝게 지냈다. 3·1 운동에 참여한 뒤 민족 해방과 사회 혁명에 사회주의가 필요하다고 생각해 조선공산당 창당을 주도한 혐의로 구속됐다. 모진 고문을 받으면서도 철저히 비밀을 지키고 대변을 먹는 등 미친 사람 흉내를 내서 병보석으로 석방된 일은 전설이 됐다(실제로 정신병을 앓았다는 주장도 있다).

요양을 핑계로 두만강 근처에 머물다가 국경을 넘어 소련으로 도주한 박헌영은 모스크바에서 체계적인 공산주의 교육을 받은 뒤 상하이에서 독립운동을 하다가 체포돼 국내로 압송됐다. 혹독한 고문에

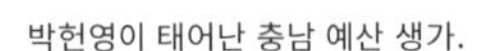
박헌영이 태어난 충남 예산 생가.

도 정신병을 치료하러 해외로 나갔다고 버텨 상대적으로 가벼운 형량을 받았다. 1939년 만기 출소한 뒤 광주에서 벽돌 공장 노동자로 위장해 일하면서 지하 조직을 재건하다가 해방을 맞았다.

해방 뒤 재건된 조선공산당에서 박헌영은 최고 지도자인 책임비서에 선출됐다. 당대 최고의 이론가이자 조직가 박헌영은 대중적 정치인이 아니어서 이승만이나 김구 같은 명성이나 여운형 같은 인기는 누리지 못했다. 그러나 해방 1년 뒤인 1946년 8월 미군정이 실시한 전국민 여론 조사에 따르면 자본주의를 지지하는 국민은 14퍼센트인 반면 70퍼센트는 사회주의를 지지하고 7퍼센트는 공산주의를 지지했다. 조선공산당은 노동자와 농민의 조직인 조선노동조합전국평의회(전평)와 전국농민조합총연맹(전농) 등 가장 잘 조직된 대중적 기반을 확보하고 있었다. 1947년에 미군정은 사회주의를 저지하지 않으면 박헌영이 남한의 대통령이 될 수도 있다고 분석하기도 했다. 남과 북을 포괄하는 조선공산당의 명실상부한 최고 지도자여서 해방 직후

박헌영이 상하이로 독립운동을 하러 떠나면서 모교인 대흥초등학교에 심은 소나무.

처음 만난 김일성이 박헌영에게 38선 북쪽에 공산당 분국을 만들고 싶다는 부탁을 할 정도였다.

이런 모든 사실도 거대한 역사의 흐름을 거스르기에는 역부족이었다. 결국 이승만과 김일성은 승자가 되고 박헌영은 패자가 됐다. 격동하는 해방 정국에서 정세를 잘못 판단하는 등 박헌영에게 책임이 없지는 않다. '구조결정론'이라는 비판을 받을지도 모르지만, 미국과 소련이 각각 남한과 북한을 분할 점령하고 체제 대립으로 치닫기 시작할 때 박헌영의 혁명은 이미 실패할 운명이 됐다.

요즘 우연적 사건이 역사의 방향을 바꾸는 중요한 계기라는 시각에서 역사적 가정을 내세운 분석이 유행한다. 우리도 한번 따라해보자. 미국이 북한을 점령하고 소련이 남한을 점령했다면? 당연히 남한의 승자는 박헌영이 되고 북한의 승자는 조만식 같은 우파 인사가 될 가능성이 컸다. 한반도에서 미국이 세운 목표는 수단과 방법을 가리지 않고 남한에서 혁명을 막은 뒤 전 국민의 거의 80퍼센트가 좌파를 지지하는 민심을 깨부숴 친미 우익 정부를 세우는 데 있었다. 미국이 기록한 공식 군정사에는 이렇게 써 있다. "질서 있고, 효율적으로 움직이며, 정치적으로 우호적인 한국이 한국민들을 기쁘게 하고 이들의 적극적인 협력을 얻어내는 것보다 중요했다." 따라서 박헌영이 이끄는 좌파 운동은 실패할 수밖에 없었다.

미국은 자기들이 신탁 통치를 주장하고 분단을 주도해놓고는 소련이 한 짓이라는 '가짜 뉴스'를 퍼트렸고, 박헌영과 조선공산당을 소련의 지시를 받는 신탁 통치 찬성론자로 몰았다(이 책 81장 참조). 많은 사람이 조작이라 주장하는 위조지폐 사건(정판사 사건) 등을 거치며 위기에 몰린 박헌영은 북한으로 갔지만, 그곳은 소련이 지도자로 선택한 김일성이 지배하는 세계였다.

‘미제 간첩’과 ‘실패한 혁명가’ 사이

한국전쟁에서 박헌영이 정치적 기반인 남한을 ‘해방’하는 데 실패하자, 김일성은 희생양 삼아 박헌영을 숙청하고 처형했다. 그것도 미 제국주의의 간첩이라는 말도 안 되는 죄명을 씌웠다. 물론 동지들이 이승만에게 죽어가고 민중이 고통당하는 모습을 본 박헌영은 인민군이 남하하면 지하에 숨은 남로당원 20만 명이 들고 일어난다고 주장하는 등 남침을 적극 주장한 듯하다. 이런 점에서 김일성과 박헌영은 한국전쟁이라는 비극에 책임이 많다. 동기는 어느 정도 이해할 수 있다지만, 한국전쟁은 일어나서는 안 되는 민족적 비극이었다.

그렇다고 해도 그런 책임은 ‘미제 간첩’이라는 누명하고는 전혀 다른 차원의 문제다. 박헌영은 ‘실패한 혁명가’이지 간첩은 아니다. 못된 것만 배운다고, 김일성은 레온 트로츠키를 ‘서구 제국주의의 스파이’로 몰아 숙청한 이오시프 스탈린을 따라했다. 이승만도 최대 정적인 진보당 조봉암을 간첩으로 몰아 죽였으니, 남북이 똑 닮은 셈이었다.

> 이 재판은 요식일 뿐, 어떠한 최후진술도 너희들의 각본을 뒤집을 수 없다는 사실을 잘 알고 있다. 그렇다면 결론부터 말하겠다. 너희들의 주장대로 나는 미제의 간첩이다. 그러나 너희들이 주장하는 미제 간첩과 내가 주장하는 미제 간첩은 엄격히 다르다. 나는 남조선에 있을 때, 아니 그 훨씬 전부터 미국 사람들과 교분이 있었다. 그 교분은 조국의 해방과 독립 통일을 위한 차원이지 결코 간첩 행위가 아니다.

박헌영이 한 최후 진술의 핵심이다. 북한은 그중 ‘나는 미제의 간첩이다’만 잘라 박헌영이 미제의 간첩이라는 사실을 인정했다고 호도했다. 비극은 여기서 끝나지 않았다. 박헌영을 따라 북한으로 올라간 남로당 계열은 줄줄이 처형됐고, 끈질긴 토벌 작전 속에서도 살아남은 남부군 사령관 이현상도 박헌영계라는 이유 때문에 직위를 빼앗기고 버려진 끝에 토벌군에 사살됐다. 박헌영의 아들도 목숨을 부지하려면 속세를 떠나야 한다는 권유를 받고 어린 나이에 머리를 깎았으며, 스님이 된 뒤에도 오랫동안 가족사를 숨기고 살았다(조계종 원로의원이자 최고 품계인 대종사에 오른 원경 스님이 바로 아들이다). 게다가 몇몇 운동권도 북한이 하는 주장을 비판 없이 받아들여 박헌영을 미제 간첩이라고 매도하는 한심한 상황이 벌어졌다.

박헌영은 공산주의자이지만 치열한 독립투사이기도 했다. 한 중립적 연구에 따르면 일제 강점기 때 독립운동으로 구속된 사람을 이념에 따라 나누니 90퍼센트가 좌파일 정도로 독립운동을 주도한 세력은 좌파였다. 박헌영은 국내에 남아 투쟁하다가 혹독한 취조와 고문을 당하거나 감옥에 갇힌 독립운동가 중에서 변절하지 않고 해방 때까지 살아남은 몇 안 되는 투사의 한 명이었다.

노무현 정부는 조선공산당도 독립운동에 크게 기여한 점을 인정해 박헌영의 부인인 주세죽과 동지인 김단야에게 훈장을 줬다. 박헌영은 자진 월북한 점과 한국전쟁을 일으킨 책임 등을 들어 훈장 추서가 무산됐다. 정말 미제의 간첩이라면 오히려 훈장을 줘야 할 텐데, 북한이 하는 주장을 한국 정부도 믿지 않는 셈이다.

박헌영이 '민주주의민족전선 결성 대회'에서
여운형을 만나 대화를 나누고 있다.

똑같이 자진 월북하고 한국전쟁 때 북한 고위직을 지낸 의열단 단장 김원봉 사례에서 알

수 있듯 박헌영의 법적인 복권과 서훈은 실정법과 국민 정서 때문에 사실상 불가능하다. 그러나 영화 〈암살〉(2015)의 흥행, 조선의용대가 국군의 뿌리라는 문재인 대통령의 현충일 추념사, 밀양에 들어선 의열 기념관이 보여주듯 김원봉은 역사적으로는 복권이 됐다. 박헌영도 이런 '역사적 복권'이 필요하다. 이런 복권은 단순히 박헌영 개인의 복권을 넘어 일제 강점기와 해방 공간 때 목숨 걸고 민족 해방과 사회 혁명을 위해 투쟁한 남로당원 등 '비김일성 계열' 공산주의자들하고 역사적으로 화해한다는 의미를 지닌다.

정부는 이승만 정권이 북한 간첩으로 몰아 죽인 조봉암에게 재심을 거쳐 무죄를 선고했다. 북한도 박헌영에게 누명을 씌운 잘못을 사과하고 복권해야 한다. 박헌영이 남과 북에서 모두 역사적으로 복권될 때 해방 정국에 시작된 이데올로기 전쟁은 비로소 끝날 수 있다.

7월 19일에 떠난 사람들

'원수 갚지 말고 은혜는 갚아라.' 박헌영 아들 원경 스님이 주지로 있는 평택 만기사 입구에 새긴 문구다. 이곳에는 이정 박헌영을 추모하는 탑이 있다. 탑 뒤편에는 원한 푸는 탑이라는 뜻에서 '해원탑'이라는 글자를, 좌우에는 '세계일화一和'와 '남북통일'이라는 글자를 새겼다.

"손 교수, 이정 선생, 여운형 선생, 이승만 선생이 모두 7월 19일이 기일인 거 아세요?"

원경 스님이 물었다.

"그게 정말이에요?"

"예. 게다가 세 분이 9년 터울로 돌아가셨어요."

여운형은 1947년, 박헌영은 1956년, 이승만은 1965년에 세상을 떠났다. 미제 간첩이라는 누명을 쓰고 원통하게 죽어간 박헌영의 해원탑을 올려다보니 흘러간 옛 노래 〈눈물 젖은 두만강〉이 떠올랐다.

두만강 푸른 물에 노 젓는 뱃사공
흘러간 그 옛날에 내 님을 싣고
떠나간 그 배는 어데로 갔소
그리운 내 님이여 그리운 내 님이여
언제나 오려나

정신병자 흉내를 내서 감옥에서 풀려난 박헌영이 주세죽의 고향인 두만강 근처에서 요양하다가 소련으로 도망친 뉴스를 들은 김영환 시인이 박헌영을 '내 님'으로 은유해 이 시를 지었다고 전한다.

조계종 원로의원에 오른 원경 대종사가 주지로 있던 평택 만기사에 자리한 '이정 박헌영 해원탑.'

평택 만기사에서 올린 박헌영 기제사.

2021년 여름, 국토건설단 관련 제주도 답사 때 원경 스님. 스님은 내가 찍은 이 사진을 영정 사진으로 쓰겠다고 하셨다.

덧글

기구한 삶을 살다간 원경 스님

원경 스님은 박헌영만큼이나, 아니 박헌영 이상으로 파란만장한 삶을 살았다. 일제강점기 말 도망 다니던 박헌영과 혁명가를 돌본 여인 사이에 태어난 스님은 살아남기 위해 먼 친척인 한산 스님 손에 이끌려 어린 나이에 지리산으로 들어가 빨치산들하고 살았고, 한국전쟁이 끝나자 산에서 내려와 머리를 깎고 승려가 됐다. 나이가 들어 아버지의 삶을 알게 된 뒤 김일성의 목을 따 원수를 갚겠다며 남의 이름을 빌려 해군 특수전전단UDT에 들어가 지옥 훈련을 받았고, 불가에 귀의한 뒤에도 호적이 없는 탓에 국토건설단으로 끌려가 제주도 1100도로 건설 공사에 동원돼 강제 노역을 했다.

1970년대 들어 재판을 거쳐 간신히 가호적을 얻었지만, 소문을 들은 정보기관에 끌려가 박헌영 아들이라는 사실을 실토한 뒤 감시 속에 살았다. 박원순과 임헌영 등하고 함께 역사문제연구소를 설립해 한국 현대사를 재조명하는 데 기여도 했다.

'아버지의 운명에 의해 사는 것도 내 운명'이라며 기구한 삶을 받아들였다. 전국을 뒤지고 러시아까지 달려가 박헌영 관련 자료를 사 모아 《이정 박헌영 전집》을 출간하고, 만기사에 해원탑을 세우고, 박헌영 기일인 7월 19일에는 해마다 추모제를 열었다. 박헌영의 독립운동을 다룬 《만화 박헌영》(전 6권), 해방 정국과 어린 시절을 다룬 만화

《혁명과 박헌영과 나 — 무너진 하늘》(전 3권)을 출간했다.

원경 스님은 시간 날 때면 노구를 이끌고 답사를 함께하며 여러 사실을 알려줬다. 우리는 박헌영의 발자취를 따라 일본과 중국, 러시아를 돌아볼 계획이었다. 또한 기구한 삶을 역사의 증언으로 남겨야 한다고 설득해 스님이 살아온 흔적을 따라 전국을 함께 돌기로 했는데, 2021년 12월 6일 갑자기 입적하셨다. 현대사의 고통을 온몸으로 안고 살아온 원경 스님의 명복을 빈다.

찾을 곳

박헌영 생가 충청남도 예산군 광시면 서초정1길 85. **박헌영 옛 집터** 충청남도 예산군 예산읍 군청로 22, 신양면 행정복지센터 주차장 자리. **대흥초등학교** 충청남도 예산군 대흥면 의좋은형제길 16. **만기사** 경기도 평택시 진위면 진위로 181-82.

54. 대전 | 전시 작전권

'전작권 없는 대한민국'의 시작

학생, 왜 한국이 미국의 식민지라고 주장하죠?

미국의 군사적 강점하에서 탄생했으니까요.

그럼 소련의 군사적 강점하에 탄생한 북한도 소련 식민지겠네요?

아, 그러네요. 그래도 외국군이 없는 북한하고 다르게 우리는 주한 미군이 주둔하고 있잖아요.

주한 미군 때문이라면, 미군이 주둔하는 일본과 독일도 미국 식민지겠네요?

아, 그렇기는 한데, 우리는 미국이 군 작전권을 쥐고 있잖아요.

맞는 이야기입니다. 군 작전권은 주권의 가장 중요한 지표이고, 따라서 군 작전권을 미국이 가지고 있는 현실은 심각한 주권 침해입니다. 아마 우리처럼 군 작전권을 외국이 갖고 있는 나라는 없을 테고, 이런 정치적, 군사적 종속성을 강조하기 위한 '정치적 수사'로 '식민지'라는 말을 쓰는 점은 이해가 됩니다. 그러나 우리 사회를 특징짓는 사회과학적 개념으로 식민지라는 말을 사용하는 방식은 여전히 잘못이죠.

교수님, 왜 그렇죠?

군 작전권이 미국에 속하게 된 역사적 맥락을 거세하고, 이 사실을 기준으로 식민지 여부를 따지는 발상은 지나치게 군사주의적이니까요. 우리가 1994년 평시 작전권을 인수해 미국은 전시 작전권만 갖고 있는데, 그러면 평시에는 식민지가

아니고, 전시에만 식민지가 되는 건가요? 그리고 전시 작전 통제권도 이제 돌려 받으려 하고 있는데, 그럼 이제는 식민지가 끝나는 건가요?

듣고 보니, 그렇기는 한데, 좀더 고민을 해봐야겠습니다.

수업 시간에 나는 스스로 답을 찾게 하는 '소크라테스식 대화법'을 즐겨 썼다. 이 대화는 1990년대 후반부터 2000년대 초반 사이 '한국 정치' 시간에 북한 주체사상을 추종하는 주체사상파(주사파) 학생하고 나눈 문답이다. 한국이 미국 식민지이며 식민지에서 해방되려면 반미 투쟁이 가장 중요하다고 주장하는 이른바 '민족해방파' 또는 '자주파'는 아직도 상당한 세력을 형성하고 있다. 그런 주장을 펴는 논거는 이 대화에 등장하는 세 가지, 곧 군사적 강점하의 국가 탄생, 주한 미군 주둔, 미군이 가진 군 작전권인데, 그중 그나마 가장 설득력 있는 요소가 군 작전권이다.

재판권에서 작전권으로, 굴욕적인 대전 협정

대전 중심가인 중구 대전고등학교 뒤편 언덕에 작은 단층 건물이 자리잡고 있다. '테미오래'라는 근사한 이름으로 바뀐 이곳은 원래 충남 도지사 공관이었다. 테미오래 앞에 서니 수업 시간에 나눈 식민지 논쟁이 생각났다. 바로 이곳이 국군 작전권을 미국에 인도한 대전 협정이 체결된 현장으로 알려진 장소이기 때문이다.

1950년 6월 25일 삼팔선을 넘은 북한군이 파죽지세로 남하하기 시작하자 허둥지둥 대전으로 도망 온 이승만은 이곳을 임시 공관, 곧 '대전 경무대'로 삼았다. 이승만은 여장을 풀자마자 서울 시민은 안심하라는 '안심 방송'을 했고, 며칠 뒤 목포를 거쳐 7월 1일에 부산으로 도주했다. 그러나 6월 30일 미국의 참전 결정, 7월 1일 미 지상군 도착, 7월 5일 미군 첫 전투 등이 이어지면서, 대전에 남은 임병직 외무부 장관과 존 조지프 무초 주한 미국 대사가 7월 12일 대전 경무대에서 '대전 협정'이라 불리는 '재한 미국군대의 관할권에 관한 대한민국과 미합중국간의 협정'을 체결했다. 미군 재판권은 전적으로 미국에 속한다는 굴욕적인 내용을 담은 협정이었지만, 군 작전권에 관련된 이야기는 전혀 없었다.

대전 협정과 군 작전권은 무슨 관계일까? 부산으로 도망친 이승만은 7월 초 대구로 갔고, 7월 13일 미8군 사령부가 도쿄에서 대구로 옮겨왔다. 7월 14일, 대전이 무너지면서 육군본부도 대구로 후퇴했다.

"현재의 전쟁 상태가 지속되는 동안 한국군에 대한 일체의 지휘권을 귀하에게 이양한다."

악화되는 전세에 위기감을 느낀 이승만은 이날 다급하게 더글러스 맥아더에게 한국군의 작전 지휘권을 맡아달라고 간청하는 서한을 보냈다. 맥아더가 7월 16일에 이 제안을 수락하면서 한국전쟁이 터진 뒤

이승만이 국군 작전권을 미국에 양도한 현장으로 알려진 테미오래(옛 충남도지사 공관).

더글러스 맥아더가 대전 협정에 따라 국군 작전권을 건네받은
월튼 워커 중장을 유엔군 사령관으로 임명하는 모습
(전쟁기념관 전시 자료).

21일 만에 국군 작전권이 미국에 넘어가 미군 8군 사령관 월튼 워커 중장이 국군을 지휘하게 됐다. 따라서 엄밀히 말하면 대전 협정은 군 작전권 양도에 관한 협정이 아니며, 협정을 체결할 때 이승만은 대전에 없었다(대전근현대사전시관도 전시 자료를 설명하면서 '이 대통령은 대전 경무대에서 7월 12일 …… '대전 협정'을 체결했다'고 잘못 써놓았다). 또한 군 작전권 양도는 '대전 협정'이 아니라 '대구 협정'이라고 불러야 맞다. 그렇지만 대전 협정의 연장선에 있기 때문에 '대전 협정'으로 부른다.

미루고 미루는 전시 작전권 환수

국군이 미군 사령관의 지휘를 받아야 하는 상황은 평시 작전권의 경우 1994년까지 40여 년 동안 이어졌고, 전시 작전권의 경우는 70년이 지난 지금도 계속되고 있다. 국군 작전권은 대전 협정 이후 한국전쟁에 16개국이 참전하며 구성된 유엔군 사령부에 귀속됐고, 미군 사령관이 겸임한 유엔군 사령관은 한국을 비롯한 모든 참전국의 지휘권을 가졌다. 1978년에 한-미 연합사령부가 창설되면서 국군 지휘권은 한-미 연합사령관에게 위임됐다(주한 유엔군 사령부는 형식적으로 유지되고 있다. 국회 외교통일위원회 위원장 송영길 더불어민주당 의원조차 2020년 한 인터뷰에서 이렇게 말했다. "주한 유엔군 사령부는 족보가 없다. 유엔에서 예산을 대준 것도 아니고 그냥 주한 미군에 외피를 입힌 것일 뿐이다").

작전권은 군사적 사안을 넘어 정치적 문제가 됐다. 1980년 광주 학살에 공수 부대를 투입한 만행을 군 작전권을 가진 미국이 책임져야 한다는 비판이 제기되면서 반미 운동을 불러일으켰다(이 책 40장 참조). 한국과 미국이 모두 부담을 느껴서 김영삼 정부 때인 1992년에 평시 작전권은 돌려받기로 합의한 뒤 1994년에 환수했다. 전시 작전권은 북핵 문제에 관련된 만큼 2005년 이후에 논의하기로 합의했다.

2003년 집권해 임기 중 전시 작전권을 환수해야 하던 노무현 정부는 환수 시점을 임기 뒤인 2012년으로 미뤘고, 2008년 집권한 이명박 정부는 다시 2015년으로 미뤘다. 박근혜 정부는 아예 시기를 못 박지 않고 '한국군의 능력과 주변 안보 환경 등 조건이 충족되면' 환수하겠다고 밝혀 사실상 무기한 연기했다. 보수 세력을 의식해 임기 안에 환수받지 않으려고 '뜨거운 감자 돌리기'를 한 셈이다. 촛불의 힘으로 집권한 문재인 대통령은 2017년 국민의 날에 전시 작전권을 조기 환수하겠다고 밝혔지만 별 진전이 없었다.

대전근현대사전시관 외관.

평시 작전권 이양 합의문
(대전근현대사전시관 전시 자료).

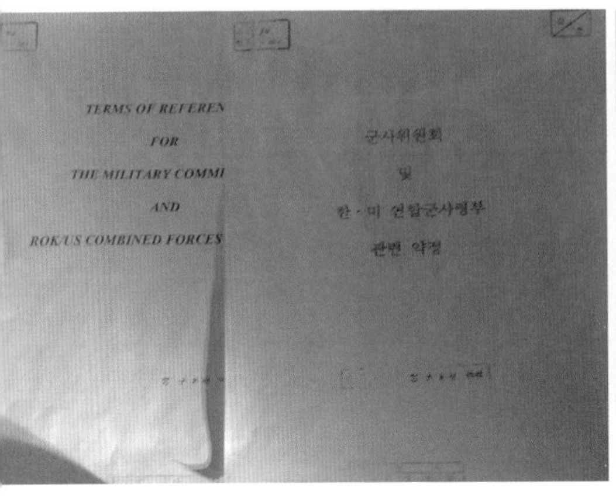
TERMS OF REFEREN
FOR
THE MILITARY COMMI
AND
ROK/US COMBINED FORCES

군사위원회
및
한·미 연합군사령부
관련 약정

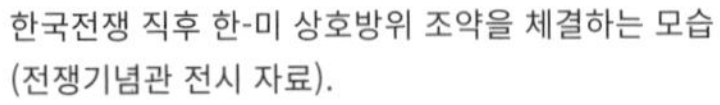
한국전쟁 직후 한-미 상호방위 조약을 체결하는 모습
(전쟁기념관 전시 자료).

테미오래에 전시된 대전 협정 사본과 대전근현대사전시관(옛 충남 도청 본관)에 전시된 대전 협정 관련 자료들을 보니 가슴이 답답해졌다. 한국전쟁 중에는 급박한 상황이라 어쩔 수 없었더라도, 이런 '비정상'이 수십 년 이어지는 상황은 주권 국가로서 부끄럽기 짝이 없는 일이다(대전 협정은 군 작전권 말고도 주한 미군의 지위에 관련된 내용도 포함하는 만큼 이 책 75장도 함께 읽어야 한다).

'외국군 없는 한반도'를 넘어 '군대 없는 한반도'를 향해

해방 뒤 한반도에서 신탁 통치와 분단을 주도한 쪽은 미국이다(이 책 81장 참조). 미국은 한국에 큰 영향을 미친 나라이고 지금도 미치고 있다. 주한 미군과 군 작전권 문제가 잘 보여주듯, 우리는 그 어느 나라보다도 미국에 종속돼 있다. 그러나 몇몇 사람이 하는 주장하고 다르게 5·16 쿠데타나 박정희 사살 등 현대사의 주요 사건이 미국이 벌인 공작이라고 보기는 어렵다. 또한 한국은 '미국의 식민지'가 아니며 우리 문제를 모두 미국 탓으로 돌리는 태도는 잘못이지만, 군 작전권을 미국이 갖고 있는 한 그런 주장은 계속 나올 수밖에 없다.

이제 주한 미군은 북한보다 중국을 견제하는 데 주된 목적이 있다는 점에서 남북 관계가 좋아지면 주한 미군이 철수하게 된다고 낙관하기도 어렵다. 나아가 우리가 '한반도 영세 중립화' 같은 발상의 전환을 하지 않는 한 설사 통일이 되더라도 안보지상주의는 심해지면 심해지지 약해지지는 않을 듯하다. 북한보다 수십 배 강한 중국과 러시아하고 국경을 마주해야 하기 때문이다. 대전을 떠나며 나는 빌었다. 한국이 군 작전권 없는 기이한 주권 국가라는 비정상을 빨리 벗어나기를, 나아가 남북 문제 등이 해결돼 외국군 없는 한반도가 실현되기를, 한반도 영세 중립화로 한반도에서 아예 군대가 사라지기를.

찾을 곳

테미오래 대전광역시 중구 보문로205번길 13. **대전근현대사전시관** 대전광역시 중구 중앙로 101.

55. 영동 | 노근리 학살

'미라이 학살' 예고편, 쌍굴다리의 비극

"야, 저 다리 아름답네." 충청북도 영동군 황간면 노근리에 들어서면 아름다운 쌍굴다리가 우리를 맞는다. 가까이 다가가니 기둥과 벽면에 하얀 페인트로 그린 원과 삼각형이 눈에 띈다. 총탄 자국이다. 이곳은 한국전쟁 때 미군이 민간인을 학살한 현장이다. 산청·함양·거창 사건이나 보도연맹 사건 등 한국전쟁 때 민간인 학살 사건이 널리 알려졌지만, 미군이 저지른 민간인 학살은 그동안 별로 드러나지 않았다.

미군이 피란민을 집단 학살한 현장인 쌍굴다리. 총탄 흔적이 뚜렷하다.

"에이피AP 통신의 최상훈과 헨리 마르타 기자 등." 2000년 4월, 퓰리처상 선정위원회는 1999~2000년 탐사 보도 분야 수상자로 에이피 통신이 1999년 6월에 보도한 '한국전쟁 노근리 양민 학살 사건'을 선정했다. 50년 동안 어둠에 묻혀 있던 노근리 학살 사건이 전세계의 주목을 받는 순간이었다.

노근리 학살 때 부인과 아들, 딸을 잃고 평생 진상 규명 투쟁을 한 아버지 정은용과 살아남은 아들 정구도는 이 소식을 듣고 또 눈물을 흘렸다. 아버지는 2014년에 세상을 떠났고, 얼마 전 만난 정구도 노근리평화기념관 관장은 지난날을 떠올리며 감회에 젖었다. "다른 곳도 아니고 보수적인 충청도 영동의 시골 지역에서, 다른 것도 아니고 미군 범죄를 세상에 알리기 위해 싸우는 것이 너무도 힘들었습니다."

아름다운 쌍굴다리에 남은 총탄 자국

독일군이나 일본군에 견줘 '정의의 사도'로 알려진 미군이 민간인을 무차별 학살해 세계를 놀라게 한 사건이 있다. 1968년 3월 베트남에서 벌어진 미라이 학살이다. 그런데 미라이 학살보다 18년 앞선 1950년 7월에 미군은 노근리 쌍굴다리 근처에서 폭격과 무차별 사격을 쏟아부어 250명에서 300명에 이르는 피란민을 학살했다.

노근리 학살은 어떻게 일어나게 된 걸까? 해리 트루먼 미국 대통령은 북한군이 남침한 소식을 듣고 1950년 6월 30일 더글러스 맥아더 극동군 사령관에게 지상군 투입을 지시했다. 스미스 부대가 선발대로 도착해 7월 5일에 경기도 평택에 방어선을 구축한 뒤 첫 전투를 벌이지만 참패했다. 천안, 조치원, 대전 등에서도 북한군에 패배한 미군은 윌리엄 딘 소장이 포로로 잡히기도 했다. 미군은 7월 21일 영동으로 후퇴해 방어선을 구축했다. 그때만 해도 노근리 근처 주곡리와 임계리 주민들은 한여름 더위 속에 밭을 매고 있었다.

7월 23일, 미군은 주곡리에 소개 명령을 내렸다. 주민들은 짐을 싸서 임계리로 이동했다. 25일, 미군은 임계리에 모인 주민 500여 명을 후방으로 인도해 하가리 천변에서 노숙을 시켰다. 26일, 피란민들은 미군이 지시하는 때로 노근리를 지나는 경부선 철로를 따라 걷고 있었다. 미군 전투기를 보고 손을 흔들자 갑자기 폭격을 해 여럿이 사망했다. 놀란 피란민들은 노근리 쌍굴다리로 들어가 몸을 숨겼다. 미군 제7기병 연대는 철도가 지나는 언덕 위, 쌍굴다리 앞뒤에 기관총 부대를 배치해 포위했다. 아이들도 섞인 피란민들은 공포와 갈증, 배고픔에 떨며 28일 오전까지 굴다리에 숨어 있었다. 미군은 배고픔을 이기지 못하고 굴다리 밖으로 나온 사람들을 무차별 사격했다.

주민들을 앞장서서 피란시키던 미군이 왜 갑자기 총구를 돌렸을까? 정구도 관장이 쏟은 노력과 에이피 통신이 벌인 심층 취재를 통해 부끄러운 사실들이 하나씩 밝혀졌다. 피란민을 '구호의 대상'이 아니라 '군사적 관점'에서 접근한 결과였다. 연이은 패배와 딘 소장 사태로 충격을 받고 약이 오를 대로 오른 미군은 피란민 속에 위험 분자들이 섞여 있을지 모른다는 소문을 들었다. 25일 밤 주한 미국 대사관에 한국군 관계자들을 불러 대책 회의를 열었고, 피란민을 상대로 군사 작전을 펴기로 결정했다.

공개된 문서들은 단편적이지만 미군의 행적을 보여줬다. "왜 피란민을 공격하는가? 피란민 공격 금지 지침을 만들어달라." 피란민을 공습하라는 지시를 받은 5공군 작전참모부장이 7월 25일에 건의한 내용이다. 미 공군기가 피란민을 공격한 사실을 알려준다. "이 시각부터 피난민들의 미군 방어선 통과를 금지한다. 방어선에 접근할 경우 경고 사격을 하고 총격을 가하라." 7월 26일, 존 조지프 무초 주한 미국

노근리의 진실을 알리는 데 평생을 바친
정은용이 쓴 노근리 실화 소설.

대사의 본국 보고 사항에는 이런 지시가 들어 있었다.

"소대장이 미친 사람처럼 뛰어다니면서 총을 쏘라고 다그쳤습니다. 군인인지 뭔지, 어른인지 어린애인지, 몇 명인지 개의치 않고 무조건 쐈습니다. …… 민간인에게는 총을 쏠 수 없다고 하자 45구경 권총을 내 머리에 겨누고 말했습니다. '상관 명령에 불복종하면 즉결 처분할 수 있다.'" 노근리 학살에 가담한 미군 소총수 조지프 잭먼이 한 증언은 너무도 생생하다.

노근리 사건은 《한겨레》 등 한국 언론에 이미 여러 번 보도됐다. 에이피 통신이 탐사 보도를 한 뒤 정부가 난리를 치자 어느 언론인은 이런 모습을 '사대주의'라고 비판했다. 핵심을 놓친 지적이었다. 한국 언론이 한 보도는 피해자 증언에 기대고 있었다. 반면 에이피 통신은 미국 국가문서보관소 등을 조사해 문제의 부대가 기갑 제1사단과 보병 제25사단이라는 사실을 밝혀낸 뒤 정보공개법에 따라 병사 수백 명의 명단을 확보해서 조지프 잭먼을 비롯한 12명의 구체적인 증언을 받아냈다. 문서 상자 수백 개의 봉인을 처음 열고 자료를 뒤지는 등 1년 넘게 취재한 결과였다. 가해자들이 증언한 덕분에 노근리 사건은 국제적 관심을 끌었다. 특히 편집국장이 정부 공식 문건보다는 관련자 증언에 바탕한 기사라서 보도할 수 없다는 편집 상무와 경영진을 설득한 결과였다.

노근리에서 학살된 피란민들을 형상화한 야외 조형물.

진실을 은폐하는 유감

보도가 나가자 한국 정부와 미국 정부는 진상조사단을 구성해 조사 작업을 벌였고, 2001년에 각각 보고서를 발표했다. 미국 정부는 단편적 증거가 여럿 있지만 사살 명령서는 없다는 이유로 책임을 회피했다. 대신 이례적으로 빌 클린턴 대통령이 정확한 사건 경위는 가려낼 수 없지만 노근리에서 무고한 피란민이 목숨을 잃은 사실에 깊은 유감을 표명한다는 성명서를 발표했다. 추모탑 건립을 지원하고 추모 장학 기금도 제공하겠다고 밝혔다. 피해자와 유가족들은 조사 결과와 유감 성명이 진실을 은폐하는 짓이라는 반박문을 발표했다. 미국은 추모탑 건립 지원금이나 장학금은 노근리뿐 아니라 진상 조사 작업을 진행하지 않은 한국전쟁 민간인 희생자 전체에게 제공하는 지원금이라는 태도를 취했다.

노근리 피해자들은 다른 사건 피해자들이 진상을 규명하고 보상받을 기회를 빼앗을 수 없다며 이 제안을 거부했다. 노근리 사건은 한국전쟁 시기에 미국이 저지른 여러 민간인 학살 사건의 하나일 뿐이다. 진실·화해를 위한 과거사정리위원회(진실화해위)에 진상 규명을 요청한 사건만 368건이다. 또한 미군과 국군이 함께 참석한 대책 회의에서 결정된 학살인 만큼 한국 정부도 공동 책임이 있다고 정구도 관장은 설명했다.

한국 정부는 2004년 '노근리 희생 심사 및 명예회복 특별법'을 제정해 희생자 심사를 거쳐 노근리평화공원을 조성했다. 또 다른 희생자들을 생각해 눈앞의 돈을 거부한 피해자와 유족들의 숭고한 정신이 맺은 결실이었다. 노근리평화공원 기념관을 나와 쌍굴다리로 가는 야외 공원에는 미군이 쓴 장총과 짐을 진 피란민을 형상화한 조각들이 서 있었다. 몇 년 전 한베평화재단을 따라 베트남에 가서 만난 응웬티탄 할머니가 떠올랐다. 한국군에게 어머니와 오빠, 동생 등 일가족을 잃고 자기도 여덟 살 어린 나이에 크게 다친 채 겨우 살아남은 티탄 할머니는 통곡했다. "왜 한국군은 나까지 죽이지 않아서 평생을 고통 속에 살게 만들었나요."

한국판 미라이 학살, 노근리 학살

노근리 학살은 미군이 저지른 반인륜 범죄이지만 미국 정부는 뜨뜻미지근하게 반응했다. 그나마 몇몇 자료를 파기하지 않은 채 남겨놓

중부 베트남 꽝남 성에 세운 한국군 피학살 민간인 위령비. 이곳은 '베트남의 노근리'다.

아 진상을 밝히는 시발점이 됐다. 조지프 잭먼 등 관련자들이 용기 있게 증언하고 언론도 끈질기게 탐사 보도를 해 노근리의 비극이 알려질 수 있었다. 우리가 저지른 '베트남의 노근리', 아니 '베트남의 노근리들'은 어떤가? 한국 정부는 관련 자료를 공개할 수 있을까? 증언을 할 한국군, 곧 '한국의 조지프 잭먼'은 있을까? 여러 여건이 다르지만, 가해 병사들을 심층 취재해 우리가 저지른 부끄러운 역사를 세계에 알릴 '한국의 에이피 통신'은 없는 걸까?

찾을 곳

노근리평화공원 충청북도 영동군 황간면 목화실길 7. **노근리 사건 현장** 충청북도 영동군 황간면 노근리 860-7.

56. 대전 | 대전형무소

'사상범의 유배지'에서 생각하는 사상과 이념

악명 높은 사상범 수용소인 옛 대전형무소 터에 남아 있는 망루.

형무소 하면 죄수를 감시하는 높은 망루가 가장 먼저 떠오른다. 대전 중구에 가면 아파트촌 한가운데에 낡은 망루가 서 있다. 1984년에 새로 지은 건물로 이전하면서 아파트가 들어섰지만, 이곳은 원래 악명 높은 대전형무소 터였다(1961년에 형무소가 교도소로 바뀌었지만, 그전 시기부터 다루기 때문에 형무소로 부르겠다). 이 망루와 대전형무소는 감옥하고 전혀 관련 없는 많은 평범한 사람들도 간접 체험을 한 곳이다.

사상범의 유배지, 대전형무소

"겨울 감옥살이도 힘들지만 정말 어려운 것은 여름 감옥살이다. 겨울에는 다른 죄수들이 추위를 녹여주는 도움의 손길로 느껴지지만 여름에는 더욱 덥게 만들기 때문에 증오하게 만든다." 망루를 올려다보니 오랜 감옥 생활에서 우러난 깊은 사색과 휴머니즘에 바탕한 아름다운 글로 우리를 깨우친 신영복 선생이 떠올랐다. 통일혁명당 사건으로 무기 징역을 선고받은 신영복은 여기에서 20년 가까이 생활하며 사색하고 붓글씨를 배웠다. 《감옥으로부터의 사색》의 산실인 셈이다. 윤이상과 이응로도 1960년대 말 동백림 사건 때문에 여기에서 감옥살이를 했다.

대전형무소는 한국 근현대사에서 특별한 의미를 지닌다. 사상범을 가두는 특별 형무소이기 때문이었다. 일제는 1920년대에 대전형무소를 지을 때부터 장기수와 사상범을 가둘 특별 감옥으로 설계했다. 많은 독립투사들이 서대문형무소에 수감돼 재판을 받은 뒤 형이 확정되면 이곳으로 내려와 감옥살이를 했다. 일제 강점기 독립운동가들도 이곳을 거쳤다. 안창호와 여운형이 2년 반 동안 대전형무소에 갇혔고, 고문 때문에 하반신이 마비된 김창숙은 형 집행 정지 처분을 받아 손수레에 실려 대전형무소를 나왔다. 망루 옆에는 자유총연맹 대전지부

옛 대전형무소 터에 남은 담장 흔적. 안창호와 신영복이 쓴 편지 등을 전시한 '기억의 터'가 조성돼 있다.

가 운영하는 자유회관이 있다. 이곳 주차장으로 들어가면 대전형무소의 역사 등을 알려주는 전시물과 유적이 나온다. '기억의 터'에는 안창호가 부인에게 보낸 편지와 신영복이 쓴 여름 감옥살이 글 등을 전시해놓았다.

옛 대전형무소 터에 전시된 일제 강점기 대전형무소 모습.

대전형무소는 유명한 사상범뿐 아니라 독립과 민주화, 통일을 위해 싸우다 잡힌 평범한 사람도 많이 다녀갔다. 박정희 정부가 1960년대에 13개 형무소에 흩어져 있던 비전향 장기수 563명을 이감하면서 대전형무소 특사는 좌익 장기수들이 갇힌 '현대의 유배지'로 악명을 떨쳤다. 고문과 집단 폭행 등 비인도적인 전향 공작 속에서 많은 장기수가 목숨을 잃거나 눈물을 흘리며 전향서를 썼다(이 책 58장 참조).

학생운동 등 민주화 투쟁을 하다가 이곳에 들어온 사람들이 장기수를 만나 의식화되기도 했다. 1980년 5·18 학살에 항의해 미스유니버스 대회장에 폭탄을 설치하려다가 체포된 권운상은 대전교도소에 들어와 장기수들이 들려준 이야기를 채록해서 일제 강점기 말부터 해방 8년사에 이르는 시기를 다룬《녹슬은 해방구》를 썼다.

'골로 간' 사람들, 좌우 우의 교차 학살

사상범을 주로 수용한 탓에 한국전쟁이 터지자 대전형무소는 학살의 중심지가 됐다. '골로 간다'는 말이 있다. '까불다가는 쥐도 새도 모르게 골로 간다'는 표현이 대표적이다. 이 '골'이 대전 동남쪽에 자리한 산내골을 가리킨다는 사실을 아는 사람은 많지 않다. 산내(골령)골이 어떤 곳이어서 이런 말이 생겼을까? 산내골에는 기네스북에 오를 만한 보기 드문 장소가 있다. 바로 '세계에서 가장 긴 무덤'이다. 별로 높지 않지만 길이가 30미터를 넘고 무덤처럼 잔디가 덮인 흙더미다. 한국전쟁 때 '좌파 추정자'들을 집단 학살하고 흙으로 덮은 무덤이다.

1950년 6월 27일 서울을 버리고 대전으로 간 이승만은 7월 1일 목포를 거쳐 해군 함정을 타고 부산으로 도망쳤다. 대전이 북한군에 넘어가자 이승만 정부는 6월 말부터 7월까지 산내골에서 대량 학살을 저질렀다. 얼마 전 정부가 한 조사에 따르면 1차 1400명, 2차 1800명, 3차 1700명 등 4900명이 학살됐다. 1차 학살은 충남 지역 보도연맹원(좌익 사범을 전향시켜 가입하게 한 조직으로, 이 책 3장 참조), 2차 학살은 여순 사건(이 책 16장 참조) 관련자 등 그전부터 대전형무소에 갇혀 있던 좌익 사범을 중심으로 진행됐다. 보도연맹원도 일단 대전형무소에 수용한 뒤 산내골로 끌고 와 학살했다. 다른 연구들은 희생자를 7000여 명으로 추정한다. 그래서 '골로 간다'는 말이 생겼다.

한국전쟁 때 대전형무소에 갇힌 사상범과 보도연맹원 등을 학살한 산내골.
소나무 뒤 긴 잔디밭은 세계에서 가장 긴 무덤으로 불린다.

이승만 정부는 수감자들을 미군이 운전하는 미군 트럭에 실어 와 미군이 감독하고 촬영하는 상황에서 대량 학살을 저질렀다. 다시 말해 학살은 '미군 몰래'가 아니라 '미군 지휘 아래' 체계적으로 진행됐다. '인권의 나라' 미국 '덕분'에 생생한 학살 현장을 찍은 사진이 증거로 남았고, 얼마 전 비밀 해제돼 공개됐다. 산내골은 기념비 설치 등이 예정된 채 썰렁하게 버려진 상태였다.

비극은 이어졌다. 북한군이 내려와 학살을 저질렀다. 이번에는 대전형무소가 살육의 현장이었다. 자유회관 주차장 안 구석에는 오래된 우물이 있다. 인천 상륙 작전 때문에 전세가 역전되자 북한군이 후퇴하면서 조국 반역죄와 민족 반역죄로 대전형무소에 잡아놓은 우익 인사들을 생매장한 곳이다. 북한군은 이 우물 말고도 형무소 후문 북쪽 밭고랑 등에서 우익 인사들을 집단 학살했다. 국군이 들어와 알아보니 희생자는 1557명이었다. 용산 전쟁기념관에 가면 이때 북한군이 죽인 시신들을 찍은 사진을 볼 수 있다.

북한군이 대전형무소에서 집단 학살한 우익들 시신 (전쟁기념관 전시 자료).

이승만 정부가 좌익 수감자들을 학살한 뒤 대전형무소를 점령한 북한군이 우익들을 학살한 우물. 시신 171구가 나왔다.

2021년 봄 다시 찾은 산내골에서는
유해 발굴 작업이 한창이었다.

물신화된 이념은 비극을 낳고

대전형무소는 한국전쟁 때 좌우익 교차 학살이 벌어진 비극의 현장이다. 학살을 총지휘한 미군이 찍은 사진과 시신을 그대로 두고 도주한 북한군 덕분에 유일하게 교차 학살의 증거가 남아 있는 곳이기도 하다. 일제 강점기부터 해방을 거쳐 1980년대까지 사상의 유배지였고, 한국전쟁 때는 교차 학살의 현장이 된 대전형무소는 이념이란 무엇인지, 이념이 물신화될 때 얼마나 큰 비극이 일어날 수 있는지를 생각하게 한다. 요한 볼프강 폰 괴테가 쓴 소설 《파우스트》에 나오는 악마의 대화가 생각났다. “젊은이, 모든 이론은 회색이고, 살아 있는 것은 늘 푸른 생명의 나무이네.” 추상적인 이념이나 구호가 아니라 구체적인 현실, 곧 우리의 구체적 삶이 중요할 뿐이다.

찾을 곳

옛 대전형무소 터 대전광역시 목중로 34. 자유총연맹 자유회관 옆에 망루과 우물 등 유적이 있음. **산내골령골** 대전광역시 동구 곤룡로 93.

57. 영동 | 경부고속도로

고속으로 지은 고속도로는 산재 왕국으로 달리고

'구름도 자고 가는 바람도 쉬어 가는/ 추풍령 구비마다 한 많은 사연/ 흘러간 그 세월을 뒤돌아보는/ 주름진 그 얼굴에 이슬이 맺혀/ 그 모습 흐렸구나 추풍령고개.'

〈추풍령고개〉라는 유행가다. 구름도 자고 가고 바람도 쉬어 간다니 무척 높다고 생각할지 모르지만, 추풍령고개는 낮아서 유명하다. 충청북도 영동군과 경상북도 김천시가 맞닿은 추풍령은 해발 221미터로, 소백산맥과 백두대간 사이에서 가장 낮은 고개다. 그 덕분에 경부선과 국도 제4호선이 지난다. 경부고속도로도 이곳을 넘어간다.

'조국 근대화'와 '통일'로 나아가는 고속도로

경부고속도로 서울 방향 거의 중간 지점에, 정확히 말해 부산 톨게이트에서 195킬로미터, 서울 톨게이트까지 205킬로미터 지점에 추풍령 휴게소가 있다. 휴게소 벽에는 빛바랜 사진을 여러 장 걸어놨다. 경부고속도로 건설에 관련된 장면들이다. '위대한 도전'이라는 제목 아래 공사를 지휘하는 박정희, 건설 장비가 없어 사람 힘으로 하는 공사, 도로 건설에 동원된 군 장비, 용달차가 느리게 달리는 초기 고속도로 등을 볼 수 있다. 대학 시절인 1970년대로 돌아간 느낌이다.

추풍령고개에 세운 경부고속도로 준공기념탑.

'서울 부산 간 고속도로는 조국 근대화의 길이며 국토통일에의 길이다. 1970년 7월 7일 대통령 박정희.' 휴게소를 나와 고속도로 쪽으로 걸어가면 오른쪽에 계단이 나타난다. 계단을 올라가면 높이 30미터짜리 거대한 탑이 있다. 탑 아래쪽 받침대에는 건설 공사를 하는 노동자들을 묘사한 부조 위에 이런 글씨가 보인다. 한국 최초 '전국적 고속도로'인 경부고속도로 준공을 기념하는 '서울 부산간 고속도로 준공기념탑'으로, 화강암 1028세제곱미터를 써서 연인원 7780명이 만들었다.

나는 박정희에게 매우 비판적이지만, 고속도로 건설과 그린벨트 설치는 잘한 일이라고 생각한다. 고속도로 덕분에 우리는 전국 곳곳을 빨리 오갈 수 있게 됐고, 엄청난 부수 효과를 거뒀다. 물론 근본적인 생태적 삶을 지향하는 '슬로우 라이프' 관점에서 보면 '패스트 라이프'를 상징하는 고속도로 자체에 반대할 수 있지만, 도로, 곧 정겨운 표현으로 하면 '길'은 문명의 핵심이다. 로마 시대에는 모든 길이 로마로 통했다. 동서양을 잇는 실크로드가 있었고, 중국과 티베트 사에는 차마고도가, 잉카 제국에는 잉카 로드가 있었다. 현대 도로의 꽃은 역시 고속도로다.

1964년 독일에 간 박정희는 아우토반을 여러 번 보면서 고속도로 건설을 구상했고, 귀국한 뒤에 경부고속도로를 건설하자고 제안했다. 건설비는 그때 정부 예산의 23퍼센트로, 여당인 공화당을 비롯해 경제 관련 부처들도 재정 파탄이 염려되고 시기상조라며 반대했다. 야당은 더 말할 필요도 없었다. 유진오 신민당 당수는 아돌프 히틀러의 아우토반을 연상시킨다고 비판했다. 국회의원 김대중은 경부선 철도를 복선화한 뒤에 또 고속도로를 만들면 영남과 호남 사이의 지역 격차가 확대될 수 있다며 반대했다. "고속도로를 만들어도 달릴 차가 없다. 부유층을 위한 호화 시설일 뿐이다." 야당 의원들은 건설 현장에 쳐들어가 누운 채 결사반대 구호를 외쳤다. "우량 농지 훼손이 웬 말이냐, 쌀도 모자라는데 웬 고속도로냐."

산재 왕국으로 달린 고속도로

돌이켜 보면 박정희 정부 때 야당이 정당한 항의를 많이 했지만, 이런 반대는 근시안적이었다. 다만 군사 작전 하듯 공사를 강행한 방식은 문제가 많다. 박정희 정부는 경부고속도로를 1968년 2월 1일에 착공해 2년 5개월 만에 완공한 사실을 자랑했다. 세계 고속도로 건설 사상 최단 기간이었다. 그렇지만 '빨리빨리'식 공사 때문에 공식적으로 77명이, 실제는 그 몇 배에 이르는 수백 명이 목숨을 잃었다고 한다.

금강휴게소 부산 방향 남쪽 끝에서 작은 길을 통해 고속도로를 건너가면 경부고속도로를 건설하다가 목숨을 잃은 노동자들을 기리는 위령탑이 있다. 청주시 흥덕구 옥산면과 옥천군 청성면 묘금리 사이인 이곳은 최대 난공사 구간이라 희생자가 가장 많이 나왔다. 세계 최단 기간 완공이라는 성과를 뒤집어 보면 짧은 시간에 공사를 끝내느라 많은 노동자를 희생시킨 '산재 왕국'이 드러난다. 경제협력개발기구OECD 회원국 중에서 최고를 기록하는 산재 사망률과 생명 경시 성과제일주의, 하루 평균 일곱 명이 시신으로 돌아오는 산재 왕국의 원형이 경부고속도로다.

공사를 무리하게 진행하다가 목숨을 잃은 순직자들을 기리는 위령탑.

한국 최초의 고속도로는 서울과 인천을 잇는 경인고속도로다. 다만 경인고속도로는 '지방 고속도로'이기 때문에 전국 규모 고속도로는 경부고속도로가 처음이고, 뒤이어 1970년 4월 호남고속도로를 착공해 1973년에 개통했다. 그 뒤 곳곳에 고속도로를 닦아 이제 고속도로 없는 삶은 생각할 수 없게 됐다. 2018년 말 기준, 한국의 고속도로는 서울과 부산을 5회 왕복할 수 있는 4767킬로미터다. 일반 도로 1만 3983킬로미터 등을 더한 전체 도로 길이는 11만 714킬로미터로, 세계에서 도로망을 가장 잘 갖춘 국가의 하나가 됐다.

지방에 가면 차 안 다니는 도로가 많다. 한국도 일본처럼 정부 예산으로 필요 없는 도로를 닦으면서 경기를 살리는 '토건 국가'로 갈까 봐 걱정된다. 이동 거리에 견줘 통행료가 비싼 민자 도로가 곳곳에 생기고 있다. 서울-부산은 '삼성 도로'를, 서울-광주는 '현대 도로'를, 서울-강릉은 'SK 도로'를 달리는 날이 올지도 모를 일이다.

경부고속도로 준공기념탑에서 고속도로 쪽으로 가면 고속도로 위를 가로지르는 다리가 나온다. 여기에서 양쪽으로 통행하는 차량을 내려다볼 수 있다. '이 고속도로는 박대통령각하의 영단과 직접지휘 아래 우리나라 재원과 우리나라 기술과 우리나라 사람들의 힘으로 세계 고속도로 건설사상에 있어서 가장 짧은 시간에 이루어진 조국근대화의 목표를 향해 가는 우리들의 영광스러운 자랑이다.' 주차장으로 내려가려는데 1970년에 이한림 건설부 장관이 준공탑에 쓴 '박비어천가'가 눈에 띄었다. 고속도로를 보면서 박정희에게 품은 고마움이 안개처럼 사라졌다.

유신을 찬양하는 촛불 정부?

얼마 뒤 추풍령휴게소를 다시 들렀다. 준공기념탑 옆에 경부고속도로 건설 50주년을 맞아 새로 세운 기념비가 눈에 띄었다. 나쁜 여건 속에서 어려운 공사를 끝낸 건설부 관계자와 시공 업체 직원 531명의 이름이 적혀 있었다. 박정희 뒤에 가려진 이름 없는 사람들의 공로를 기억하는 의미 있는 기념비이지만 건설 노동자 명단이 없어서 아쉬웠다.

"아니 도대체 이건 또 뭐야?"

그 옆에 있는 또 다른 기념비를 본 나는 깜짝 놀랐다. '본 고속도로는 5000년 우리역사에 유례없는 대토목공사이며, 조국근대화의 초석이 되고 국가발전과 국민생활의 질을 향상시켰을 뿐 아니라 '하면 된

서울과 부산 사이 중간 지점인 추풍령휴게소 오버패스에서 본 경부고속도로.

경부고속도로 준공 50주년 기념비에 김현미 국토교통부 장관이 남긴 글은 촛불 정권이 아니라 유신 정권의 각료가 쓴 글 같아 충격적이다.

다'는 자신감과 긍정적인 국민정신 고취에 크게 기여했다.'

'조국근대화의 초석'에 '하면 된다'는 '긍정적인 국민정신'이라니, 유신 때 많이 듣던 이야기 아닌가? 건설 50주년을 기념해 김현미 국토교통부 장관 명의로 세운 기념비였다. 1970년대가 아니라 2020년대에, 박정희 정부나 박근혜 정부가 아니라 이른바 '촛불 정부'의 각료가 한 말이었다. "이 공사는 어려운 여건에서 국내 자원과 기술로 달성한 중요한 업적이지만, 군대식 속도전으로 불필요한 인명 피해가 생기는 등 이후 우리 사회의 고질병이 된 '빨리빨리주의'와 인명 경시, 그 결과인 '산재 왕국'의 원형이라고 할 수 있다." '촛불 정부'가 세운 기념비라면 이렇게 써야 한다. 아쉬움을 안고, 나는 고속도로를 달렸다.

찾을 곳

추풍령휴게소(서울 방향) 경상북도 김천시 봉산면 경부고속도로 214-1. **경부고속도로 건설순직자 위령탑** 충청북도 옥천군 동이면 조령리 산 52-9. 부산 방향 금강휴게소 주차장 끝 샛길.

58. 청주·청송 | 사회안전법

한국의 알카트라즈, 격리와 보호 사이에서

"김상흠, 너 나와!" 1974년 말 부산 달동네에 자리한 어느 서민 주택에 경찰이 들이닥쳐 한 노인을 끌어냈다. "제가 뭐 잘못했는데 그러세요?" 영문도 모르고 갑자기 끌려 나온 사람은 몇 년 전 감옥에서 출소한 사상범이었다.

지리산을 끼고 있는 경남 하동에서 내로라하는 부농의 아들로 태어난 김상흠은 일본 와세다 대학교에 유학을 갔다. 일제 강점기 때 많은 지식인들처럼 민족 해방과 혁명을 위해 공산주의를 선택했고, 해방 뒤 남로당 경남도당 위원장으로 지리산에 들어가 빨치산이 됐다. 1953년 정전이 되자 지리산에서 탈출한 김상흠은 부산에서 지하당 재건 사업을 하다가 1955년 1월에 체포돼 16년 동안 감옥살이를 한 뒤 1971년에 석방됐다.

수소문 끝에 지리산 시절 옛 동지 김정숙을 만나 뒤늦게 가정을 꾸려 살던 김상흠은 날벼락을 맞았다. 박정희 정부는 유신을 하면서 사회안전법도 만들어 형을 살고 나온 사상범을 다시 가뒀다. 김상흠은 14년 뒤인 1988년에야 풀려났다. 정충제가 쓴 《실록 정순덕》에 나오는 이야기다.

아직도 살아 있는 유령, 보안관찰법

청주 남쪽 끝 서원구의 한 언덕에 자리한 청주외국인보호소 앞에 서니 이제는 고인이 된 김상흠의 애절한 사연이 떠올랐다. 청주외국인보호소는 박정희 정부가 사회안전법을 만들어 형을 다 살고 나온 사상범을 다시 가둔 청주보안감호소가 있던 곳이다. 감옥을 보안감호소로 부른다고 해서 '보안'이 되고 '감호'가 되는 걸까? 김상흠은 목숨이라도 건져 나왔지만, 변형만과 김응성 등 그렇지 못한 사람도 많았다.

제주 백조일손묘역 사례처럼(이 책 3장 참조), 한국은 좌익 인사 등을 상대로 범죄를 저지를 가능성이 크기 때문에 미리 잡아가겠다는, 아니 목숨을 빼앗겠다는 반인권적 예비 검속 제도가 있었다. 예비 검속은 일제가 1933년에 만든 사상 전향 제도, 1936년 '조선 사상범 보호관찰령'에 규정된 보호 관찰 제도, 1941년에 개정한 치안유지법과 '조선 사상범 예방구금령'에 규정된 예방 구금 제도를 이어받았다.

한국전쟁을 앞뒤로 한 시기에 국가보안법 등으로 투옥된 좌익 사

형기를 다 채운 사상범을 가두던 청주보안감호소는 외국인보호소로 바뀌었다.

범들이 1960년대 후반기와 1970년대 전반기에 만기 출소를 시작하자 박정희 정부는 사회안전법을 제정해 형을 다 산 이들을 예방 차원에서 다시 가뒀다. 이 법은 재범의 위험성이나 현저성을 근거로 삼아 보안처분심의위원회의 의결을 거쳐 좌익 사범을 거의 무제한 구금할 수 있게 규정했다. 박정희 정부와 전두환 정부는 '반공 정신 확립 여부'를 재범 위험성의 기준이라 보고 전향서를 쓰지 않은 사람은 계속 가뒀다. 현저성의 정도가 떨어진다고 판단해 보안감호소로 보내지 않은 사상범도 주거를 제한하고 주기적으로 '보호 관찰'을 했다.

박정희 정부는 사회안전법을 제정하기 전에 사전 정지 작업 삼아서 1973년부터 약 2년에 걸쳐 미전향 장기수를 대상으로 집중적이고 조직적인 전향 강요 고문을 했다. 많은 장기수가 고문을 이기지 못하고 죽거나 신념에 상관없이 전향서를 썼다. '최후의 빨치산' 정순덕도 그중 한 명이다. 집단 폭행과 고문을 못 이겨 전향서를 쓴 사람들은 폭력에 굴복해 양심을 판 죄책감에 평생 시달렸다. 김영삼 정부 이후 이인모 등 비전향 장기수 여러 명이 송환을 요구해 북한으로 갔지만, 정순덕처럼 전향서를 쓴 장기수는 보내주지 않고 있다.

1971년 재일 교포 유학생 간첩단 사건으로 형을 산 뒤 1978년에 보안 감호 처분을 받아 청주보안감호소에 갇혀 있다가 민주화되면서 1988년에 출옥한 서준식에 따르면, 1978년에 120여 명이던 피보안 감호자가 고문 등으로 1988년에는 50명으로 줄었다. 서준식은 1988년에 보안감호소에 남아 있던 사상범이 '재범의 현저성'하고는 거리가 먼 평균 연령 64세인 병든 노인들이며, 사회안전법은 재범 방지가 아니라 미전향자 전향을 목적으로 하는 한편 시국 관련 사범, 재야인사, 국민을 겁주려는 협박 장치일 뿐이라고 비판했다. 서준식 등은 이 법이 일사부재리 원칙, 소급 입법 금지, 양심의 자유 등에 위배된다며 법정 투쟁을 벌이지만 독재 정권의 하수인인 사법부는 이런 호소를 철저히 외면했다.

"책 읽을 자유를 달라!" 피보안 감호자들은 사법 투쟁 말고도 인간의 존엄성을 지키려 끊임없이 싸웠다. 비전향 장기수 변형만과 김용성은 형기를 다 채우고 나와 평범하게 살다가 1978년에 청주보안감호소로 다시 잡혀왔다. 두 사람은 감호소가 서적 반입을 심하게 제한하자 단식 투쟁에 들어갔다. 단식이 길어지면서 감호소 당국은 소금물을 억지로 붓는 강제 급식을 했고, 그 과정에서 두 사람이 숨졌다. 김대중 정부 시절인 2002년에 의문사진상규명위원회는 사회안전법을 국민 기본권을 짓밟은 위헌적 법률이라고 규정한 뒤 보안감호소가 저지른 비인간적 처우에 맞서 싸우다 숨진 이 두 사람을 민주화운동 관련자로 인정했다.

사회안전법은 1989년에 폐지됐다. 문제는 대체 입법된 보안관찰법이 민주화 이후 30여 년이 지나도록 아직도 버젓이 살아 있다는 점이

산에서 내려다본 육지의 섬 청송교도소.

다. 보안관찰법은 국가보안법 위반 등으로 3년 이상 형을 받은 사상범에게 활동 내역과 여행지 등을 관할 경찰서에 주기적으로 신고하는 의무를 지우는데, 이런 의무를 면제받으려면 신원 보증하고 함께 준법서약서를 내야 했다. 전두환 정부 시절 구미유학생 간첩단 사건으로 14년 형을 받고 1990년대 말 출옥한 강용주는 양심과 사상의 자유를 제약하는 이 위헌적 조치에 맞서 불복종 운동을 벌였다. 정부는 강용주를 기소하지만 법원은 2018년에 무죄 판결을 내렸고, 법무부도 2019년 보안 관찰 면제 처분 때 요구하는 준법서약서를 폐지했다. 그렇지만 법 자체는 위헌이 아니라고 판단한 탓에 시대착오적인 보안관찰법은 아직 살아 있다.

범죄자들의 지옥, 청송감호소

미투 운동의 여파로 해외를 떠돌다가 생을 마감한 김기덕 감독이 찍은 〈봄 여름 가을 겨울 그리고 봄〉(2003)이라는 영화가 있다. 영화에는 기이한 모양을 한 고목들이 자라는 자그마한 호수가 나오는데, 경상북도 청송군에 자리한 주산지라는 곳이다. 안동 밑에 있는 청송은 '육지 속의 섬'으로 불리는 오지 중의 오지다. 여기에도 청주보안감호소를 빼닮은 시설이 있다. '한국의 알카트라즈' 청송보호감호소다. 미국 샌프란시스코 앞 섬에 있는 알카트라즈는 알 카포네 등 악명 높은 범죄자만 가둔 감옥으로, 이곳을 무대로 한 영화도 여러 편 나왔다.

광주 학살을 일으켜 권력을 잡은 전두환은 여러 가지로 박정희를 모방했다. 박정희가 사회 정화라는 미명 아래 깡패 등을 잡아다가 만든 국토건설단을 모방해 삼청교육대를 만들었고, 사회안전법을 모방해 사회보호법을, 청주보안감호소를 모방해 청송보호감호소를 만들었다. 사회안전법과 보안감호소가 사상범이 대상이었다면, 사회보호

법과 보호감호소는 일반 범죄자, 그중에서도 강력범이 대상이었다.

전두환은 1980년에 삼청교육대를 해체하면서 전과자를 사회에서 격리해 재범을 저지를 위험을 방지한다며 사회보호법을 만들었다. 비슷한 범죄를 저질러 두 번 이상 실형을 선고받은 '상습범'이 다시 범죄를 저지른다면 재범 가능성이 높기 때문에 형기를 다 산 뒤에도 사회에서 격리할 수 있게 보호 감호 처분을 내려야 한다는 논리였다. 사회안전법처럼 위헌적인 이중 처벌이었다.

"징역 7년에 보호 감호 10년을 더해 17년을 썩을 생각을 하니 아득해서 탈주했다."

"징역 15년에 보호 감호 10년까지 선고받아 희망이 없었다."

1988년 탈주 인질극을 벌이다가 '유전무죄 무전유죄'라는 말을 남기고 목숨을 끊은 지강헌과 탈주 뒤 붙잡힌 대도 조세형이 각각 한 말이다. 보호감호제와 청송보호감호소는 지옥이나 다름없었다.

지강헌과 조세형 말고도 폭력 조직 서방파 두목 김태촌, 살인범 오원춘 등 거물 범죄자나 흉악범은 다 이곳을 거쳤다. 오지 중의 오지인데다가 대부분 독방에서 폐회로 텔레비전CCTV으로 24시간 감시하는, 한국에 하나뿐인 중경비 시설이라 탈옥은 꿈도 못 꾼다. 사회보호법은 위헌적인 이중 처벌과 인권 침해라는 비판을 받고 노무현 정부 때인 2005년에 폐지됐고, 청송에는 보호감호소가 문을 닫고 일반 교도소만 남았다.

징벌이냐 격리냐, 변형된 무기 징역

사라진 보호감호제가 부활할 조짐을 보이고 있다. 아동 성폭력범 조두순이 출소하면서 국민적 분노가 끓어오르자, 문재인 정부는 살인범, 아동 성폭력범, 5년 이상 실형을 산 재범 위험 높은 범죄자 등은 알코올 의존증 같은 여러 요인으로 재범을 저지를 가능성이 높다고 전문가가 판단하면 법원이 출소 뒤 최장 10년 동안 보호 시설 격리 수용을 선고할 수 있게 하는 신보안처분제(일명 '조두순 격리법')를 추진하겠다고 밝혔다. 민주사회를 위한 변호사모임(민변)은 이 제도는 폐지된 보호 감호하고 전혀 다를 바가 없다고 비판했다.

청송군 진보면 흥구리 가파른 언덕을 오르면 '육지의 섬' 속 '또 다른 섬'인 청송교도소가 멀리 내려다보인다. 조두순 같은 인간 이하 범죄자를 향한 분노와 재범을 저지를지 모른다는 걱정은 이해하지만, 죽을 때까지 사회에서 격리하는 '변형된 무기 징역'만이 대안일까?

찾을 곳

청주외국인보호소 충청북도 청주시 서원구 청남로1887번길 49. **경북북부제1교도소(옛 청송보호감호소)** 경상북도 청송군 진보면 양정길 231.

59. 공주 | 4대강

사라진 '녹차라테'와 반'그린 뉴딜'

'녹차라테'는 이명박 정부가 벌인 4대강 사업에 붙은 별명이다. 강 곳곳에 보를 만들자 흐르던 물이 멈추면서 여름이면 녹조가 강을 뒤덮은 탓이었다. 오랜만에 찾은 금강보 근처에는 다행히 녹차라테가 보이지 않았다. 문재인 정부 들어 보를 개방한 덕분이다.

《노자》에 나오는 '상선약수上善若水'라는 문구가 떠올랐다. '최고의 선은 물처럼 사는 것'이라는 뜻이다. 물은 만물을 이롭게 하지만 선두를 다투지 않으며, 가로막히면 돌아가고, 무리하지 않지만 언제나 낮은 곳으로 흐른다. 물은 위에서 아래로 흐르며, 강도 이 원리에 따라 흐르게 내버려둬야 한다. 4대강은 사람이든, 정치든, 강이든 멈추면 썩을 수밖에 없다는 자연의 이치를 가르쳐준다.

대운하 대신 4대강, 반'그린 뉴딜'과 '녹차라테'

"대통령 각하! 정부가 개인의 앞길을 막는다면 정부는 영원히 개인에게 큰 빚을 지게 될 것입니다." 고려대학교 상대 학생회장 이명박은 한-일회담 반대 시위를 주도해 감옥을 다녀온 뒤 취직이 안 되자 박정희에게 이런 편지를 썼다. 편지에 감명받은 박정희 덕으로 현대건설에 취직한 이명박은 '샐러리맨 출신 사장 이명박'이라는 신화를 만들었다.

'장마다 꼴뚜기 날까'라는 한국 속담이 있다. 미국에는 '같은 동굴에서 여우가 두 번 잡히지는 않는다'는 속담이 있다. 행운은 매번 반복되지 않는다는 뜻이다. 정치에 뛰어든 이명박은 국회의원을 거쳐 서울시장 선거에 나서서 청계천 복원 공약으로 히트를 쳤고, 취임 뒤 속도전을 펼쳐 청계천 복원을 끝냈다. 내친김에 대통령에 출마한 이명박은 청계천에서 거둔 성공에 취해 한강과 낙동강을 연결하고 서울과 부산을 내륙 수운으로 잇는 '한반도 대운하'를 공약으로 내걸었다. 그리고 노무현 정부가 저지른 실정 덕분에 집권했다. 또한 이어진 총선에서도 보수 세력이 압승을 거뒀다. 장마다 꼴뚜기가 나는 듯했다.

대통령이 된 이명박은 한반도 대운하 사업에 착수하려 하지만 거센 반대에 부딪혔다. 엎친 데 덮친 격으로 미국산 소고기 수입 반대 촛불 집회가 벌어져 굴욕적인 사과를 하면서 정국 주도권을 잃었다. 이명박은 할 수 없이 일단 한반도 대운하를 '4대강 살리기 사업'으로 축소했다. 곧이어 그동안 쌓인 시장 만능 신자유주의의 문제점이 폭발해 월스트리트발 세계 경제 위기가 터졌다. 각국 정부는 1930년대에 대공황을 극복하는 데 성공한 뉴딜에 바탕해 경기 부양을 위한 '뉴 뉴딜' 정책을 잇따라 발표했다. 이명박은 경제 위기를 극복할 한국판 뉴딜이라면서 4대강 사업을 밀어붙였다. 수해를 예방하고 수자원을 확보하는 한편 수질을 개선하고 수변 복합 공간을 조성해 지역 발전을 이끌어내는 '그린 뉴딜' 사업으로 포장했다.

시청앞광장에서 열린 4대강 사업 반대 시민대회.

4대강 반대 팔당유기농 농민순례단 기도회.
나무 십자가가 상징적이다.

2009년 4월 이명박 정부는 '4대강살리기추진본부'를 만들더니, 6월에 마스터플랜을 세우고, 7월에 영산강 유역부터 공사에 들어갔다. 야당과 환경단체 등 시민사회가 반대하는데도 '불도저 이명박'답게 속전속결이었다. 22조 원을 퍼부어 한강의 이포보, 여주보, 강천보를 시작으로 금강, 낙동강, 영산강에 모두 16개의 보를 만들어 물을 가두고, 영주댐, 보현댐, 안동댐과 임하댐을 연결하고, 상류와 하류를 잇는 자전거 길을 1728킬로미터 건설하는 등 4대강과 강 주변을 완전히 뒤집어놓았다. 2011년 10월에는 4대강 살리기 공사 완공을 선언했다.

남한강가에서 여주보 공사 현장을 내려다보는 한 환경운동가.

더디기만 한 4대강 재자연화

1930년대의 뉴딜은, 2008년 경제 위기 때 여러 나라가 내놓은 '뉴 뉴딜'은, 많은 사람이 생각한, 그리고 이명박 정부가 추진한 '노가다 뉴딜'이 전혀 아니었다. 뉴딜이 건설 관련 사업을 벌인 사실은 맞지만, 핵심은 노동자의 권리와 사회복지를 강화한 데 있다. 노동자 대부분이 저임금과 실업 때문에 구매력이 떨어져 공황이 온 데 주목해 노사협약을 제도화하고, 와그너 법을 제정해 노동자의 단결권과 단체교섭권을 보장하는 한편, 최저임금제를 도입했다. '뉴 뉴딜' 또한 부자들 세금은 늘리고 중산층 이하는 세금을 줄여서 빈부 격차를 완화하고 구매력을 늘려 소비를 활성화하는 '사회적 뉴딜'이 대세였다.

"이명박 정부가 4대강 사업에 쏟아부은 22조 원만 해도 연봉 2200만 원짜리 일자리 100만 개를 만들 수 있었다." 문재인 대통령이 한 지적이다. 이명박 정부는 엉뚱하게도 4대강 사업을 '그린 뉴딜'이라 강변하면서 22조 원을 퍼부었다. 이명박이 주장한 대로 4대강 사업은 홍수를 예방하고 수질을 개선했을까? 현실은 전혀 그렇지 않았다.

환경 문제를 보면, 결과는 녹차라테였다. 환경을 살리는 '그린 뉴딜'이 아니라 '반反그린 노가다 뉴딜'이었다. 아니, 어떤 생명도 제대로 살 수 없는 녹차라테라는 점에서 '녹차라테 노가다 뉴딜'이었다.

홍수 예방도 마찬가지다. 국토부가 2013년 국정감사에 낸 자료에 따르면 4대강 사업 전인 2008년에 4대강 지역 홍수 피해액은 523억 원이지만 완공 뒤인 2012년에는 4167억 원으로 여덟 배 늘어났다. 금강은 피해가 특히 심각해 16배나 늘어났다. 환경부는 4대강 사업평가위원회와 감사원 감사 결과 등에 기초해 4대강 사업으로 설치한 보가 홍수위를 일부 상승시켜 홍수 소통에 부정적 영향을 준 사실은 맞는다고 밝혔다. 결국 이명박은 후임인 박근혜가 탄핵되고 문재인 정

금강에서 뜬 녹차라테(최병성 목사 제공).

부가 들어선 뒤 여러 부정부패 혐의로 감옥에 갔다. 장마다 꼴뚜기가 나지는 않는 법이다.

촛불 덕분에 집권한 문재인 대통령은 '4대강 재자연화'라는 목표를 세웠다. 2017년 5월 4대강 보의 수문을 열어 1년 동안 모니터링해서 보를 어떻게 할지 결정하라고 지시했다. 그렇지만 이 지시는 제대로 이행되지 않았다. 2017년 금강보와 세종보의 수문을 완전히 개방하고 백제보의 수문을 탄력적으로 개방하는 금강은 수질이 빠르게 회복되고 있다. 그렇지만 보수 세력의 텃밭인 영남을 가로지르는 낙동강은 상황이 다르다. 창녕함안보를 한 달 동안 연 뒤 닫은 적이 있을 뿐 낙동강에 세운 8개 보는 제대로 연 적

낙동강은 상태가 가장 심각하다. 강정고령보를 가득 채운 녹차라테(최병성 목사 제공).

이 없다. 2021년 3월, 낙동강에서 가장 남쪽에 자리한 창녕함안보를 따라 걸어봤다. 강물을 내려다보니 보 위쪽 물은 아래쪽하고 다르게 짙은 녹색이었다.

환경부는 2019년 금강의 세종보, 금강보 일부, 영산강의 죽산보를 해체하고, 금강의 백제보와 영산강의 승천보는 수문을 상시 개방하라고 권고했다. 다시 2년이 지난 2021년 1월, 국가물관리위원회는 세종보, 죽산보, 금강보에 관련해 해체와 부분 해체 결정을 뒤늦게 내렸다. 문제는 해체 시기를 못박지 않은 점이다. 해체를 지지하는 여론이 높지만 강 인근 지역 주민들은 수질 악화에 상관없이 보 유지를 지지하기 때문이다. 금강과 영산강의 보 해체는 다음 정권으로 넘어갈 가능성이 커졌고, 한강과 낙동강은 보 개방조차 제대로 시작하지 못하고 있다. 무리한 준설 때문에 낮아진 강바닥을 복원하고 4대강 사업으로 단절된 본류와 지류를 연결하는 4대강 재자연화도 할 일이 태산 같은데 지지부진하기만 하다. 게다가 4대강 사업에 우호적인 보수 세력이 집권하면 녹차라테는 계속될지도 모른다.

녹차라테 사라진 공주에서 마신 녹차라테

몇몇 보수 언론은 환경부 수질 조사 결과 수문을 개방한 뒤에 오히려 수질이 나빠지고 있다면서 보 개방과 해체를 비판한다. 그렇지만 이런 주장은 보를 개방한 뒤 강바닥에 쌓인 쓰레기 등이 흘러내려 가면서 생기는 일시적 현상이라는 점을 간과하고 있다. 2021년 4월, 환경부는 2017년 6월부터 2020년 하반기까지 3년 동안 4대강 전체 16개 보 중에서 개방한 11개 보를 관찰한 결과를 발표했는데, 보를 많이 열수록 녹조가 줄고 멸종 위기 야생 생물이 다시 찾아오는 등 수생태 환경이 개선됐다.

'기가 막히다'는 말이 있다. 우리 몸에서 기의 흐름이 막히면 몸이 중병에 걸리듯 이 땅을 흐르는 기라 할 수 있는 물이 막히면 땅은, 땅에 깃들어 사는 우리는 병이 난다. 한국 고유의 인문학적 지리학, 정확히 말해 산과 강을 다루는 산하학山河學의 정수가 '산자분수령山自分水領'이다. '산은 물을 나누는 경계다'는 뜻이다. '산은 물을 건너지 않고 물은 산을 넘지 않는다'는 말이기도 하다. 산은 산으로 남고, 물은 물로 남고, 강은 흘러야 한다. 막힌 수문을 연 뒤 녹차라테가 사라진 공주보를 떠나 녹차라테를 마시러 공주로 향했다.

찾을 곳

공주보 충청남도 공주시 운진동. **강정고령보** 대구광역시 달성군 다사읍 강정본길 57.

5부 강원

60. 강릉 | 허난설헌과 허균

중세 조선의 근대인 남매가 꿈꾼 세계

'첫째, 여자로 태어난 죄, 둘째, 조선에 태어난 죄, 셋째, 김성립의 아내가 된 죄.' '한국 페미니즘의 선구자'가 내뱉은 한탄이다. 바로 경기도 광주시 초월읍 안동 김씨 종중 묘역 맨 아래에 묻힌 허난설헌이다.

가난한 여인을 노래한 조선의 페미니스트

허난설헌은 1563년 강릉에서 태어났다. 열네 살에 김성립을 만나 혼인하지만 여성으로 태어나 한 남성의 아내가 된 운명을 한탄하며 살다 스물여섯에 세상을 떠났다. 출가외인이라는 유교식 법도에 따라 안동 김씨 종중 묘역에 묻혔다. 태어나 자란 고향에서 500리나 떨어진 낯선 곳인데다 사이 안 좋은 시가 묘역에 묻혔으니, 죽어서도 안식할 자유는 없었다.

경기도 광주시 안동 김씨 종중 묘역 맨 아래에 있는 허난설헌 묘와 시비.

강릉의 자랑인 경포호를 끼고 초당두부로 유명한 초당동에 들어서면 허난설헌과 동생 허균의 생가 터와 기념관이 나타난다. 이곳 이 허균허난설헌기념관 앞 허난설헌 동상.

름도 가부장제를 반영해 '허난설헌허균' 기념관이 아니라 '허균허난설헌'기념관이다. 순서야 어떻든, 전근대 조선 시대의 한반도에서 이 두 남매처럼 시대를 앞서간 사람은 없었다. 그런 탓인지 두 사람은 명문가에서 태어나고 재주가 뛰어나면서도 불운한 삶을 살았다.

여성을 가르치지 않은 시대이지만 허난설헌은 오빠들 사이에 섞여 어깨 너머로 글을 배웠다. 동생이 지닌 천재성을 아까워한 오빠 허봉이 친구이자 당대 최고 시인이지만 서자라서 출세를 못한 이달에게 부탁해 시를 가르쳤다. 불행은 어린 나이에 혼인하면서 찾아왔다. 남편 김성립은 재주 많은 아내에 주눅이 들어 기생집을 전전했고, 시어머니는 어린 며느리를 구박했다. 허난설헌은 〈사시사四時詞〉에서 독수공방 신세를 노래했다.

남매가 자란 강릉시 초당동에 세운 허균허난설헌기념관.

시름 많은 여인 홀로 밤새 잠 못 이루었으니愁人獨夜不成寐

먼동 틀 때면 비단 수건에 눈물 자국 가득하리曉起鮫綃紅淚多

게다가 딸과 아들을 연이어 잃었다. 엎친 데 덮친다고 아버지와 어머니도 세상을 떠나고 자기를 아끼던 오빠 허봉이 귀양을 가는 등 불행이 이어졌다. 허난설헌은 자식의 죽음 앞에서 대표작이라 할 수 있는 〈곡자哭子〉(아들딸 여의고서)를 눈물로 썼다.

지난해 귀여운 딸애 여의고去年喪愛女

올해도 사랑스런 아들 잃다니今年喪愛子

서러워라 서러워라 광릉 땅이여哀哀廣陵土

……

사시나무 가지에는 쓸쓸한 바람蕭蕭白楊風

도깨비불 무덤에 어리비치네鬼火明松楸

……

부질없이 황대사 읊조리면서朗吟黃臺詞

애끓는 피눈물에 목이 메인다血泣悲呑聲

기념관 앞에서 대리석에 새긴 〈곡자〉를 읽으니 허난설헌이 도교풍 시를 많이 쓴 이유를 알 수 있었다. 꽉 막힌 현실을 피하고 싶지 않았을까. 그렇지만 허난설헌은 삶의 자리에 눈감지는 않았다. 중세 조선의 그릇된 모습을 비판한 〈감우感遇〉의 일부를 보자.

동쪽 집 세도가 불길처럼 거세던 날東家勢炎火

드높은 누각에서는 풍악 소리 울렸지만高樓歌管起

북쪽 이웃들은 가난해 헐벗으며北隣貧無衣

주린 배를 안고 오두막에 쓰러졌네枵腹蓬門裏

그러다 하루아침에 집안이 기울어一朝高樓傾

외려 북쪽 이웃을 부러워하니反羨北隣子

흥하고 망하는 것이야 바뀌고 또 바뀌어盛衰各遞代

하늘의 이치를 벗어나기 어려워라難可逃天理

어느 가난한 여성이 주인공인 〈빈녀음貧女吟〉도 있다.

용모인들 남에게 떨어지리오豈是乏容色

바느질 길쌈 솜씨 모두 좋은데工針復工織

가난한 집안에서 자라난 탓에少小長寒門

중매 할미 모두 나를 몰라준다네良媒不相識

추워도 주려도 내색을 않고不帶寒餓色

온종일 창가에서 베만 짠다네盡日當窓織

……

베틀에는 베가 한 필 짜였는데機中一匹練

뉘 집 아씨 시집갈 때 옷감 되려나終作阿誰衣

추운 겨울밤 남이 입을 옷을 짓는 한 여성을 통해 사회적 불평등을 노래하는 이 시를 가리켜 역사학자 이덕일은 '마르크스보다 300여 년 전에 나온 소외론'이라고 극찬했다.

모순된 현실에 분노한 페미니스트이자 시를 써서 현실에 맞선 '저항 시인' 허난설헌은 젊은 나이에 시름시름 앓다가 작품들을 불태우고 세상을 떠났다. 친정에 있던 시와 그림들도 태워달라 부탁하지만 동생 허균이 아까워 갖고 있었다. 그러다 명나라 사신 주지번朱之蕃 등에게 보여준 뒤 중국에서 출간됐고, 그 뒤 숙종 때 일본에서도 출간됐다. 이덕일이 한 말마따나 허난설헌은 '조선 여인 최초의 한류'였다.

아직 오지 않은 근대를 살다 간 조선의 이단아

"아버지를 아버지라 부르지 못하고 형을 형이라 부르지 못하는 신세이니." 첫 한글 소설 《홍길동》에 나오는 유명한 구절이다. 우리는 허균이 이 소설을 쓴 사람이라 배웠고, 이 소설 덕분에 허난설헌보다 허균이 더 널리 알려졌다. 허난설헌 못지않게 재주 많은 허균은, 여성이라는 이유로 재주를 펼치지 못한 누나하고 다르게 좋은 가문과 재주 덕분에 출세가도를 달리지만, 중세 조선이 용납할 수 없는 자유분방한 정신 때문에 여섯 번의 파직과 세 번의 유배를 반복하다 능지처참을 당하는 파란만장한 삶을 살았다. 광해군이 총애한 덕분에 요즘으로 치면 대통령 비서실인 승정원의 동부승지, 우승지, 좌승지 등 요직을 두루 거친 뒤 외무부 장관 격인 정2품 예조판서를 지냈고, 사신으로 중국에도 여러 번 다녀왔다.

성리학을 신봉하는 조선이 억압한 불교와 도교에 심취한 허균은 사상과 종교의 자유를 실천한 선구자였다(허균이 사신으로 간 중국에서 천주교를 접한 한반도 최초의 천주교도라는 주장도 있다). 광해군의 스승인 유몽인은 허균이 고서를 암기하는 모습을 보고는 유불도 삼가의 책을 시원하게 외워내니 아무도 당할 수 없었다고 전했다. 사명대사와 서산대사 등 고승들하고도 교류했다. 삼척부사 시절에 불상을 놓고 염불한 일 때문에 쫓겨나면서 〈문파관작聞罷官作〉이라는 시를 남기기도 했다.

오랫동안 불경을 읽어온 것은久讀修多敎

내 마음 달랠 것이 없어서이네因無所住心

……

내 분수 벌써 벼슬과는 멀어졌으니已分靑雲隔

파면장이 왔다고 내 어찌 근심하랴寧愁白簡侵

……

예절의 가르침이 어찌 자유를 얽매리오禮敎寧拘放

인생의 부침을 다만 천명에 맡길 뿐浮沈只任情

그대는 모름지기 그대 법도를 지키게나君須用君法

나는 내 나름대로 내 인생을 이루겠네吾自達吾生

……

일찍이 서얼과 서자들하고 가깝게 지낸 허균은 역모에 연루돼 능지처참을 당했다. 서얼 제도를 비판한《홍길동전》이 허균 작품이라는 통설은 여러 정황으로 볼 때 잘못이라는 주장이 요즘 설득력을 얻고 있지만, 꼭 이 소설이 아니어도 허균은 서얼 제도 등 중세 조선의 신분제를 비판하고 자유로운 '근대 정신'을 담은 문헌을 많이 남겼다.

"서얼 출신이라고 인재를 버려두고, 어머니가 개가했다 해서 그 자식의 재능을 쓰지 않는 제도는 세상 어디에도 없다. 하늘이 낳았는데 사람이 그 사람을 버리니, 이것은 하늘을 거역하는 것이다." '인재가 버려지고 있다'는 뜻인 〈유재론遺才論〉에서 허균이 한 이야기다. 백성은 아무 권리 의식 없이 사는 항민恒民이나 수탈당하며 원망만 하는 원민怨民이 아니라 잘못된 세상을 바로잡을 기회를 노리는 호민豪民이 돼 허균허난설헌기념관에 전시된 허균 표준 영정.

야 한다는 〈호민론豪民論〉도 주목할 만하다. "천하에 가장 두려워할 바는 백성뿐이다. 특히 호민은 딴 마음을 품고 자기 욕심을 실현하려는 자로, 몹시 두려워해야 한다. 지금 백성의 원망은 고려 말보다 훨씬 심하다."

조선 사회를 구성한 틀인 유교와 신분제를 뛰어넘은 자유분방한 생각과 행동 때문에 정적들은 허균을 '천지간의 괴물'이니 '올빼미 같고 개돼지 같은 인물'로 비판했고, 광해군이 인조반정으로 쫓겨난 뒤에도 복권되지 못했다. 정조와 고종 때도 노론이 반대해서 대한민국 정부가 수립될 때까지 복권되지 못한, '이단아 중의 이단아'였다.

신선의 세계에서 만나는 '시대의 서얼'

허균허난설헌기념관에서 북쪽으로 10여 분 달리면 나지막한 언덕이 하나 나타난다. 이무기가 엎드린 모습 같다고 해서 교산蛟山이라 부르는 이 언덕은 허균의 외갓집이자 허균이 태어난 곳이다. 허균은 교산을 호로 삼는다. 빌라 공사장을 지나 숲속을 한참 헤매니 낡은 비석이 나타난다. '사람들은 너무 누추해 살 수 없는 곳이라고 하지만, 나에게는 신선의 세계라네'로 끝나는 허균의 시를 새긴 '교산시비'다.

서얼이 차별받는 시대에 서얼들하고 어울리면서 차별 없는 세상을 꿈꾼 허균은 '시대의 서얼'이라고 한 어느 평론가의 말이 생각났다. 허난설헌과 허균은 중세 조선이라는 시대를 앞서간 '시대의 서얼'이었다. 실학의 대가인 다산 정약용, 신분제를 타파한 프랑스 혁명, 이 혁명에서 획득한 시민권을 여성에게도 똑같이 적용하라고 요구한 마르퀴 드 콩도르세의 〈여성의 시민권을 위한 청원〉 같은 초기 페미니즘 운동보다도 200년 전 시대를 산 허난설헌과 허균은, 신분제와 남성 중심 가부장제를 향한 비판 의식을 지닌 '근대인'이었다.

찾을 곳

허균허난설헌기념관과 생가터 강원도 강릉시 난설헌로193번길 1-29. **허난설헌 묘와 시비** 경기도 광주시 초월읍 지월리 산 29-5. **허균 문학비** 강원도 강릉시 초당동 472-2. **홍길동 테마파크** 전라남도 장성군 황룡면 홍길동로 431.

홍길동 테마파크. 전라남도 장성군은 홍길동이 장성군 아차곡에 살던 재상 홍일동의 동생이라는 18세기 초 야담집에 담긴 기록을 좇아 홍길동 생가를 만드는 등 '홍길동 마케팅'을 하고 있다.

61. 평창 | 이승복

반공 영웅의 신화 뒤에 숨겨진 이야기

"나는 공산당이 싫어요." 한국 사회의 반공주의를 가장 잘 보여주는 문장이다. 영동고속도로 속사 출구를 빠져나와 오대산 쪽으로 조금 달리면 텅 빈 주차장이 나온다. 주차장을 벗어나면 한쪽 손을 든 소년상이 보이는데, 소년상 머리 위에 이 문장이 쓰여 있다.

이승복이 다닌 속사국민학교 계방분교를 새로 꾸민 이승복기념관에는 반공 소년 이승복상 말고도 이승복이 공부한 교실을 그대로 보존해놓았다. 전시실에는 이승복이 남긴 유품, 사건 상황을 재현한 그림, 이승복 이야기를 실은 초등학교 교과서 등이 전시돼 있다. 1968년 12월 9일 북한 '무장 공비'가 학교 근처 민가에 침입해 이승복과 어머니, 남동생, 여동생을 살해하고 아버지와 형에게 부상을 입혔다. 이틀 뒤 《조선일보》는 살아남은 형이 한 증언을 빌려 온 가족을 모아놓고 공산주의를 선전하던 공비들이 '나는 공산당이 싫어요'라고 말하는 이승복의 입을 찢은 뒤 가족들을 몰살한 사건을 보도했다. '이승복 신화'가 탄생한 순간이었다.

'반공 영웅 이승복'을 만든 사회

반공주의는 여전히 강력하지만 예전 같은 광기는 사라진 지금, 넓은 기념관에 관람객은 찾아볼 수 없었다. 이승복 이야기는 민주화된 뒤 반공 교육이 줄어들고 교과서에서도 빠지면서 잊혔다. 잊힌 이야기는 1988년에 한 언론 운동가가 언론계에 떠도는 이야기에 기초해 이승복 관련 기사를 쓴 《조선일보》 기자가 사건 현장에 없었다고 조작설을 제기하면서 다시 주목받았다. 언론 단체들은 이승복 기사 오보 전시회를 열었고, 이승복 동상을 철거해야 한다는 주장도 나왔다. 이승복 유가족과 《조선일보》가 기사를 쓴 언론인과 단체를 명예 훼손으로 고발했고, 법원은 원고의 손을 들어줬다. 기념관에는 '이승복의 명예 회복'이라는 제목 아래 이 과정을 자세히 소개하고 있다.

이승복이 한 말이 쟁점으로 되면서 중요한 문제가 묻혔다. 《조선일보》와 박정희 정부가 주장한 대로, 그리고 사법부가 인정한 대로 '나는 공산당이 싫어요'라는 말을 했다면, 이승복이 그렇게 말하게 된 이유가 무엇이냐 하는 문제다. 다 큰 성인이거나 성인이 아니더라도 한국전쟁을 거치며 공산당을 직접 경험한 미성년자라면 이런 행동을 이

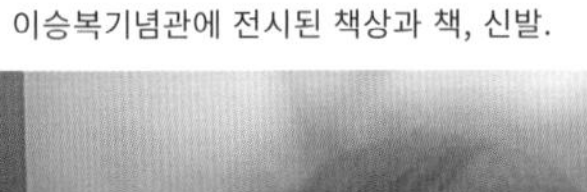
이승복기념관에 전시된 책상과 책, 신발.

해할 수 있다. 그런데 한국전쟁이 끝나고 한참 뒤에 태어난 이승복은 공산당을 직접 체험하지 않았다. 또한 산골 초등학생이 책이나 미디어를 보고서 공산당이 무엇인지 이성적으로 분별할 수 있는 사회도 아니었다. 아홉 살 어린 아이는 죽을지도 모르는 공포의 순간에 왜 그런 말을 했을까?

강남 부잣집 아들도 아니고 하루하루 연명하기도 힘든 강원도 산골 화전민 아들이 절체절명의 순간에 무슨 뜻인지도 모르는 말을 하게 만든 원인은 바로 반공 교육이다. 이승복 사건이 보여주는 진실은 박정희 정부가 대대적으로 선전하고 교육하면서 의도한 대로 '공산당은 어린이들까지 목숨을 걸고 싫다고 소리칠 정도로 나쁜 놈들'이라는 사실이 아니다. 오히려 공산당이 무엇인지도 모르는 어린이가 이렇게 말할 정도로 이승만 정부와 박정희 정부가 반공주의를 주입한 현실을 보여줄 뿐이다.

"나는 미 제국주의가 싫어요! 나는 남한 파쇼 도당이 싫어요!" 이승복이 북한에서 태어나 비슷한 상황에 놓이면 이렇게 말하지 않았을까? 다른 많은 부분이 그럴 테지만, 적어도 이런 점에서 남북한의 두 체제는 닮은꼴이었다. 반공 교육과 그 결과인 반공주의 때문에 이승복은 이런 말을 했고, 이승복이 한 말은 거꾸로 최고의 반공 교육 교재가 돼 반공주의를 강화하는 순환 구조가 만들어졌다. 국가는 이승복 이야기를 초등학교 도덕 교과서에 실었고, 초등학교마다 이승복 동상을 세웠다.

무장 공비의 시대

남한 땅 동쪽의 북쪽 끝인 강원도 고성군에서 부산까지 이어지는 7번 국도는 동해 바다를 끼고 달리는 만큼 기막힌 풍경을 자랑한다. 이승복기념관에서 강릉을 거쳐 '동해대로'라고 불리는 이 도로를 타고 울진군 죽변항 근처까지 150킬로미터 정도를 달려 나곡4리에서 월천2리 방향으로 빠져나가면 '자유수호의 탑'이 나타난다. 바로 이곳이 이승복의 죽음을 불러온 울진-삼척 무장 공비 사건이 시작된 현장이다.

1960년대 후반, 일찍이 계획 경제에 따른 산업화를 추구한 북한은 경제력에서 남한을 앞서고 있었다. 베트남에서 북베트남의 공세가 거세지는 등 국제 정세도 북한에 유리했다. 북한은 남한에 통일혁명당

울진에 세운 '자유수호의 탑.'

같은 지하당을 건설하는 한편 모험주의적이고 군사주의적인 노선에 바탕해 무장 공비를 남파하는 등 강력한 대남 공세에 나섰다.

1968년 1월 21일, 북한은 김신조를 비롯한 무장 특수 부대 30명을 보내 청와대를 습격하려다가 실패했다. 그해 10월 30일부터 11월 2일 사이에는 15명이 한 조인 무장 공비 8개조 120명을 울진군 나곡리 해안과 삼척군에 침투시켰다. 북한 특수 부대는 강원도 산간 오지 지역에 소규모 게릴라 기지를 만들려고 가는 곳마다 사람들을 모아서 위조지폐를 살포하며 공산주의를 선전하지만 별 효과를 거두지 못한 채 군경 합동 작전을 통해 대부분 사살됐다. 그 과정에서 희생된 군인, 예비군, 지역 주민을 추모하려 세운 기념물이 자유수호의 탑이다.

이때 군경의 추적을 따돌리고 150킬로미터 넘게 이동해서 평창까지 올라온 북한 특수 부대가 이승복 사건을 저질렀다. 몇몇 사람이 주장하는 대로 이승복이 '나는 공산당이 싫어요'라는 말을 한 적이 없더라도 진실은 바뀌지 않는다. 무장 공비가 아홉 살 소년을 죽인 사실 말이다. 이승복 사건이 지닌 진정한 의미는 '나는 공산당의 싫어요'라는 발언이나 그 말의 진위 여부가 아니라, 바로 이 사실에 있다.

이승복 사건에서 우리는 두 가지를 잊지 말아야 한다. 첫째, 아무것도 모르는 아홉 살 소년이 그런 말을 하게 만든 반공주의 교육이다. 둘째, 북한이 내려보낸 무장 공비가 아홉 살짜리 어린이까지 죽인 사실이다. 북한은 자기들 스스로 이 세상의 주인이라 말하는 '일하는 기층 민중'을 해방시키겠다는 명분을 내세웠다. 마오쩌둥이 한 말대로 '혁명은 저녁 만찬이 아니고 한 계급이 다른 계급을 전복하는 폭력적 행위'라지만, 북한의 모험주의적이고 군사주의적인 혁명 전략과 통일 정책은 문제가 많았다.

남파 공작원과 북파 공작원

1971년 정체불명의 무장 군인들이 탄 버스가 노량진에서 폭발했다. 영화 〈실미도〉(2003) 덕분에 알려진 실미도 사건이다. 김일성 암살을 목표로 인천 앞바다에 있는 실미도에서 훈련하던 북파 공작원들이 나쁜 환경과 불투명한 미래에 분노해 청와대로 돌진하다가 자폭했다. 남한도 북한처럼 무장 침투 부대를 북한에 보냈다. 물론 실미도 사건은 무장 부대 북파 사건이 아니었고, 정부는 북파 관련 사실을 부정해왔다. 그러나 2002년에 법원은 북파 공작원들이 낸 소송에서 북파 공작원의 존재를 인정했으며, 북파 공작원을 국가 유공자로 인정하는 법안까지 제정됐다. 구체적 실체는 알려지지 않고 있지만, 정부 자료 등에 따르면 1953년 휴전 뒤 1972년 7·4 남북공동성명 때까지 북파 공작원은 7726명에 이른다. 이승복 가족과 이름 없이 희생된 북파 공작원들은 남북한의 모험주의적이고 군사주의적인 통일 정책 때문에 목숨을 잃은 희생자다.

찾을 곳

이승복기념관 강원도 평창군 용평면 운두령로 500-11. **자유수호의 탑** 경상북도 울진군 북면 나복리. **실미도** 인천광역시 중구 무의동.

62. 춘천 | 베트남 파병

'용병의 나라'와 한강의 기적

'해 저문 소양강에 황혼이 지면/ 외로운 갈대밭에 슬피 우는 두견새야/ …… 아 그리워서 애만 태우는 소양강 처녀.' 춘천 소양강댐 앞에 서면 절로 나오는 노래다. 소양강댐 조금 못 미친 곳에 강변을 따라 길게 만든 작은 공원이 있다. 잔디밭에 기념비들이 줄지어 나타난다. 춘천전투기념비와 6·25참전학도병기념탑을 지나면 월남전참전기념탑이다. 전국을 다녀 보니 한국전쟁과 월남전 참전 기념탑이 가장 많은데, 그중 춘천에 있는 월남전참전기념탑은 특별하다. 춘천 북쪽 파로호 근처 오음리는 한국에서 베트남하고 지형이 가장 비슷하다. 파월 장병들은 오음리에서 훈련한 뒤 춘천을 거쳐 전장으로 떠났다.

강제 동원의 기억, 태극기와 용병

베트남 전쟁에서 전사한 춘천 지역 병사들의 이름을 적어놓은 조각과 기념탑 앞에 서니, 세 장면이 주마등처럼 머릿속을 스쳐갔다.

첫째 장면은 중학교 시절 베트남 참전 용사 송별식에 강제 동원돼 태극기를 흔든 기억이다. 베트남 전쟁이 뭔지도 모른 채 수업을 안 한다고 해서 신났다.

베트남 파병을 한국이 먼저 제안한 사실은 잘 알려져 있지 않다.

소양강가에 세운 춘천 월남전참전기념탑.

박정희 정부가 베트남 전쟁에 참전하려 하자 미국은 오히려 여러 이유를 들어 거절했다. 1954년 이승만이 라오스에 군대를 보내겠다고 미국 정부에 제의한 적도 있었다. 그러나 전세가 기울고 국제 정세가 어려워지자 다급해진 미국이 한국에 파병을 요구했다. “공산 침략을 자유 우방의 도움으로 저지한 나라로서 아시아의 자유를 지키는 데 기여해 빚을 갚는다.” 1964년, 박정희 정부는 이런 명분을 내세워 반대하는 야당을 제치고 월남 파병안을 통과시켰다. 대한민국 최초의 해외 파병이었다. 박정희 정부는 이듬해인 1965년에 본격적으로 파병을 시작해 휴전 협정이 체결된 1973년까지 8년 동안 32만 명을 베트남에 보냈다.

둘째 장면은 대학에 들어간 뒤 베트남 전쟁에 관한 상식을 깨준 리영희 선생의 글을 읽은 기억, 그리고 대학에 뒤늦게 들어온 참전 용사 출신 동기가 해준 전쟁 이야기를 들은 기억이다. ‘공산주의의 침략에 대항하는 자유 진영의 전쟁’으로 알던 베트남 전쟁이 사실은 프랑스에서 미국으로 이어진 제국주의에 대항해 베트남 민중이 벌인 ‘민족 해방 전쟁’이라는 리영희 선생의 주장은 충격이었다. 대학 동기는 베트남에서 한국군이 저지른 놀라운 ‘만행’을 생생하게 증언했다.

“베트남은 ‘한국의 엘도라도’였다.” 1980년 광주 학살의 여파로 언

1966년 10월 21일, 월남전에 파병된 맹호부대를 방문해 격려하는 박정희(전쟁기념관 전시 자료).

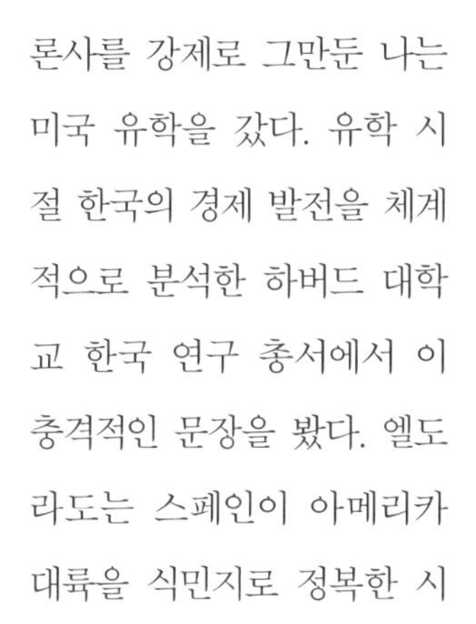

론사를 강제로 그만둔 나는 미국 유학을 갔다. 유학 시절 한국의 경제 발전을 체계적으로 분석한 하버드 대학교 한국 연구 총서에서 이 충격적인 문장을 봤다. 엘도라도는 스페인이 아메리카 대륙을 식민지로 정복한 시절에 도시 전체가 황금으로 덮여 있다고 알려진 전설의 땅인데, 베트남 전쟁을 엘도라도에 비유한 이유가 궁금했다. 이것저것 자료를 찾아봤다. 한국은 베트남 전쟁에서 7억 달러에 이르는 상업적 이익을 얻었고, 한국군이 받은 급여를 송금한 금액은 20억 달러였다. 다 합치면 27억 달러였다. 베트남 전쟁 기간 중 한국이 기록한 전체 수출액의 40퍼센트에 해당하는 금액이었다. 산업화를 향한 도약 단계에 있던 1960년대 후반과 1970년대 초반 한국 경제에 베트남 파병은 '엘도라도' 같은 구실을 했다.

또한 윈스럽 브라운 주한 미국 대사가 작성한 〈브라운 각서〉에 따라 한국은 파병 대가로 무기 현대화와 베트남 진출이라는 성과를 얻었다. 한국 기업들은 베트남을 발판 삼아 세계 시장으로 나아가 글로벌 기업으로 성장했다. 한진은 항공기로 인력과 물자를 수송하고 현지에서도 운전기사들이 목숨을 건 채 트럭을 모는 등 다양한 운송 사업을 벌여 대한항공을 포함한 종합 물류 기업으로 성장했다. 현대건설 등 여러 건설 회사도 베트남에서 쌓은 해외 공사 경험을 토대로 1970년대 중동 건설 붐에 뛰어들었다.

화려한 성과 뒤에 가려진 어둠은 너무나 깊다. 32만 명에 이르는 파병 장병 중 5099명이 죽고 1만 1232명이 다쳤다. 미군이 살포한 고엽제에 피해를 본 사람도 16만 명으로 추정된다. 트라우마 때문에 고통받는 사람도 많다. 참전 장병뿐 아니라 위험한 물자를 운송하다가 죽은 노동자도 적지 않다. 1971년에는 파월 노동자 400여 명이 목숨 걸고 일한 대가인 임금 140억 원을 지불하지 않는 한진상사에 항의하다가 KAL빌딩을 점거하고 불을 질렀다.

이쯤 되면 '한강의 기적'은 베트남 전쟁 덕분이라고 해도 지나친 말이 아니다. 그런데도 1970년 미국 상원 사이밍턴 청문회에서 윌리엄 포터 주한 미국 대사가 한 증언에 따르면, 한국이 베트남전에서 얻은 이익은 일본이 한국전에서 얻은 이익에는 비교도 안 되며 파병도 하지 않은 일본이 베트남전에서 얻은 이익보다도 훨씬 적었다.

"어디에서 왔냐?"

"한국에서 왔다."

"아, 미국 용병의 나라에서 왔구먼."

1980년대에 미국에서 만난 남아메리카 출신 유학생들은 내가 한국 사람이라고 하면 경멸하는 눈빛을 보냈다. 베트남 참전의 또 다른 어둠은 '미국의 용병'이라는 불명예다. 불편한 질문이 이어졌다.

"한국도 식민지를 경험한 나라인데 어떻게 베트남 민족 해방 전쟁에서 미국 편을 들어 군대를 보낼 수 있지? 한국이 일본을 상대로 민족 해방 전쟁을 하고 있는데 베트남이 일본 편을 들어 파병을 하면 너희는 어떻게 생각할 거야?"

파병을 할 때는 남베트남을 지킨다는 명분이었지만, 남베트남이 부패한 꼭두각시 정권인데다가 막대한 원조를 받으면서도 패망한 상황에서 베트남 국민의 자유를 지키려는 불가피한 선택이라고 강변할 수도 없었다. 나는 낯만 붉혔다. 용병 논쟁은 이미 사이밍턴 청문회에서도 제기됐다. 국군은 미군에 견줘 3분의 1 수준의 급여를 받았는데, 이 금액이 국내에서 받은 급여보다 훨씬 많아서 비판적인 의원들은 국군이 '피의 보상을 노린 용병' 아니냐며 공격했다.

한국군을 증오하는 사람들

'한국군은 백명의 베트콩을 놓치는 한이 있드라도 한명의 양민을 보호한다.' 용산에 자리한 전쟁기념관 베트남 참전 전시장에 들어가면 채덕신 주월 한국군 사령관이 베트남 십자성부대 정문 앞에 세운 훈령을 크게 재현한 전시물을 볼 수 있다. 월남전참전기념탑에서 마지막으로 떠오른 장면은 바로 이 전시물과 2018년 한베평화재단을 따라 베트남에 가서 본 한국군 학살 관련 전시물의 대비였다. 한국군은 채덕신이 내린 훈령을 지켰을까?

요즘 한국 사람들이 자주 가는 여행지에 중부 베트남의 휴양지 다낭이 있다. 다낭에서 가까운 하미라는 마을에 가면 이상한 추모비가 눈에 띈다. 한 면은 희생자 이름이 빼곡히 써 있고 다른 한 면은 아무것도 안 써 있다. 1968년 1월 24일 한국군이 이곳에서 130명을 학살했고, 그 뒤 베트남 참전 용사들은 추모비 건설 비용을 지원하기로 약속했다. 그런데 주민들이 추모비에 한국군이 민간인을 학살한 사실을 넣으려 하자 참전 병사들이 문제를 제기했고, 마을 사람들은 항의하는 뜻으로 한쪽 면의 글을 다 없애버렸다.

전쟁기념관에 재현한 채명신 주월 한국군 사령관 훈령.

비슷한 시기에 한국군이 69명을 학살한 퐁니와 퐁넛이라는 마을에도 희생자 추모비가 있었

2018년에 열린 하미 학살 50주년 위령제에서 비석에 새겨진 가족들 이름을 가리키며 눈물을 흘리는 학살 유가족.

중부 베트남 한국군 민간인 학살 유적지를 찾은 한베평화재단 평화기행단. '한국군 범죄 유적'이라는 문구가 가슴 아프다.

다. 꽝남 성 주이쑤옌 현 쑤옌타이 마을 무덤 입구에는 베트남어와 영어로 '한국군이 가족 9명을 학살한 범죄의 흔적'이라는 문구가 써 있었다. 이런 사례는 빙산의 일각일 뿐이다. '하늘에 가닿을 죄악 만대를 기억하리라. 1966년 2월 26일, 미 제국주의의 지휘 아래, 남조선의 꼭두각시 군인이 380명의 무고한 민간인을 학살했다.' 베트남 곳곳에 이런 '한국군 증오비'가 서 있다.

오랫동안 베트남전 민간인 학살 문제를 연구한 한베평화재단 구수정 상임이사에 따르면 한국군이 학살한 베트남 민간인은 80여 건에 9000여 명이라고 한다. 그중 많은 수가 어린이다. 아무리 '전선 없는 전쟁'이라지만, 아이들까지 죽여야 했을까? 한국군은 학살을 부정하지만, 한국군이 아니라면 비슷하게 생기고 같은 말을 쓰는 북한군이 와서 변장하고 학살을 저질렀을까?

연속된 학살, 늦어지는 진상 규명

베트남에서 추모비들을 보니 한국전쟁 전후 시기와 1980년 광주에서 국군이 저지른 민간인 학살이 떠올랐다. 이 셋은 분리된 개별 사건이 아니라 하나의 연속된 흐름에 놓여 있다. 한국전쟁 전후 시기의 학살

참전 군인 정규태가 베트남에 보낸 조화 뒤로 노을이 지고 있다.

과 5·18은 뒤늦기는 해도 진실화해위와 5·18민주화운동 진상규명조사위원회 등을 통해 관련 사실이 상당히 밝혀지고 희생자 명예도 어느 정도 회복됐다. 베트남 민간인 학살은 베트남에서 벌어진 사건이고 희생자가 베트남인이라는 점 등 때문에 그렇지 못하다. 다만 미국의 한국군 감찰 보고서에 공식 기록된 퐁니마을 학살 사건에서 어머니와 형제들을 잃고 홀로 살아남은 여덟 살 어린이 응웬티탄이 50년도 더 지난 2020년 민주사회를 위한 변호사모임의 도움을 받아 한국 정부를 상대로 손해 배상 소송을 제기했다.

모든 일에는 빛과 그림자가 있게 마련이다. 그렇지만 베트남 참전이 드리운 그림자는 너무 깊다. 베트남에서 만난 응웬티탄 할머니의 울부짖음이 다시 들려왔다. "왜 한국군은 나까지 죽이지 않아서 평생을 고통 속에 살게 만들었나요."

찾을 곳

월남전참전기념탑 강원도 춘천시 근화동 8-6. **전쟁기념관** 서울특별시 용산구 이태원로 29. **영천전투메모리얼파크** 경상북도 영천시 호국영웅길 15. **전쟁과여성인권박물관** 서울특별시 마포구 월드컵북로 11길 20.

63. 원주 | 정의구현사제단

신부님,
우리들의 신부님

"본인은 양심과 하느님의 정의가 허용치 않음으로 비상군법회의 소환에 불응한다. 유신 헌법은 민주 헌정을 파괴하고 국민 의도와 관계없이 폭력과 공갈과 국민투표라는 사기극에 의해 조작된 것이기 때문에 무효이고 진리에 반대된다."

박정희 정부의 살벌한 광기 앞에서 모두 숨죽이던 유신 초기인 1974년 7월 23일, 천주교 원주교구 교구장 지학순 주교는 내외신 기자들 앞에서 밤새 쓴 양심 선언문을 읽기 시작했다.

현실 세계와 민중의 삶 속으로

북한에서 신학교에 다니다가 해방 뒤 공산 정권이 들어서자 어렵게 월남해 신부가 된 지학순은 1970년대 들어 사회운동에 적극 나서기 시작했다. 박정희 정부가 유신을 선포한 뒤 계속 유신을 비판하다가 1974년 7월 6일 외국 여행에서 돌아오는 길에 중앙정보부에 체포됐고, 가톨릭 주교회의가 항의 성명을 발표하는 등 문제를 제기하자 석방돼 연금 상태에 놓여 있었다. 지학순은 이런 탄압에 개의치 않고 다시 유신은 무효라는 비판 성명을 발표했고, 화난 박정희는 지학순을 다시 구속해 징역 15년을 선고했다.

원주 중심가에 자리한 원동성당은 지학순이 생활한 곳으로, 옆에는 가톨릭회관이 있다. 지학순이 구속되고 두 달 뒤인 9월 23일, 여기에서 열린 세미나에 참석한 함세웅 등 젊은 사제 300여 명은 제2차 바티칸 공의회 사목 헌장에 따라 '현실 세계와 민중의 삶 속으로' 들어가기로 결의하고 '천주교정의구현전국사제단'(정의구현사제단)을 꾸렸다. 원동성당으로 자리를 옮긴 신부들은 신도 1000여 명하고 함께 미사를 드린 뒤 유신 철폐 시위를 벌였다.

민주화 운동에 한 획을 그은 정의구현사제단의 역사는 이렇게 시작됐다. 원동성당 입구에는 악마의 머리를 밟고 목에 칼을 꽂아 숨통을 끊으려는 대천사 미카엘 상이 서 있었다. 마치 군사 독재에 맞선 정의구현사제단을 형상화한 듯했다. 정의구현사제단은 끊임없이 민주주의와 인권을 위해 독재 정권, 나아가 반민주 세력에 칼을 겨눴다.

"책상을 탁 하고 치니 억 하고 죽었다." 정부는 1987년 야당과 민주화 운동 진영이 직선제 개헌을 요구하는 와중에 터진 박종철 고문

원동성당 앞, 악마의 목에 칼을 겨눈 대천사 미카엘 상이 인상 깊다.

6월 항쟁 때 민주 헌법 제정을 요구하는 정의구현사제단 신부들(천주교정의구현전국사제단 제공).

치사 사건 관련 발표를 하면서 이렇게 어처구니없는 말을 했다. 정의구현사제단은 이런 은폐 공작에 맞서 고문치사의 진실을 폭로했고, 6월 항쟁이 승리를 거두는 데 결정적으로 기여했다.

1987년 민주화 이후 가톨릭의 '주류'는 전반적으로 보수화되고 정치에서 거리를 두기 시작했지만, 정의구현사제단은 1970~1980년대 '민주화 운동의 성지'이던 명동성당을 중심으로 5·18의 진상을 알리는 등 활발히 활동했다. 2004년 김수환 추기경이 국가보안법 폐지는 시기상조라고 말하지만 정의구현사제단은 국가보안법 폐지를 주장했다. 2007년에는 자본 독재에 맞서 경제 민주주의와 경제 정의를 위해 나아가야 한다고 말하면서 김용철 변호사하고 함께 삼성그룹 비자금을 폭로했다. 4대강 반대 운동에 앞장섰고, 세월호 참사, 강정 해군 기지, 산재 사망 노동자, 검찰 개혁 등에 관련해 활발한 활동을 벌였다.

종로 5가에서 타오른 불길

"세계교회협의회WCC는 정치적으로 민주주의가 위협을 받을 때 인권과 정의를 위해 많은 지원을 해주었습니다." 노무현 대통령은 2004년 청와대에서 세계교회협의회와 한국기독교교회협의회(교회협) 관계자들을 면담하면서 이렇게 말했다(교회협은 2007년 11월 공식 영문 약칭을 'KNCC'에서 'NCCK'로 바꿨다). 가톨릭에 정의구현사제단이 있다면 개신교에는 교회협이 있었다.

대학로에서 종로5가로 오다 보면 오른쪽에 붉은 벽돌 건물이 나타난다. 눈부시게 성장한 한국 교회의 위상을 보여주는 듯한 한국교회100주년기념관이다. 여기에서 조금 더 내려가면 골목 안에 작고 낡은 건물이 하나 보인다. 1970~1980년대 민주화 운동 진영에서 '종로 5가'로 통한 한국기독교회관이다.

해방 뒤 한국 기독교는 북한의 반기독교 정책에 밀려 월남한 서북청년단에 시작한 탓에 반공주의에 기초해 극우 독재 정권을 지지했다. 기독교는 이승만 정부에 결탁해 온갖 특혜를 누렸고, 박정희 정부 때는 정교 유착이 더 심해졌다. 1968년 처음 열린 국가조찬기도회에서 김준곤 목사는 '우리나라의 군사 혁명이 성공한 이유는 하나님이 혁명을 성공시킨 것'이라고 칭송했다. 유신 선포 뒤 연 1973년 국가조찬기도회에서도 김준곤 목사는 독재자에게 아부했다. "10월 유신은 실로 세계 정신사적 새 물결을 만들고 성서적 축복을 받을 것입니다."

교회협은 달랐다. 1948년 설립된 때부터 세계교회협의회에 참여했다. 박정희가 유신을 선포하고 1974년 전국민주청년학생총연맹(민청학련) 사건과 인혁당 재건위 사건을 터트리는 등 반인권적 폭력 지배를 노골화한 뒤부터 인권위원회를 꾸려 민주화 운동에 뛰어들었다. 1970대 중후반부터 민주화 운동의 현장에는 언제나 교회협이 있었다.

'재야在野'라는 말이 있었다. 1970년대에 생겨나 1980년대까지 쓰였다. 전국민주노동조합총연맹(민주노총) 같은 대중 조직도 참여연대

1978년 박형규 목사 구속에 항의해 교회협이 연 양심수 석방 기도회 (NCCK 제공).

같은 시민단체도 없을 때, 대학생과 교수, 문인, 인권 변호사 등 참여 지식인들이 김대중과 김영삼을 중심으로 한 야당하고 손잡고 군부 독재에 맞섰다. 이 '반(독재)정부' 민주화 운동 인사들을 가리키는 용어가 재야였다. 재야의 중심에는 교회협이 있었고, 민주화 운동과 재야에서는 종로5가에 자리한 교회협을 '종로5가' 또는 '5가'로 불렀다.

1970년대 긴급조치 시대에 저항해 목요기도회를 열었고, 김대중 전 대통령 부인 이희호 여사가 이 기도회를 고리로 교회협과 '동교동'(김대중)을 연결했다. 교단에 속한 대학생 대표들이 한국기독청년협의회EYC를 만들어 민주화 운동의 손발로 활약했다. 중심에는 1974년 민청학련 사건으로 15년 형을 선고받는 등 여섯 차례나 옥고를 치른 박형규 목사의 제일교회와 홍근수 목사의 향린교회 등이 있었다.

우리와 함께, 민중과 함께

불교를 비롯한 다른 종교들도 민주화 운동에 기여하기는 했다. 그렇지만 이런 움직임은 대개 1980년대 이후에 시작됐고, 강도도 가톨릭과 개신교에 견줘 상대적으로 약했다. 2019년 6월 29일에 열린 '6월항쟁 불교도반 한마당'에서 장적 스님이 지적한 대로 불교는 1980년대 이후 '중생이 아프면 보살이 아프다'는 유마거사의 가르침에 입각해 반독재 투쟁과 민주 개헌 투쟁에 왕성하게 참여하기 시작했다. '반민중적 권력 집단이 자행하는 폭력과 비민주적인 제도는 철폐되어야 한다'는 창립 선언을 내걸고 시작한 불교 부문 최초의 본격적인 민주화 운동 단체인 민중불교운동연합도 1985년 5월에 창립했다.

군사 독재 시절 가톨릭과 개신교가 일찍부터 민주화 운동에서 중요한 구실을 한 이유는 무엇일까? 첫째, 두 종교는 반공주의에 기반을 두고 있다. 반공주의 덕분에 군부 독재의 전매특허인 '반대 세력 빨갱이로 몰기'를 할 수 없었고, 비종교적 민주화 운동에 견줘 유리했다. 그렇지만 다른 종교들도 기본적으로 반공주의에 기초하는 만큼 유독 가톨릭과 개신교가 민주화 운동에 적극적으로 나선 핵심적인 이유는 아니다. 따라서 둘째 이유가 중요한데, 가톨릭과 개신교는 서양에서 출발한 종교라서 선진국이 많은 미국과 유럽에 강한 연고가 있다. 불교 같은 '동양 종교', 또는 천도교나 원불교 같은 토착 종교에 견줘 이 두 종교를 탄압하면 국제적 압력에 직면했다. 이런 '전략적 이점' 덕분에 가톨릭과 개신교가 민주화 운동에 적극 나설 수 있었다.

한국기독교협의회는 2004년 인권위원회 창립 30주년을 맞아 한국기독교회관 외벽 기둥에 기념판을 붙였다. '군사독재 억압통치의 시대에도 인권, 민주화, 평화운동이 불길처럼 타올랐다. 여기가 그 중심지이다. 하나님께서 우리와 함께 하신다.'

한국기독교회관 정면 기둥에는 교회협의 민주화 투쟁을 기록한 동판이 설치돼 있다.

찾을 곳

원동성당 강원도 원주시 원일로 27. **명동성당** 서울특별시 중구 명동길 74. **한국기독교회관** 서울특별시 종로구 대학로 19.

64. 원주 | 장일순

생명사상과 한살림 운동의 선구자

'한살림.' 원주시에 들러 밝음신협 4층으로 올라가면 지렁이가 기어가는 듯한 필체로 쓴 세 글자를 볼 수 있다. 한국 신용협동조합 운동과 생명 사상의 선구자 무위당無爲堂 장일순을 기리는 무위당기념관에 걸린 액자 속 글씨는 실망스러웠다. 무위당은 서예에 조예가 깊다는데 삐뚤빼뚤한 모양이 '잘 쓴 글씨'하고는 거리가 멀었다.

설명을 읽고 나서는 깊은 뜻에 고개가 숙여졌다. 지렁이가 흙 속을 돌아다니며 옥토를 만들 듯 '한살림 운동'도 이 땅과 사회를 살리는 운동이 되라고 일부러 지렁이를 흉내내서 삐뚤빼뚤하게 쓴 글씨였다.

지렁이 흉내낸 글씨에 담긴 뜻

'쥐를 위해서 밥을 언제나 남겨놓는다/ 모기가 불쌍해서 등에다가 불을 붙이지 않노라/ 절로 푸른 풀이 돋아나니/ 계단을 함부로 딛지 않노라爲鼠常留飯 燐蛾不點燈 自從青草出 便不下堦行.' 장일순이 쓴 책을 읽으면서 가장 충격을 받은 구절이다. 18세기에 활동한 묵암선사가 쓴 시다. 생명 사상의 선구자답게 장일순은 모든 생명은 연결돼 있으며 한없이 소중하다고 주장했다.

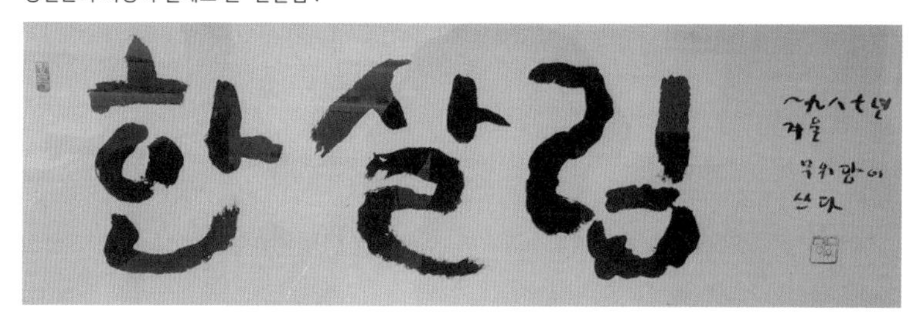

장일순이 지렁이 필체로 쓴 '한살림'.

해월 선생님의 말씀 중에 밥 한 그릇이 만들어지려면 우주 전체가 참여해야 한다는 말씀이 있어. 우주 만물 가운데 어느 것 하나가 빠져도 밥 한 그릇이 만들어질 수 없다 이거야.

사람도 마찬가지야. …… 나, 이거 하나 있기 위해 태양과 물, 나무와 풀 한 포기까지, 이 지구 아니 우주 전체가 있어야 돼. …… 그러니 그대와 나나 얼마나 엄청난 존재인가. 사람은 물론 풀 한 포기, 벌레 한 마리까지도 위대한 한울님인 거지.

나락 한 알 속에도, 아주 작다고 생각하는 머리칼 하나 속에도 우주의 존재가 내포되어 있다.

만물과 나는 하나의 몸이며, 천지와 나는 하나의 뿌리로부터 왔도다.

장일순은 노자와 해월 최시형의 생각에 바탕해 유신 시대인 1970년대에 이미 이런 혁명적인 주장을 내놨다. 원래부터 그런 사람은 아니었다. 장일순은 오히려 '전통적 운동가' 또는 '전통적 민주 투사'였다.

강원도 원주에서 태어난 장일순은 일제 강점기 말 강제 징용을 피하려고 서울대학교 공과대학의 전신인 경성공업전문학교에 입학했다.

해방이 되자 미군정은 경성제국대학을 비롯해 여러 전문대를 모아 종합 대학인 국립 서울대학교를 만들고 미군 장교가 총장으로 취임하는 국립 서울대 설립안('국대안')을 내놓았다. 국대안에 반대하다가 제적된 장일순은 고향 원주에서 혼자 공부했는데, 집 근처 천도교 포교당에서 친구 오창세(한국전쟁 초기에 보도연맹 사건으로 사살됐다)를 통해 동학을 배우면서 해월 최시형에 심취했다.

창시자 최재우에 이은 2대 교주 최시형은 동학을 대중적 종교로 포교했다. 최시형은 '한울님은 우리 마음속에 있다'는 '시천주侍天主'와 '사람이 곧 하늘'이라는 '인내천人乃天' 사상을 발전시켜 '우주는 하나의 기운 덩어리'라는 한생명 사상에 도달했고, '하늘을 공경하고, 사람을 공경하며, 만물을 공경하라'는 '삼경三敬' 사상을 설파했다.

최재우의 '인간 중심성'을 넘어 우주와 만물로 나아간 해월의 사상은 장일순이 펼친 한살림 운동의 중요한 기반이다. 해월은 처형되기 전 원주 근처에 숨어 지냈다. 장일순은 최시형 피체지에 세운 추모비에 〈모든 이웃의 벗 최보따리를 기리며〉라는 추모 글을 남겼다(최보따리는 최시형이 30년간 간단한 보따리를 메고 다녀 붙은 별명이다).

학문은 한다는 것은 날로 더하는 것이고 도를 닦는다는 것은 날로 덜어내는 것이다. 덜어내고 또 덜어내서 하는 것이 없음(무위)에 이르러야 한다. 하는 것이 없어야 하지 못하는 것이 없다. 천하를 취하려는 자는 하는 것이 없어야 한다.

장일순 사상에 큰 영향을 미친 또 다른 사람은 노자다. 노자가 《도덕경》에서 말한 '무위無爲'에 매료된 장일순은 호를 '무위당'으로 정했다. 노자는 말한다. "최고의 선은 물하고 같다上善若水." 물은 공평하고,

변화무쌍하지만 본질을 잃지 않고, 세상을 깨끗하게 하고, 늘 낮은 곳을 향한다. 장일순은 위암에 걸려 죽어가면서도 이현주 목사를 만나 이야기를 나누고《무위당 장일순의 노자 이야기》라는 책을 남겼다.

장일순은 해월을 통해 우주가 하나의 생명이라는 사상을 품게 되지만 곧바로 생명 운동에 나서지는 않았다. 주변에서 권유가 이어져 다시 서울대학교에 들어가는데 한국전쟁이 터지면서 학업을 그만뒀다. "내 등록금으로 더 많은 학생들을 가르칠 수 있다." 원주에 돌아온 장일순은 이런 말을 하면서 대성중학교와 대성고등학교를 세우고 교육 운동에 뛰어들었다. 4·19 혁명 뒤에는 사회대중당이라는 진보 정당 후보로 국회의원 선거에 출마하지만 낙선했고, 남북한 영세 중립화를 통한 통일 운동을 벌이다 5·16 쿠데타가 일어나면서 투옥됐다.

3년 감옥살이를 하고 나온 장일순은 원주에 머물면서 붓글씨를 쓰고 난초를 그리며 자기 수양을 했다. 난초를 그리면서 박정희를 용서했다고 회고할 정도였다. 평생 많은 난초를 그려 주변에 선물했는데, 받을 사람의 얼굴을 닮게 그린 '얼굴 난초'로 유명했다.

장일순은 1965년에 지학순 주교를 만났다. 두 사람은 깊은 우정을 쌓았고, 자본주의의 대안을 고민하며 신용협동조합 운동을 시작했다. 1970년 들어 박정희가 장기 집권을 시도하자 김지하 등 주변 사람들을 모아 이른바 '원주 캠프'를 만들어 민주화 운동을 이끌었다. 그 투쟁 속에서 지학순이 투옥되면서 정의구현사제단이 탄생했고, 장일순의 수제자 격인 김지하도 오랜 감옥살이를 했다.

자연과 사람이 공생하는 행복한 세상

"지금까지의 운동으로는 안 된다. 새로운 패러다임이 필요하다." "마르크스 패러다임이랄까, 착취-피착취의 논리에 의해 전개되는 운동에서 장일순은 사람 모양 난을 그려 유명했다. 난 옆에는 '천하 만물에 부처 아닌 것이 없다'는 문구를 썼다.

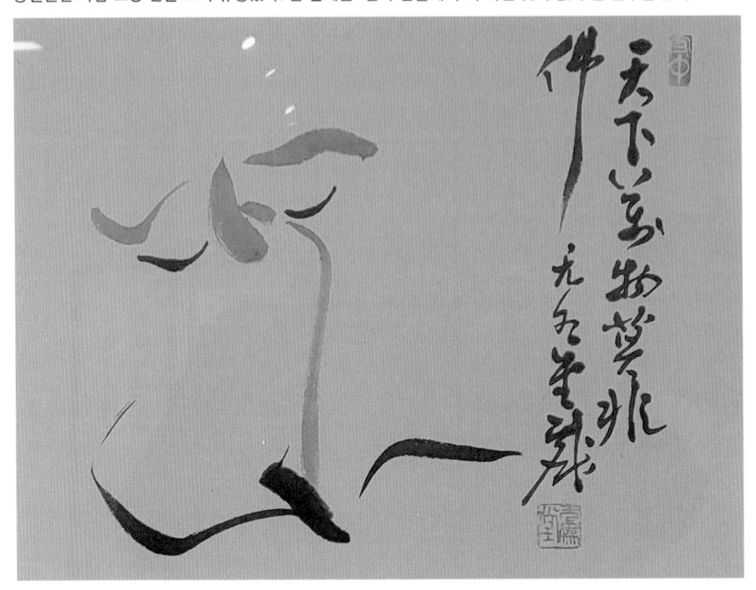

생명공동체운동으로의 전환이 시급하다." 유신 말기인 1977년, 장일순은 이런 생각을 품고 생명 사상을 연구하는 소규모 공부 모임을 만들었다. 10여 년에 걸친 공부와 모색 끝에 1989년에 〈한살림 선언〉을 발표했다. "사람뿐만이 아니라 벌레도 나무도 다 한살림이다."

장일순은 도시와 농촌을 연결하고 생산자와 소비자를 잇는 소비자협동조합을 만들어 자본주의의 대안으로서 '사회적 기업' 운동을 펼쳤다. 요즈음 오만한 행동으로 비판받는 이른바 '싸가지 진보'하고는 다르게 사람을 모아 일을 하려면 겸손해야 한다며 '기어라, 모셔라, 함께하라'를 운동 지침으로 삼았다. 말년에는 언제 생길지 모르는 오만한 마음을 다스리기 위해 호를 '하나의 좁쌀'이라는 뜻을 지닌 '일속자一粟子'로 바꿨다. 어떤 제자는 그 시절을 이렇게 회상했다. "장일순 선생님은 '전두환까지도 사랑해야 한다'고 가르치셨는데, 다른 가르침은 다 수긍을 해도 이 말은 아직도 이해가 가지 않는다."

장일순의 생명 사상은 전후 한국 사회에서 나타난 가장 독창적이면서 시대를 앞서간 생각이다. '개별적 존재'를 중심에 두는 서구식 근대주의의 '존재론'을 넘어 모든 것을 관계 속에서 총체적으로 파악하는 동양 사상에 기초한 포스트모더니즘의 '관계론'이다. 김지하가 1991년 분신 정국에서 노태우 정권의 공안 탄압과 반생명적 통치에는 침묵하면서 '죽음의 굿판'을 걷어치우라며 '얼치기 생명 사상'으로 이탈하는 비극, 아니 어떤 면에서는 '희극'도 있었지만, 사람만 잘사는 세상이 아니라 '자연과 사람이 공생하는 행복한 세상'이어야 사람도 잘살 수 있다는 생명 사상은 근본적인 사고의 전환을 불러왔다.

'생명'과 '협동'과 '공생'이라는 세 단어로 요약되는 장일순의 생명 사상은 생태 위기 속에서 자유주의와 마르크스주의 같은 기성 사상들이 무엇을 놓치고 있는지 깨우쳐줬다. 김종철의 《녹색평론》으로 대표되는 생태주의를 비롯해 우주의 모든 생명은 하나라는 물리학자 장회익의 '온생명 사상' 등으로 이어져 열매를 맺기도 했다. 장일순이 씨를 뿌린 한살림소비자생활협동조합연합회는 회원 수가 77만 명이 넘는 규모로 성장했다. 지난해에도 생명 사상의 흔적을 찾아 1만여 명이 원주를 찾았다.

장일순의 생명 사상은 우리 사회에 뚜렷한 기여를 했지만, 나는 한생명 사상과 한살림 운동이 현실에 내재된 착취와 억압, 배제, 차별에 맞선 마르크스주의적 비판의 중요성을 사라지게 하지는 않는다고 생각한다. 인간과 자연을 파괴하는 시장 만능 신자유주의 등을 한생명 사상과 한살림 운동만으로 극복할 수는 없다. 이런 한계는 삼경론을 설파한 최시형과 동학교도들도 결국 봉건 질서와 외세에 맞서 동학농민혁명을 일으킬 수밖에 없었다는 역사적 사실이 잘 보여준다.

밥상 위의 한살림, '일속자' 속의 우주

'하나의 풀이었으면 좋겠네/ 차라리 밟아도 좋고/ 짓밟아도 소리 없어/그 속에 어쩌면 그렇게.' 무위당 묘에 세운 시비에 새긴 글이다. 무위당기념관은 무위당을 빼어 닮아 소박하다. 연보, 작품 목록, 남긴 글을 새긴 목판 등이 생명 협동 교육을 하려 마련한 교실에 진열돼 있을 뿐이다. '생명협동운동 발상지 원주'의 위상을 높이려 장일순 기념사업을 벌이는 원주시는 2021년 9월 생명협동교육관을 열어 장일순의 삶과 사상을 알리는 전시실과 교육 시설을 마련했다.

장일순은 김지하가 '얼치기 생명 사상'으로 이탈하기 전인 1982년에 《남》에 쓴 글을 서화로 즐겨 그리고 썼다. 그 유명한 문장이 무위당기념관을 나서는 내 가슴을 찔렀다.

혁명은 보듬는 것
혁명은 생명을 한없이 보듬는 것

무위당을 빼어 닮아 소박하기 이를 데 없는 무위당기념관.

원주시 소초면 수암리에 자리한 무위당 묘.
무위당이 남긴 시와 그림이 찾는 이를 맞는다.

……

어미닭이 달걀을 보듬어 안듯
병아리가 스스로 껍질을 깨고 나오도록
우주를 보듬어 안는 것
혁명은 보듬는 것
부리로 쪼아주다
제 목숨 다하도록
혁명은 생명을 한없이 보듬는 것
어미닭이 달걀을 보듬는 순간
스스로도 우주의 껍질을 깨고 나오는 것

찾을 곳

무위당기념관 강원도 원주시 중앙로 83 4층. **무위당 묘소와 시비** 강원도 원주시 소초면 수암리 산 246. **최시형 피체지(송골 원진녀 가옥)** 강원도 원주시 호저면 고산리 342-8. **생명협동교육관** 강원도 원주시 석경길 6.

65. 정선 | 사북 탄광 항쟁

어용 노조에 맞선 '사북의 봄'

코로나19 때문에 요즘은 좀 줄어들었지만, 산골 오지인데도 노숙자 수백 명이 서성이는 곳이 있다. 사북이다. 카지노에서 돈 잃고 집에 가지 못한 사람들이 만든 풍경이 낯설다. 이제는 강원랜드라는 국내 유일 내국인 카지노로 유명한 '카지노 마을'이지만, 사북은 원래 한국을 대표하는 탄광 마을이었다.

'막장 인생'들이 외친 민주주의

"어용 노조 지부장은 물러나라! 지부장 직선제 실시하라! 임금, 40퍼센트 인상하라!"

1980년 4월 21일, 강원도 정선군 사북읍 동원탄좌 사북영업소 노동조합 사무실 앞에 광산 노동자 300여 명이 모여 요구 사항을 외치기 시작했다. '사북 탄광 항쟁'이었다(이 사건을 가리키는 이름은 여러 가지다. 사건이 벌어진 때에는 '사북 사태'로 말하다가 이제 중립적인 시각에서 '사북 사건'이라고 바꿔 부르지만, 사건 당사자들은 '사북(민주) 항쟁'이라 부르고 언론도 여기에 따르고 있다. 정부가 사건 주모자들을 민주유공자로 인정한 만큼 '사북 항쟁'이 맞지만, '사북 탄광 항쟁'이라고 불러 사건이 지닌 특성을 명확히 하는 편이 좋겠다).

태백석탄박물관에 전시된 사북 탄광 항쟁 모습.

사북 탄광 항쟁은 하루하루 생명을 걸고 살아가는 '막장 인생' 광부들이 일으킨 항쟁이자, 1979년 10월 26일 김재규 중앙정보부 부장이 박정희 대통령을 사살하면서 시작된 '서울의 봄'에 터진 노동 투쟁이라는 점에서 역사적 의미가 크다. 광부들이 내건 요구가 겉으로는 임금 인상 등 회사 쪽을 겨냥하는 듯하지만 진짜 공격 대상은 노동조합 지부장이었다. 사북 탄광 항쟁은 광부들이 비참한 삶에 분노해 일으킨 생존권 투쟁인 동시에 어용 노조에 맞선 저항이기도 했다.

사북 탄광 항쟁은 1953년 해방 8년사가 극우 세력의 승리로 마무리된 뒤 노동자를 대표하기보다는 자본과 정권에 굴종한 '어용 노조'의 어두운 역사에 '막장 인생'들이 맞선 사건이었다. 1946년에 발족한 대한독립촉성노동총연맹은 1953년 대한노동조합총연합회(대한노총)로 바뀌었는데, 3선 개헌이 쟁점이 되면서 이승만이 불출마 선언을 하는 쇼를 하자 소나 말도 이 대통령의 출마를 원한다며 우마차 시위를 벌였다. 1960년 4·19 혁명 뒤에는 전국노동조합협의회(전국노협)하고 통합해 한국노동조합총연맹(한국노련)이 됐는데, 1961년 5·16 쿠데타 뒤 한국노동조합총연맹(한국노총)으로 이름을 바꾸면서 어용 노조의 역사를 이어갔다. 하다못해 사북 탄광 항쟁이 일어나고 7년이 지난 1987년에 직선제 개헌을 요구하는 국민적 저항이 불타오를 때도 한국노총은 대통령 간선제 헌법을 지키겠다는 전두환을 지지했다.

"광부들의 생활은 한마디로 비참합니다. 급수 시설을 비롯한 생활 여건도 나쁘거니와 광부의 임금으로는 자녀 교육이나 생활이 불가능한 실정입니다."

사북 탄광 항쟁이 벌어지기 직전인 1980년 3월에 내무부 차관이 한 이야기다. 정부 고위 관리가 순순히 인정할 정도로 광부들의 삶은 비참했다. 사북탄광은 최대 민영 탄광으로 광부 4000명이 국내 생산량의 10퍼센트를 넘게 생산하는 대형 사업장이었지만, 사정은 크게 다르지 않았다. 30~40도에 이르는 지열을 견디며 일하다가 까딱하면 사고가 나 목숨을 잃거나 진폐증이라는 직업병을 얻었다. 제대로 씻을 물이 없는 등 주거 환경은 엉망인데다가 급여도 낮았다.

노동자들을 대변해야 하는 노조는 회사 편이었다. 부당한 금전적 혜택을 받은 노조는 회사의 앞잡이로 행동했다. 1963년부터 노조 위원장을 한 이재기도 마찬가지였다. 분노한 이원갑은 1979년 가을에 실시된 노조 위원장 선거에 출마했고, 의식 있는 노조 대의원인 신경이 이원갑을 도왔다. 그러나 선거는 조합원이 아니라 대의원이 위원장을 뽑는 간선제였다. 이재기는 대의원들을 제주도로 초대해 매수한 끝에 선거에서 승리했다. 광부들은 이런 결과에 불만이었는데, 이재기가 여기에 불을 질렀다. 광부들이 요구한 임금 40퍼센트 인상안을 포기하고 위원장 직권으로 20퍼센트 인상에 합의한 탓이었다.

박정희가 갑자기 사망하면서 억눌린 민주화 요구가 분출하는 때였다. 이런 분위기에 발맞춰 광부들은 어용 노조 위원장 퇴진, 위원장 직선제 도입, 임금 인상을 내걸고 시위에 들어갔다. 기업 차원에서 끝날 수 있던 시위는 '우발적 사고'가 일어나면서 항쟁으로 발전했다.

집회를 금지하는 계엄령 속에서도 광부 300여 명이 시위를 하자 노조 사무실에서 지켜보던 경찰들이 카메라로 채증을 하기 시작했다.

노조원들이 항의하면서 시비가 벌어졌고, 화난 광부들이 경찰을 쫓자 한 경찰이 건물 앞에 세워둔 차를 타려 했다. 광부들이 가로막는데도 차에 탄 경찰은 사람을 치고 기어코 도주했다.

"경찰이 사람을 잡았다."

흥분한 광부들은 노조 사무실에 몰려가 경찰서장을 붙잡은 뒤 경찰서를 점령했다. 경찰은 도망치고 사북은 '해방구'가 됐다. 여성들은 솥을 걸어 음식을 했고, 남성 광부들은 밤새 사북을 헤집고 다니며 노조 사무실, 경찰서, 광업소 사무실, 회사 간부와 노조 간부의 집을 파괴했다. 어용 노조 위원장 이재기를 찾아 나서지만 이미 도망친 뒤였다. 몇몇 광부가 이재기의 부인 김 씨(진실화해위 보고서 등에 실명이 나오지만 여기에서는 본인의 명예를 고려해 '김 씨'로 표기한다)를 폭행하고 심한 성추행까지 했다. 김 씨는 사흘 동안 인질로 붙들려 다니다가 4월 24일에 풀려났다.

치열한 싸움이 벌어진 안경다리 옆 뿌리공원에 세운 광부 동상.

경찰은 비상이 걸렸다. 4월 22일, 강원도 경찰국장이 지휘하는 경찰 400여 명이 진압에 나섰다. 사북에서 광업소로 들어가는 유일한 길인 안경다리에서 충돌이 일어났다. 경찰이 최루탄을 쏘며 접근하자 광부가 3500명인 마을에서 6000명이 모였다. 여성은 돌을 나르고 광부 등 남성은 돌을 던졌다. 경찰관 1명이 사망한 뒤 철수한 경찰은 계엄 사령부에 공수 부대 투입을 요청했다. 계엄사도 작전을 준비하지만, 다행히 4월 24일에 협상이 타결됐다. 사흘에 걸쳐 진행된 노사정 3자 협상에서 상여금을 250퍼센트에서 400퍼센트로 늘리는 등 후생복지를 개선하고 회사와 당국도 사태가 원만히 해결되도록 노력하기로 합의했다.

항쟁과 사태 사이에서 사라져버린 탄광

정권을 노리는 전두환을 비롯한 신군부는 노동자들이 한 도전을 묵과할 수 없었다. 계엄사는 '사북사건 합동수사반'을 꾸려 주모자를 잡아들인다며 사북 지역을 쑥대밭으로 만들었다. 110여 명이 잡혀갔고, 이원갑 등 주모자들은 육군 보안사령부에서 모진 고문에 시달렸다. 여성들은 이재기의 부인보다 더 심한 성고문을 당했다고 한다. 관련자들은 광주 항쟁이 터지면서 계엄사가 인력을 빼가는 바람에 지옥 같은 고문에서 겨우 벗어났다고 회고했다. 언론은 '노조 위원장 부인

안경다리는 뒤바뀐 사북의 현실을 잘 보여준다.

폭행' 등만을 부각시켜 사북 탄광 항쟁을 매도했다. 이원갑 등 28명은 계엄군법회의에서 최고 5년 등 모두 84년에 이르는 형을 선고받았고, 형을 살고 나온 뒤에도 블랙리스트에 올라 생계에 어려움을 겪었다.

민주화가 되면서 사북 탄광 항쟁 관련자들은 사북노동항쟁명예회복추진위원회를 만들어 자기들이 벌인 투쟁이 민주화를 위한 노동운동이라는 사실을 알리기 위해 싸웠다. 2000년대 들어 발족한 '민주화운동관련자 명예회복및보상 심의위원회'에 명예 회복을 신청하지만, 신청자 21명 중에 이원갑과 신경 등 2명만 민주유공자로 인정받았다(두 사람은 2015년 재심에서도 무죄를 선고받았다). 신청이 기각된 나머지 19명 말고도 해결해야 할 문제는 남는다. 노조 위원장 부인 김 씨가 당한 성폭력과 폭력, 그리고 수사 과정에서 항쟁 관련자들에게 벌어진 성폭력이다.

사북 탄광 항쟁이 아무리 정당한 투쟁이더라도 어용 노조 위원장의 부인이라는 이유로 폭력을 저지른 행동은 용납할 수 없다. 이원갑이 말한 대로 '없어야 할 일'이었고, 이원갑도 김 씨를 찾아가 사과했다. 진실화해위는 계엄사가 조사 과정에서 고문을 하는 등 인권을 침해한 사실이 있다며 국가가 피해자들이 입은 '정신적 피해와 명예를 회복하기 위해 필요한 조치'를 취하는 한편 김 씨와 그 가족의 '정신적 고통을 위로하고 관련자들 사이의 화해를 이루기 위해 적절한 조치'를 실행해야 한다고 권고했지만, 이 권고는 제대로 이행되지 않았다. 김 씨는 이원갑 등의 민주유공자 지정을 취소해달라는 헌법 소원을 내지만 기각됐는데, 다만 관련자들이 운영하는 블로그가 명예를 훼손한다며 낸 민사 소송에서는 일부 승소했다. 항쟁 참여자들은 진상 규명과 명예 회복을 위한 특별법을 제정하라고 요구하고 있다.

탄광이 사라진 자리, 사람이 있던 자리

사북에서는 이제 사북 탄광 항쟁의 흔적을 찾을 수 없다. 석탄 산업 구조 조정에 따라 폐광된 동원탄좌는 사북탄광문화관광촌이라는 광산 체험관으로 바뀌었다. 강원랜드가 들어서면서 한국 최대의 탄광촌은 카지노 마을로 변신했다. 격렬한 충돌이 벌어진 안경다리에는 카지노 광고가 붙어 있었다. 노조 사무실은 뿌리관으로 바뀌었고, 그 옆에는 광부들의 생활상과 사북 탄광 항쟁을 요약한 기념비와 산업전사의 탑이 들어섰다.

사북에서 30분을 달려 태백석탄박물관에 갔다. 탄광의 거의 모든 것을 잘 정리한 곳이었지만, 사북 탄광 항쟁은 '사북사태'라는 제목 아래 간단하게 종이 한 장에 박제돼 있었다.

50년 전 사북의 광부들이 계엄 당국과 어용 노조에 저항해 돌을 들고 싸운 안경다리에 섰다. 1987년 노동자 대투쟁을 거치며 민주노총이라는 자주적 노동조합 연합체가 생겨나고 어용 노조인 한국노총

탄광이 사라진 자리에는 음주가무와 희로애락도 모두 사라졌다.

도 변화해 자주성을 회복했다. 이런 변화 뒤에는 어용 노조에 맞서서 분연히 일어난 사북 탄광 항쟁이 있다는 사실을 우리는 잊지 말아야 한다.

사라진 탄광 대신 들어선 카지노는 무엇을 캐고 있을까.

찾을 곳

태백석탄박물관 강원도 태백시 천제단길 195. **사북탄광문화관광촌** 강원도 정선군 사북읍 하이원길 57-3. **철암탄광역사촌** 강원도 태백시 동태백로 402. **안경다리, 뿌리공원** 강원도 정선군 산동읍 방계리.

탄광체험관으로 바뀐 동원탄좌 채광 시설들 옆에 관광버스가 서 있다.

66. 태백 | 산업 재해

4104, 아무도 찾지 않는 '땅 위의 세월호'

한때 석탄 생산 메카이던 강원도 태백에는 아무도 찾지 않는 탑이 하나 있다. 황지자유시장 건너편 산 쪽에 자리한 '산업전사위령탑'이다. 1960년대부터 1975년까지 석탄을 캐다가 목숨을 잃은 1703명을 기리는 이 탑은 이름부터 범상치 않다. 국립묘지도 아닌데 '전사'라니?

전사라 불리는 노동자들

박정희 정부는 1973년 오일 쇼크로 국제 유가가 급등하자 석탄 증산에 박차를 가했다. 정부가 정한 생산 목표량을 채우려고 나쁜 환경에서 무리하게 일한 광부들이 희생되는 사례가 늘어났다. 태백을 방문한 박정희는 채굴 도중에 사망한 광부들을 산업전사로 추서하고 추모할 탑을 세우라며 '산업전사위령탑'이라는 휘호를 직접 썼다.

깜깜한 갱도 속에서 죽어간 광부들을 위해 묵념하고 탑의 뒷면으로 돌아가자 비문이 나타났다. '친독재 어용 지식인' 이은상이 쓴 글이었다. 이은상은 4·19 혁명 직전 실시된 1960년 대통령 선거에서 이승만 지지 연설을 하고 다녔다. 고향 마산에서 3·15 부정 선거 반대 시위가 벌어지자 '무모한 흥분'이라고 비판했다. 5·16 쿠데타가 일어나자 민주공화당 창당 선언문을 썼고, 10월 유신 지지 선언을 발표했으며, 전두환이 광주 학살을 저지른 뒤 대통령이 되자 지지하는 글을 쓴 '악학아세'의 전형이었다. 요즘 식으로 하면 '최고의 문레기(문필가 쓰레기)'다. 마산역광장에 세운 '가고파 시비'는 페인트 세례를 당했고, 그 옆에 이은상을 규탄하는 '민주 성지 마산 수호비'가 들어섰다.

> 강원도는 …… 석탄 생산량은 전국의 70퍼센트를 점령하고 있어 …… 오늘은 국가경제를 좌우하는 보고가 되었다. 그러므로 4백 개 광산 5만 명을 헤아리는 종업원들은 영광된 사명을 어깨에 메고 있는 고귀한 산업전사들이다. …… 어두운 땅속 깊은 곳에서 온갖 위험을 무릅쓰고 …… 피땀 흘리며 일하는 이들이라 전쟁터에서 싸우는 장병들과 더불어 다를 바 없는 것이다. 하물며 거기서 일하다 불행히도 희생된 이들이야말로 나라 위해 생명을 바친 제물이라 순국의 뜻이 있는 것이니.

박정희 입맛에 딱 맞게 쓴 문장이지만, 이은상의 부끄러운 행각을

태백에 있는 산업전사위령탑. '산재 왕국' 한국에 던지는 처절한 고발장이다.

고려하면 광부들을 추모하기보다는 모독하고 있다는 생각이 들었다.

아무도 찾지 않는 이 탑은 두 가지 의미를 지닌다. 첫째, 한국 산업 재해의 현실을 증언한다. 둘째, 노동자, 나아가 산업 재해 희생자를 바라보는 정부와 국민의 시각을 잘 보여준다. 탑을 관리하는 '폐광지역 순직산업전사 유가족협의회'에 따르면, 1973년 307명을 정점으로 점차 줄기는 하지만 1970년대는 연평균 148명, 1980년대는 121명, 석탄 산업을 축소하기 시작한 1990년대에는 38명, 2000년대는 6명이 세상을 떠나, 1960년대부터 지금까지 4104명이 광산에서 목숨을 잃었다.

산업 재해가 탄광에 국한되지 않은 현실이 더 큰 문제다. 한국은 오이시디 회원국 중에서 노동 시간 1위인데다 산업 재해 사망률도 줄곧 세계 1위다. 일하러 출근해서 차가운 시신으로 돌아올 확률이 가장 높은 나라가 한국이다. 2018년에도 2142명이 생산 현장에서 목숨을 잃었다. 1년에 세월호 희생자의 7배나 되는 노동자가, 코로나19 희생자의 8배에 맞먹는 노동자가 작업장에서 죽어 나갔다. 태백 탄광은 '땅속의 세월호'이고, 노동자 집단 사망 사고가 발생한 경기도 이천시 물류 창고 건설 현장 등은 '땅 위의 세월호'다. 해마다 작업 현장에서 세월호 참사가 7건씩 일어나는 셈이다.

보수 세력은 한국이 경제 발전과 민주주의를 함께 달성한 유일한 신생국이라고 자랑한다. 타이완을 빼면 맞는 말이다. 한국과 타이완은 경제 발전과 민주주의를 모두 달성한 '유이한' 신생국이다. 이런 경제 발전의 뒤에는 세계 최장 노동 시간과 산업 재해 사망률을 비롯해 자살률 세계 1위, 청소년 행복 지수 최하위 등의 그림자가 드리워 있지만 말이다.

노동자 안전을 경시하고 인간을 이윤 착취 수단으로 여기는 기업 문화, 나아가 노동자를 일터에 나와 생계를 버는 한 인간이자 한 가

문을 닫은 동원탄좌에는 '나는 산업전사 광부였다'
는 구호가 써 있다.

2020년 4월 29일, 물류센터를 짓다가 불이 나 38명이 목숨을 잃은 한익스프레스 이천 현장에 남아 있는 화재의 흔적.

족의 일원으로 보지 않고 경제 발전이라는 전쟁터에 투입된 '전사'로 다루는 정부의 인식이 이런 부끄러운 기록을 만들었다. 산업 재해 희생자를 전쟁하다 보면 생길 수밖에 없는 '순국 전사자'로 여긴 셈이다. '산업전사위령탑'이라는 이름은 이런 노동자관을 잘 보여준다.

산업 재해를 줄어들게 만들 법

정부는 노동자를 '산업전사'로 부르고 산업 재해 희생자를 기리는 위령탑을 세우는 데 힘을 쓰기보다는 기업이 노동 환경을 개선하게 해 산업 재해를 줄이려 노력해야 한다. 군사 독재 정부는 국가의 책무를 다하기보다는 경제 발전이라는 전투에서 승리해야 한다며 노동자를 사지로 내몰고 목표 달성을 압박했다. 일하다가 목숨 잃은 광부들을 국가유공자로 지정하라고 요구하는 유가족협의회의 주장은 타당하다. 나아가 국가는 직무유기를 사과하고 손해 배상을 해야 맞는다.

김대중, 노무현, 문재인 정부 등 이른바 민주 정부는 산업 재해를 크게 줄이지 못했고, 산업 재해를 줄이는 정책에 적극적이지도 않았다. 평범한 시민들은 동료 시민의 목숨은 중히 여기고 부당한 죽음에 분노하면서도 작업장에서 죽어간 노동자의 목숨은 대수롭지 않게 여기거나 그다지 분노하지 않는 듯했다.

2016년 5월 서울 지하철 2호선 구의역에서 스크린 도어를 수리하던 19살 노동자가 열차에 치어 목숨을 잃었다. '구의역 김 군' 사건이다. 2018년 12월, 태안화력발전소에서 24살 하청업체 비정규직 노동자 김용균이 컨베이어 벨트에 끼어 목숨을 잃었다. 2020년 4월, 전국이 코로나19로 난리인 와중에 경기도 이천시 물류 창고 건설 현장에서 불이 나 노동자 38명이 목숨을 잃었다. 코로나19에 대응하는 과정에서 한국이 모범 사례로 주목받았지만, 그런 성과 또한 반쪽 이야기일 뿐이었다. 전세계가 한국의 방역을 칭송하고 문재인 정부가 이 사실을 자랑할 때, 가족의 생계를 벌려고 건설 현장에 나와 화염 속에 죽어간 노동자에게 안전을 지켜줄 국가는 여전히 없었다.

고 노회찬 전 의원은 2017년 4월 노동자 안전을 경시하는 기업과 정부를 근본적으로 개혁해 산업 재해를 줄이려고 중대 산업 재해에 원인을 제공한 기업과 정부의 책임자를 처벌하는 중대재해기업처벌법

명진 스님, 단병호 전 민주노총 위원장, 조돈문 교수, 양기환 문화다양성포럼 상임이사 등이 2020년 말 청와대 앞에서 중대재해법 제정을 요구하는 기자 회견을 하고 있다.

을 대표 발의했다. 이 법안은 법제사법위원회 전체 회의에 상정되지만 처리되지 않았고, 20대 국회가 끝난 2020년 5월 말에 자동 폐기됐다. '김용균 법'으로 불린 산업안전보건법을 개정할 때도 이 부분은 빠졌고, 이천 화재 사고를 계기로 건설 안전을 총괄하는 특별법을 만들겠다고 나서면서도 정부는 중대재해기업처벌법에 관해 침묵했다. 2021년 1월, 김미숙 김용균재단 이사장 등 산업 재해 희생자 유가족들이 생명을 건 단식 농성을 벌인 끝에 중대재해처벌법이 제정됐다. 그렇지만 5인 이하 사업장은 제외하는 등 '누더기 법'이라는 비난을 받았다.

'땅 위의 세월호'를 기억하라

우리는 물어야 한다. 노동자의 목숨은 시민의 목숨하고 다르게 하찮은가? 생계를 벌려고 출근한 사람이 저녁에 싸늘한 시신으로 돌아오는 일은 없어야 하지 않을까? 문재인 정부는 '사람이 먼저'라고 하지만, '자본이 먼저'이고 노동자인 사람은 '먼지'에 지나지 않는 걸까?

기업인, 정치인, 노동자는 반드시 순직산업전사위령탑에 들러 노동자의 인권과 생명권을 생각해야 한다. 가족들 먹여 살리느라 칠흑같이 어두운 막장에서 쓰러진 광부들의 한 많은 외침이 '순직산업전사를 국가유공자로 지정하라'는 펼침막에 서려 있었다.

찾을 곳

순직산업전사위령탑 강원도 태백시 강원남부로 13. **산업전사의 탑** 경상북도 문경시 마성면 하내리. **구의역 2호선 9-4 승강장 스크린 도어** 서울특별시 광진구 아차산로 384-1. **김용균 묘지** 경기도 남양주시 화도읍 경춘로2110번길 8-102 모란공원묘지.

'평화의 댐'인가, '사기의 댐'인가

"지금이다. 둑을 터라." 퇴각하는 수나라 병사들이 수심 얕은 살수에 들어가 강을 건너기 시작하자 을지문덕 장군은 결연한 목소리로 지시했다. 상류에 만든 둑 뒤에서 대기하던 고구려 병사들은 지시받은 대로 둑을 텄다. 거세게 밀려온 강물은 수나라 병사들을 삼켜버렸고, 30만 대군 중 2700여 명만 살아 돌아갔다. 수공水攻으로 유명한 612년 살수대첩 이야기다.

전두환 독재 정권의 위기 돌파용 수공 마케팅

살수대첩 뒤 1374년이 지난 1986년 10월, 전두환 정부는 '또 다른 둑'을 터트렸다. 전두환은 7년 임기가 끝나가면서 통일주체국민회의라는 어용 대표단이 대통령을 간선으로 뽑는 반민주적 선거 제도에 기대어 친구이자 쿠데타 공범인 노태우에게 정권을 물려주려 했다. 이런 시도에 반대해 국민이 대통령을 직접 뽑는 직선제로 헌법을 바꾸라는 요구가 거세지고 있었다. 10월 28일, 대학생 수천 명이 서울 건국대학교에 모여 '전국반외세반독재 애국학생투쟁연합'(애학투련) 결성식을 열었다. '반외세 자주화, 반독재 민주화, 조국 통일'을 구호로 내건 대학생들은 경찰에 막혀 학교 밖으로 나오지 못하고 농성에 들어갔다.

농성이 사흘째 접어든 10월 30일, 전두환 정부는 느닷없이 북한이 강원도 화천 북쪽에 금강산댐을 건설하고 있다는 충격적인 발표를 했다. 북한이 금강산댐을 무너트리면 물 200억 톤이 한꺼번에 밀려와 화천 남쪽에 있는 5개 댐이 부서지고 서울 북부와 경기도는 말할 것도 없고 여의도 63빌딩 중간까지 물이 차오른다는 내용이었다. 을지문덕의 수공이 한반도에 되살아났다.

건국대학교에 있는 건대항쟁기념탑.

보수 언론들은 정부 발표를 대문짝만하게 보도했고, 국민들은 공포에 휩싸였다. 국민들이 수공 공포에 빠진 다음날, 전두환 정부는 대대적인 진압 작전을 펼쳐 건국대학교에 갇힌 대학생 1525명을 연행해 1288명을 구속했다. 단일 사건으로 따져 최대의 구속 사태였다.

수공 마케팅은 이어졌다. 1987년 2월 국민 성금을 모아 강원도 화천 골짜기에 금강산댐에 대응할 수 있는 댐을 건설하기 시작했다. 바로 '평화의 댐'이다. 그때 중학교를 다닌 어느 제자는 평화의 댐 이야기를 하면서 분노를 터트렸다. "담임 선생이 집이 가난해서 성금을 내지 못한 학생을 앞으로 불러내 모욕을 주고 개 패듯이 팼습니다."

평화의 댐은 결국 문제가 됐다. 군사 독재 세력하고 야합한 3당 합당을 거쳐 선거에서 승리하지만 원래 민주화 운동 출신인 김영삼 대통령은 1993년 평화의 댐을 특별 조사하라고 감사원에 지시했다. 조사 결과 전두환 정부가 대통령 직선제 요구를 무마하기 위해 북한의 수공 위협을 크게 부풀린 사실이 드러났다. 금강산댐의 최대 저수량은 59억 톤 남짓이고 평상시는 절반도 안 되는 27억 톤인데, 금강산댐 저수량을 4배가량 과장해 사기를 친 셈이었다. 성금을 내지 못한 가난한 아이들은 이런 사기에 속아 상처를 받고 부모를 원망했다.

'평화의 댐'은 '사기의 댐'

평화의 댐으로 가는 길은 멀고도 험했다. 이제 정비가 잘돼 도로 자체는 훌륭했지만, 춘천을 출발해 막상 달리니 험하기가 이를 데 없었다. 53킬로미터일 뿐인데 속도를 내도 한 시간 반이 걸렸다. 화천읍에서 평화의 댐 사이 20킬로미터는 끝없는 산길이라 한참을 지그재그로 달리다 보면 건강한 사람도 멀미를 할 정도였다.

마지막 터널을 빠져나오자 앞이 탁 트이면서 댐 위를 달리는 직선 도로가 나타났다. 그 끝 산 위에 '평화의 댐'이라는 큰 글씨가 쓰여 있

굽이굽이 산길을 한참 달리면 '평화의 댐'이라는 커다란 글씨가 우리를 맞는다.

었다. 댐을 건너가자 오른쪽에 '평화의 댐'이라고 쓴 큰 돌도 보였다. '평화'라는 글씨를 갈아내고 '사기'라고 써야 한다는 생각이 엄습했다. 툭하면 부하들 끌고 다니며 골프 같은 호화 생활을 즐기면서도 전 재산이 29만 원밖에 없다고 오리발을 내민 전두환이니 59억 톤을 200억 톤으로 부풀려 사기를 치는 정도야 식은 죽 먹기였겠다.

평화의 댐은 살아 있는 교육장이다. 우리가 조금이라도 방심하면 정치인들은 언제라도 갖가지 공포 마케팅을 활용해 우리를 속일 수 있다는 사실을 보여준다. 정치인과 보수 언론은 북한이 곧 핵미사일을 쏜다는 북한 핵 공포, 난민을 받으면 세계 곳곳 사람들이 몰려와 골머리를 앓게 된다는 난민 공포, 문재인 정부가 중국 눈치를 보느라 중국인 입국을 제한하지 않아 코로나19가 유행한다는 '우한 폐렴' 공포 등을 조장하고 있고, 앞으로도 이런 목록은 끝이 없을지 모른다.

평화의 댐은 북한의 수공을 대비한 댐이라서 저수 시설이나 발전 시설이 없다. 좀더 가까운 곳에서 살펴보러 아래로 내려가다가 본 댐

평화의 댐의 수위는 댐 높이보다 훨씬 낮다.

연혁 설명에서 잘 안 알려진 사실을 발견했다. 북한이 2000년부터 금강산댐(임남댐)에 담수를 시작하자 한강으로 유입되는 물이 9.5퍼센트(17억 톤) 줄어 서울 지역에 물이 모자라고 전력 생산량도 줄었다. 2002년에는 평소의 50배가 넘는 물이 평화의 댐에 유입되는데, 위성 사진을 확인하니 북한이 임남댐을 보수하느라 물을 방류한 탓이었다. 안전에 문제가 있다고 본 김대중 정부가 북한하고 논의하지만 결론을 내지 못했다. 금강산댐이 붕괴되는 사태를 대비해 2단계 공사에 들어가면서 평화의 댐은 노무현 정부 시절인 2005년에 최종 준공됐다.

이를 모를 비목 보며 다짐하는 평화

'초연이 쓸고 간 깊은 계곡 양지녘에/ 비바람 긴 세월로 이름 모를 비목이여/ 먼 고향 초동 친구 두고 온 하늘 가/ 그리워 마디마디 이끼 되어 맺혔네.'

가곡 〈비목〉의 가사다. 비석 비碑에 나무 목木, 곧 나무로 만든 묘비

평화의댐 옆 비목공원에는 〈비목〉의 가사를 새긴 바위가 있다.

를 뜻하는 '비목'이라는 제목이 뭔가 비장한 느낌을 주지만, 가사가 추상적이라 가슴 아리게 슬픈 사연이 잘 드러나지는 않는다.

1960년대 중반 한명희라는 청년 장교가 평화의 댐에서 12킬로미터 떨어진 비무장지대에서 근무했다. 하루는 잡초가 무성한 곳에서 한국전쟁 때 전사한 어느 무명용사의 철모와 돌무덤을 발견했다. 한명희는 무덤 주인이 자기하고 비슷한 청년이라는 생각에 시를 지었고, 이 시를 본 작곡가 친구가 곡을 붙였다.

평화의 댐에 가면 이 〈비목〉을 기념한 비목공원을 덤으로 볼 수 있다. 평화의 댐 왼쪽 끝에 비목공원이라는 표지판이 보인다. 가파른 계단을 내려가면 〈비목〉에 얽힌 사연하고 가사를 새긴 커다란 콘크리트 조각이 나타난다. 계단을 더 내려가는데 오른쪽에 큰 돌무더기가 눈에 띄었다. 낡은 군모와 나무로 만든 비목이 푸른 하늘을 올려다보고 있었다. 분단과 전쟁 속에 스러져간 꿈 많은 젊은이들이 눈앞에 떠올랐다. 다시는 이런 비극이 되풀이되면 안 된다는 다짐을 하면서 평화

〈비목〉의 가사 그대로 재현한 나무 묘비.

의 댐을 떠났다. 굽이굽이 산길을 돌아 내려가는 등 뒤로 한국전쟁에 서 죽어간 젊은이들의 노랫소리가 들리는 듯했다.

그 옛날 천진스런 추억은 애달퍼
서러움 알알이 돌이 되어 쌓였네.

찾을 곳

평화의 댐 강원도 화천군 평화로 3481-18. **비목공원** 강원도 화천군 화천읍 동촌리 2921-1.

6부 경기

68. 강화 | 개항과 척화

조선 양반과 일본 사무라이가 가른 운명

신미양요 때 전사한 어재연 장군을 기리는 동상.

어재연. 요즘은 들어본 사람이 별로 없을 인물이다. 어재연을 만나려면 강화대교와 강화초지대교 사이 바닷가에 있는 해안동로 삼거리 광장으로 가야 한다. 그곳에 키 작은 동상이 하나 있는데, 바로 어재연 장군이다. 1871년 신미양요 때 광성보에서 개항을 요구하는 미국 군대에 맞서 싸우다가 동생 어재순하고 함께 총검에 찔려 전사했다.

강화도, 반복되는 저항과 수난의 역사

개경에 가까운 섬이라는 이유로 고려시대 몽골 침략 때 저항과 수난의 현장이 된 강화도는 개화기에도 많은 어려움을 겪었다. 어재연 동상에서 20분을 달려 강화읍으로 들어가면 '한국 고속철도의 출발점'이 나온다. 강화도에 무은 고속철도냐고 물을 테지만 다 사연이 있다.

강화도에는 몽골군을 피해서 온 고려 왕실이 머문 고려궁지가 있는데, 조선 시대에 정조가 왕실 관련 서적을 보관하려 그곳에 외규장각을 지었다. 지금 우리가 보는 외규장각은 2000년대 들어 복원한 새 건물이다. 1866년 병인양요 때 프랑스 신부가 살해된 사건을 빌미로 강화도에 침입한 프랑스군은 건물과 책 5000여 권을 불태우고 책 340권 등을 비롯해 많은 문화재를 약탈했다. 1992년 한국은 고속철도 사업을 시작하면서 프랑스의 테제베TGV를 들여왔다. 이때 프랑수아 미테랑 프랑스 대통령이 약탈한 외규장각 도서를 돌려주기로 약속했고, 2011년에 5년마다 갱신 대여하는 형식으로 반환이 성사됐다. 그러니 강화도는 고속철도의 출발점인 셈이다.

프랑스군이 외규장각을 잿더미로 만든 지 5년 뒤인 1871년, 이번에는 미국 해병이 초지진과 덕진진, 광성보를 차례로 유린했다. 신미양요다. 개항 요구를 일축한 조선을 힘으로 굴복시키기로 결심한 미국

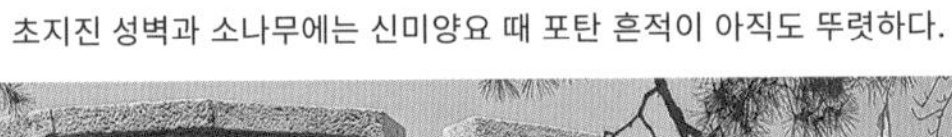

초지진 성벽과 소나무에는 신미양요 때 포탄 흔적이 아직도 뚜렷하다.

은 함포 사격 속에 해병 450명이 상륙했다. 어재연 장군이 이끈 조선군 500명은 필사적으로 저항하지만 최신 무기로 무장한데다가 남북전쟁 등을 거치며 단련된 미군의 상대가 되지 못했다. 조선군은 340여 명이 전사하고 20명이 포로로 잡혔다.

청주 척화비.

'서양 오랑캐가 침범하는데 싸우지 않으면 화친하는 것이고, 화친을 주장하는 것은 나라를 팔아먹는 것이다洋夷侵犯 非戰卽和 主和賣國.' 미국 함대가 계속 주둔할 수 없어서 물러가자 대원군은 참패를 당하고도 외세를 물리쳤다며 기고만장해져 곳곳에 이런 내용을 담은 '척화비斥和碑'를 세웠다. 일본은 국권피탈 뒤에 척화비를 땅에 묻는 등 철거하지만, 보은, 청주, 예천에 가면 복원한 척화비가 남아 있다.

"운명이란 우리 행동의 절반에 관해서만 중재자이며, 나머지 절반은 대체로 우리 인간이 통제한다." 마키아벨리는 세상사란 '운'이라 할 수 있는 '포르투나fortuna'가 반이고 '실력'이라 볼 수 있는 '비르투virtu'가 반이라고 했다. 광성보 위에 서서 19세기 말 서구 제국주의가 몰려오는 서세동점西勢東漸'의 시대에 자생적 근대화에 성공해 후발 제국주의 국가로 부상한 일본과 근대화에 실패해 식민지로 전락한 조선을 생각했다. 일본의 부상과 조선의 몰락이라는 동북아의 양극 분화는 마키아벨리의 분석처럼 운이 반이고 실력이 반이었다.

운과 실력이 가른 개항과 척화

"구로후네黑船다!" 신미양요가 일어나기 18년 전인 1853년, 매튜 페리 제독이 이끄는 미국 군함들이 개항을 요구하러 일본의 심장부인 에도 만에 나타났다. 일본은 자국이 보유한 가장 큰 배의 몇 배나 되는 커다란 군함을 보고 놀랐다. 미국 군함들은 공포를 쏘고 상륙을 하려 강을 측량하는 등 무력시위를 벌였다. 마지못해 개항을 요구하는 미국 대통령의 친서를 받은 일본은 실세인 도쿠가와 이에요시가 중병 중이라며 시간을 달라고 했다. 페리 제독은 1년 뒤 더 많은 군함을 거느리고 다시 나타났고, 일본은 결국 개항을 했다. 일본이 운은 좋았다. 남북전쟁(1861~1865)이라는 혼란기에 빠져드는 바람에 미국은 오랜 기간 동안 일본으로 돌아오지 않았다. 일본은 '숨 쉴 공간'을 얻었고, 이 공백기를 이용해 1868년 메이지 유신 등을 거치며 자생적 근대화에 성공했다.

조선은 운도 나쁘고 실력도 없었다. 조선과 미국이 처음으로 부딪친 계기는 제너럴셔먼호 사건이다. 1866년 미국 상선 제너럴셔먼호가 대동강에 나타났다. 만경대까지 올라와 행패를 부리던 제너럴셔먼호가 물이 빠져 기동을 못하게 되자 관군과 민간이 힘을 합쳐 배를 불태웠다. 이 사건을 거치며 대원군 등은 외세가 별것 아니라는 잘못된 판단을 했고, 신미양요 때도 미국 군함이 장기 체류가 어려워 철수하자 참패를 하고도 외적을 무찌른 듯한 착각에 빠졌다. 그렇게 자체적 근대화를 결행할 시점이 늦어지면서 일본에 밀려 강제 개항을 하고 식민지가 됐다.

미국을 둘러싼 역사적 경험의 차이 말고도 일본과 조선은 또 다른 중요한 차이들이 있다. 먼저 개항을 피할 수 없다고 생각한 일본 지도자들의 현실주의적 판단과 조선 지배층의 '척화론'이다. 무식하면 용감한 법이다. 그다음으로 주목할 요소는 국가를 운영한 '국가 지배 계급', 요즘 식으로 말하면 관료의 차이다.

엘런 트림버거Ellen Kay Trimberger는 《위에서 시작하는 혁명Revolution from Above》에서 일본이 메이지 유신이라는 하향식 혁명, 또는 하향식 근대화에 성공한 이유를 국가 지배 계급인 사무라이의 특수한 사회적 성격에서 찾았다. 사무라이는 중세의 지배 계급하고 다르게 토지에 매어 있지 않았다. 농지가 아니라 현금으로 월급을 받았고, 따라서 봉건적 지배 질서에서 '상대적 자율성'을 지녔다. 상대적 자율성 덕분에 사무라이는 막부 체제라는 일본의 봉건 체제를 무너트리고 근대화를 주도할 수 있었다.

조선을 움직인 국가 지배 계급인 양반과 유림은 농지를 소유한 지주로서 '경제적 지배 계급'이기도 했다. 양반과 유림은 봉건적 질서와 경제적 지배 계급에 맞서서 상대적 자율성을 지니기는커녕 운명을 같이할 수밖에 없었다. 따라서 계급적 이해관계를 지키려면 개항과 근대화에, 나아가 동학 같은 상향식 근대화에 반대하고 봉건 질서를 지키는 척화론을 내세울 수밖에 없었다.

바로잡은 조약 체결지, 바로잡을 대외 관계

인천 차이나타운에서 더글러스 맥아더 장군 동상이 있는 자유공원 쪽으로 올라가면 삼거리 모퉁이에 작은 표지판이 보인다. 1882년 조선이 서구를 상대로 처음 통상 조약을 맺은 일을 기념하는 '조미수호통상조약 체결지' 표지석이다. 이곳에서 2킬로미터 떨어진 화도진은 서해안 방어를 위해 1879년에 건설한 시설인데, 전권대신 신헌과 미국의 로버트 윌슨 슈펠트 제독이 협의하는 실물 모형을 비롯해 다양한 자료를 전시하는 등 얼마 전까지 조-미 수호통상조약 체결지로 알려져 있었다. 2013년 새로 발견된 문서 등을 통해 조약 체결지가 화도진이 아니라 자유공원 쪽이라는 사실이 밝혀져 이 표지석을 세웠다.

조-미 수호통상조약 체결지로 밝혀진 자유공원 근처에 새로 만든 표지석(위).
한미수교 100주년 기념비(아래).

표지석 앞에 서니 세계의 흐름에서 동떨어진 폐쇄적 인식 아래 저항하다가 군사적 압력에 굴복해 뒤늦게 개항한 19세기 말 조선 지배계급의 무지가 불러온 비극이 떠올라 답답하기만 했다.

찾을 곳

초지진 인천광역시 강화군 길상면 해안동로 58. **광성보** 인천광역시 강화군 불은면 해안동로466번길. **강화고려궁지** 인천광역시 강화군 강화읍 북문길 42. **화도진지** 인천광역시 동구 화도진로 114. **조미수호통상조약체결지** 인천광역시 중구 제물량로232번길 23 리움하우스웨딩 앞 삼거리.

69. 수원 | 나혜석

'여자도 사람이외다!'고 외친 신여성

'에미를 원망하지 말고/ 사회제도와 도덕과 법률과 인습을 원망하라/ 네 에미는 과도기에/ 선각자로 그 운명의 굴레에/ 희생된 자였느니라.'

수원 중심가 어느 광장 입구 기둥에 이런 글이 쓰여 있다. '에미'는 이 광장의 주인공 나혜석이다. '신여성'을 대표한 나혜석은 이 기둥에 쓰여 있듯이 한국 '최초의 여성 화가', '최초의 여성 소설가', '최초의 전시회', '독립운동가', '여성운동가'라는 타이틀을 가진 사람이다.

'조선 최초로 구미 여행을 한 여성'이나 '최초의 미스코리아 심사위원' 등 나혜석을 따라다니는 '최초'는 그 밖에도 많다. 그중 하나가 '한국 최초의 근대적 페미니스트'다. 나혜석은 자기가 쓴 글처럼 봉건적 조선 사회에서 근대 사회로 변화하는 '과도기' 때 동등한 여성 권리를 위해 몸부림친 '선각자로 그 운명의 굴레에 희생된' 인물이다.

한국 최초의 근대적 페미니스트

나혜석은 이제 '나혜석거리'로 불리는 이 광장에서 10여 분 떨어진 팔달산 근처에서 태어났다. 할아버지가 호조참판을 지내 '참판댁'이라 불리는 명문가였다. 아버지 나기정은 《친일인명사전》에 오른 친일파이지만 자식 문제에는 깨인 사람이라 딸들에게도 똑같은 교육을 시켰

나혜석 생가 터 벽에 나혜석이 그린 작품을 복사해놓았다.

다. 봉건적 유제는 벗어나지 못해 첩을 여럿 거느렸다. 사춘기 때 아버지가 자기하고 나이가 비슷한 첩을 들여 괴로워하는 어머니를 보면서 나혜석은 축첩 제도와 가부장제 문제를 고민하기 시작했다.

빼어난 미모에 사람들을 매료시키는 언변, 뛰어난 글재주 등 재색을 모두 갖춘 나혜석은 미술에 탁월한 재능을 보여 진명여자고등보통학교를 최우수로 졸업하고 일본으로 유학을 가 서양화를 공부했다. 조선여성유학생친목회를 앞장서 만들고 이광수나 염상섭 등하고 교류하는가 하면, 1914년에 현모양처는 여성을 노예로 만들려는 제도라는 내용을 담은 글을 발표했다. 이때 일본 페미니즘 잡지에 소개된 《인형의 집》을 읽었다.

오빠 나경석의 친구이자 재주 많은 시인 최승구를 만나 연애를 하지만, 최승구는 유부남인데다가 병에 걸려 요절했다. 아버지는 나이가 들어가는 딸에게 결혼을 강요하며 학비 송금을 중단했다. 나혜석은 굴하지 않고 귀국해 교사로 일하면서 학비를 벌었다.

1918년 도쿄 여자미술학교를 졸업하고 돌아온 나혜석은 한국 최초의 페미니즘 소설인 〈경희〉를 발표하고 유화 등 근대 미술을 알리는 개인전도 열었다. 유학 시절 본 노동자들의 삶을 주제로 진보적인 판화도 발표했다. 1919년 김마리아 등하고 함께 이화학당 학생들을 조직하는 등 3·1 운동에 적극 참여하다가 6개월간 감옥에 갇혔다. 결혼하라는 압박이 심해지자 자기를 좋아하던 오빠 친구이자 결혼 전력이 있는 김우영하고 결혼했다. 평생 사랑하고, 그림 활동을 방지하지 않으며, 시어머니와 전처 딸하고는 따로 살며, 최승구의 묘에 비석을 세워준다는 조건이었다.

'서양화가로 우리 조선에서 유일무이한 나혜석 씨의 양화 전람회는 …… 인산인해를 이루도록 대성황이었으며 …….' 1921년 3월 19일 《매일신보》에 실린 기사의 한 구절처럼 나혜석이 1921년에 유화 80점을 내건 전시회는 '최초의 여성 유화 개인 전시회'였고, 하루에 5000명이 다녀갈 정도로 대성공을 거뒀다(대표작인 〈자화상〉 등은 수원시립아이파크미술관에 상설 전시돼 있다).

나혜석은 여성운동을 비롯한 사회운동에도 적극적이었다. 일본 외교관이 된 남편 김우영이 만주로 발령 나자 그곳에서 여성 대상 야학을 열었다. 또한 부영사 부인이라는 지위를 이용해 김원봉이 이끈 무장 독립운동 단체 의열단을 도왔다.

1927년에는 포상으로 세계 일주를 하게 된 남편을 따라 유럽과 미국을 여행했다. 이때 신문과 잡지에 여행기와 그림을 기고해 '조선 최초로 구미 여행을 한 여성'이 됐다. 이 여행에서 프랑스 파리에 외교관으로 나와 있는 최린을 만나 사랑에 빠진 나혜석은 1930년에 이혼했고, 세간의 손가락질에 시달렸다.

나혜석은 따가운 시선에

수원시립아이파크미술관에 전시된 나혜석의 대표작 〈자화상〉(1929).

굴하지 않았다. 결혼 전 동거를 해봐야 한다는 '실험 결혼론'을 주장하고 '사랑의 자유'를 선언했다. 배우자를 잊지 않는 한에서 일어나는 혼외정사란 '죄도 실수도 아닌 진보된 사람의 행동'이라는 말이었다. 나혜석은 한발 더 나아가 〈이혼 고백서〉 등을 통해 한국 사회의 잘못된 정조관과 한국 남성의 이중성을 거침없이 폭로했다.

> 조선 남성 심사는 이상하외다. 자기는 정조 관념이 없으면서 처에게나 일반 여성에게 정조를 요구하고 또 남의 정조를 빼앗으려고 합니다.

> 정조는 도덕도 법률도 아무것도 아니요, 오직 취미다. 밥 먹고 싶을 때 밥 먹고, 떡 먹고 싶을 때 떡 먹는 거와 같이 …… 결코 마음의 구속을 받을 것이 아니다. …… 우리의 해방은 정조의 해방부터 할 것이니 좀더 정조가 문란해 가지고 다시 정조를 고수하는 자가 있어야 한다. …… 우리도 이것저것 다 맛보아 가지고 고정해지는 것이 위험성이 없고, 순서가 아닌가.

'정조는 취미'라는 관점은 지금도 충격적인데 그 무렵에는 어떤 파문을 일으켰을까. 나혜석은 여성의 권리를 확대하는 법률 투쟁에서도 선구자였다. 강제로 정조를 유린한데다가 이혼하면 생활을 책임지겠다는 약속을 지키지 않은 이유로 최린을 고소했다. 조선총독부는 최린의 손을 들어주지만 고소 취하 대가로 거액을 받아내 여성의 권리를 확인하는 획기적인 계기가 됐다. '바람 피워 이혼한 탕녀'라는 손가락질을 받으면서도 생계를 위해 개인전을 열었다. 이 전시회가 실패하면서 나락으로 떨어지기 시작한 나혜석은 김우영이 접근을 금지하면서 자식들을 못 본데다가 아들마저 죽으면서 우울증에 시달렸다.

‘사랑의 자유’를 외친 조선의 여성

서해안 고속도로를 타고 서해대교를 건너 당진을 지나면 해미인터체인지가 나온다. 여기에서 고속도로를 빠져나가 조금 달리면 비구니 사찰로 유명한 수덕사가 나온다. 수덕사 앞에는 동백림 사건으로 옥고를 치른 화가 이응로가 머문 수덕여관이 우아한 모습으로 방문객을 맞는다. 수덕여관에서 수덕사 쪽으로 언덕을 올라가면 담 안쪽에 작은 집이 보인다. 수덕사 가장 구석에 자리잡고 있는 환희대다.

“웬일이지요?”

“나도 머리를 깎을까 해서.”

고통 속에 번민하던 나혜석은 1935년 불교에 귀의할 생각을 하고 일본 유학 시절부터 ‘신여성’으로 가깝게 지낸 김일엽을 찾아갔다. 스님이 된 일엽은 안 된다고 만류했지만, 나혜석은 처음에는 수덕여관에, 나중에는 환희대에 5년이나 머물렀다. 나혜석에게 가르침을 받으러 오는 미술가 지망생이 많았는데, 이응로도 그중 하나였다.

나혜석이 절망 속에 불교에 귀의하러 가 머문 수덕여관과 수덕사 환희대.

나혜석은 이 무렵 월간지 《삼천리》에 세계 일주 여행기를 실었다. '에미를 원망하지 말고'로 시작하는 글도 최린을 만난 파리 여행을 다룬 연재물이었다. 영국 여행을 다룬 글에서는 여성 참정권 운동도 소개했다. 나혜석은 영국 여성 운동가에게 이런 말을 했다. "내가 조선의 여권 운동자 시조가 될지 압니까?"

1943년 나혜석은 속세로 돌아왔다. 세간의 손가락질은 여전했고, 몸과 마음은 파킨슨병, 중풍, 관절염, 우울증으로 만신창이였다. 그런 와중에도 일제가 강요하는 창씨개명과 협력 요구는 끝까지 거부했다. 해방 뒤 노숙자 생활을 하던 나혜석은 지나가는 사람이 서울 시립 자혜원으로 보내줘 무연고자 병동에서 지내다가 1948년 세상을 떠났다. 한때 조선에서 가장 잘나간 여성은 가부장제에 저항해 선구적으로 여성의 권리를 외친 죄로 처참한 최후를 맞았다.

1970년대부터 복권이 논의되다가 1987년 민주화 뒤 완전히 복권된 나혜석은 '근대 한국 페미니즘의 선구자'로 평가받는다. 〈이혼 고백서〉에서 나혜석은 자기에게 닥칠 운명을 정확히 예언했다.

> 조선의 남성들아, 그대들은 인형을 원하는가? …… 나는 그대들의 노리개를 거부하오. 내 몸이 불꽃으로 타올라 한 줌 재가 될지언정 언젠가 먼 훗날 나의 피와 외침이 이 땅에 뿌려져 우리 후손 여성들은 좀 더 인간다운 삶을 살면서 내 이름을 기억할 것이리라.

'사람으로 만드는 사랑의 길'을 찾아

나혜석거리의 서쪽 끝에서 인계예술공원이 있는 동쪽 끝으로 걸어가면 화구통 든 나혜석 동상을 만난다. 동상 뒤에는 '세계 여성폭력 추방 주간'을 맞아 페미니즘 정당인 '여성의당'이 내건 펼침막이 바람에 흔들리고 있었다. 나혜석이 꿈꾼 남녀평등 사회가 얼마나 실현되고 있는지 묻는 듯했다. 다시 인계예술공원 쪽으로 걸어가면, 나혜석이 쓴 〈인형의 가家〉를 새긴 돌 앞에 한복 입은 나혜석이 앉아 있다.

내가 인형을 가지고 놀 때
기뻐하듯
아버지의 딸인 인형으로
남편의 아내 인형으로
그들을 기쁘게 하는
위안물 되도다

남편과 자식들에게 대한
의무같이
내게는 신성한 의무 있네

〈인형의 가(家)〉 시비 앞에 앉아 있는 나혜석.

나혜석거리에서 만난 화구통 든 나혜석 동상.

나를 사람으로 만드는
사랑의 길로 밟아서
사람이 되고저

(중략)

노라를 놓아라
최후로 순순하게
엄밀히 막아 논
장벽에서
견고히 닫혔던
문을 열고
노라를 놓아 주게

나혜석이 보수적인 우리 사회에 파문을 일으킨 지 거의 100년이 됐다. 우리는 견고히 닫힌 문을 열고 노라를 놓아주었는가?

찾을 곳

나혜석거리 경기도 수원시 팔달구 인계동 1140. **나혜석 생가터** 경기도 수원시 팔달구 신풍동 45-1. **수원시립아이파크미술관** 경기도 수원시 팔달구 정조로 833. **수덕사, 수덕여관** 충청북도 예산군 덕산면 수덕사안길 79.

70. 양평 I 여운형

세 발 총탄에 쓰러진 '제3의 길'

"탕, 탕, 탕!" 1947년 7월 19일 혜화동로터리, 코너를 도느라 속도를 줄인 승용차를 향해 한 청년이 차도로 뛰어들면서 총을 쐈다. 피를 흘리며 쓰러진 사람은 몽양 여운형이었다. 큰 키에 당당한 체격, 잘생긴 얼굴에 뛰어난 패션 감각, 탁월한 언변에 영어, 일본어, 중국어를 자유자재로 구사하는 국제 감각, 누구든 친구로 삼는 친화력, 만능 스포츠맨 등 한 인간에게 기대할 수 있는 장점을 거의 모두 갖춘 사람이었다. 해방 뒤 10여 차례 벌어진 테러에도 살아남은 여운형은 결국 극우 청년이 쏜 총탄에 쓰러졌다. 극우와 극좌 사이에서 '좌우 합작'과 '중도'(정확히 말해 중도 좌파)를 표방한 '제3의 길'도 함께 쓰러졌다.

오토바이에 가려진 '제3의 길'의 꿈

여운형은 해방 정국에서 가장 인기 있던 정치인이지만 좌파라는 이유 때문에 이승만에서 전두환으로 이어지는 극우 정권을 거치며 잊혔다. 2000년대 들어 재평가되면서 서훈도 받고 기념사업도 시작하지만 여전히 시대적 명성과 역사적 중요성에 견줘 덜 알려져 있다. 서거 70주년을 맞은 2017년 혜화동로터리에 서거 현장 표지석을 세웠다. 잊힌 여운형처럼 이 표지석도 배달 오토바이들에 가려 잘 드러나지 않았다.

여운형 서거지 표지석은 오토바이에 가려
잘 보이지 않았다.

> 인간은 날 때부터 자유롭고 평등하며 생존권은 신성한 것이다. 시대의 조류는 조만간 인간 세계의 여러 모순을 그대로 두지 않을 것이다. 서둘러 이 과거의 껍데기를 벗지 못하면 국가도 개인도 이내 망하고 말 것이다.

경기도 양평군 신원리 묘골에 가서 오솔길을 오르다 보면 글자를 새긴 바위들이 나타난다. 바위 하나에 이런 문구가 새겨져 있다. 노비를 해방한 일을 주변 양반들이 비판하자 스물두 살 여운형이 내놓은 답이었다. 국권피탈 전인 1908년 일이니, 여운형이 지닌 선각자적 면모를 잘 보여주는 일화다. 여운형 어록을 바위에 새긴 이 길을 따라가면 여운형 생가와 기념관이 나타난다.

여운형은 1886년 이곳 묘골에서 태어났다. 할아버지가 태양이 떠오르는 태몽을 꿔서 '꿈속의 태양'이라는 뜻을 지닌 몽양夢陽을 호로 정했다. 일찍이 근대 교육을 받아 기독교인이 됐으며, 고향으로 돌아와 교회를 세워 전도하고 노비를 해방했다. 안창호가 하는 강연을 듣고 독립운동을 하기로 결심한 뒤 중국으로 유학을 떠나 신한청년당을 만들었는데, 이런 활동은 3·1 운동이 시작되는 데 크게 기여했다. 상하이에 임시 정부가 들어서자 외무부 차장으로 활동하기도 했다.

여운형은 '최초의 한류 정치인'이었다. 여운형이 펼친 독립운동의 하이라이트가 1919년 적지인 도쿄에서 기자 등을 모아놓고 조선 독립의 당위성을 설파한 제국호텔 연설이기 때문이었다.

우리 민족이 생명을 걸고 주야분투하는 한국 독립운동의 진상과 그 의의를 밝히고자 나는 이곳에 왔다. …… 주린 자는 먹을 것을 구하고, 목마른 자는 마실 것을 찾는 것은 자기의 생존을 위한 인간 자연의 원리이다. 이것을 막을 자가 있겠는가! 일본인에게 생존권이 있다면 우리 한민족만이 생존권이 없을 것인가! …… 이제 세계는 약소민족 해방, 부인 해방, 노동자 해방 등 세계 개조를 부르짖고 있다. 이것은 일본을 포함한 세계적 운동이다. 조선의 독립운동은 세계의 대세요, 신의 뜻이요, 한민족의 각성이다. …… 우리의 건설국가는 인민이 주인이 되어 인민을 다스리는 국가일 것이다. 이 민주 공화국은 대한 민족의 절대적 요구요, 세계 대세의 요구다.

3·1 운동에 놀란 일본은 명망 있는 조선인을 자기편으로 끌어들이려 여운형을 초청했지만, 이 연설 때문에 조선 독립의 필요성이 널리 알려지자 내각이 사퇴하는 등 큰 충격에 휩싸였다. 여운형을 초청한 하라 다카시 내각은 두고두고 '여운형 내각'이라는 조롱에 시달렸다.

이 연설에서 여운형은 조선 독립의 필연성을 강조하는 수준을 넘어 독립 국가의 성격을 '민주 공화국'으로 명확히 했다. '민족 해방'과 '노동자 해방'뿐 아니라 '여성 해방'도 거역할 수 없는 세계사적 흐름이라는 구절은 더 놀랍다. 여운형은 1910년대에 여성 해방을 주장한 '남성 페미니스트'였다. 또한 식민지 해방에 적극적인 러시아 혁명 정부에 감동해 소련에서 블라디미르 일리치 레닌과 레온 트로츠키 등을 만났고, 국제공산당과 고려공산당 등 공산당 운동에도 참여했다.

1929년 8월 초, 경성역은 모여든 사람들로 인산인해였다. 여운형을 보러 나온 인파였다. 스포츠광 여운형이 야구 경기를 보러 간 상하이 야구장에서 일제 경찰에 붙잡혀 경성으로 압송됐다. 몰려든 군중에 여운형에게 뒤늦게 수여된 건국훈장 대한민국장.

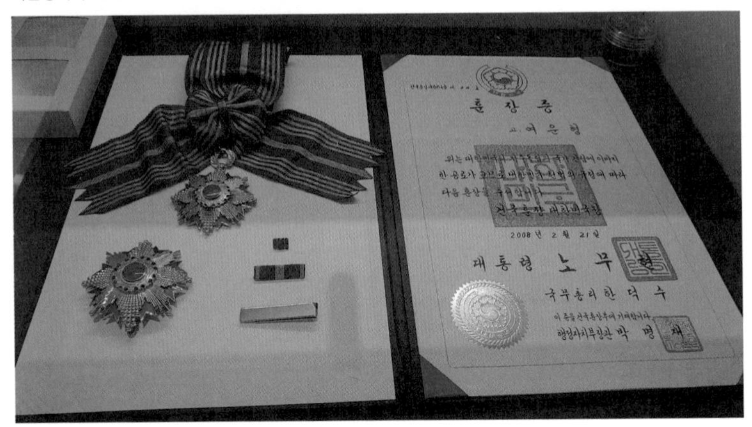

놀란 조선총독부는 용산역에서 여운형을 빼돌렸다. 3년 형을 받아 2년 8개월 동안 감옥살이를 하고 나온 여운형은 《조선중앙일보》 사장으로 취임해 이 신문을 《동아일보》와 《조선일보》하고 어깨를 겨루는 3대 일간지로 키웠다. 또한 조선체육회 회장이 돼 청년들의 체력 단련에도 신경을 썼다. 1936년 베를린 올림픽에 참가할지 말지 고민하는 마라토너 손기정을 설득한 여운형은 손기정이 금메달을 따자 《조선중앙일보》에 일장기를 지운 사진을 실었다. 《동아일보》가 이 사진을 베껴 실으면서 두 신문이 모두 정간됐다.

꿈이 돼버린 준비된 해방

"곧 일본은 패망할 것입니다." 1942년, 단파 방송 《미국의 소리》를 들은 여운형과 김성수 등은 일본이 곧 패망한다고 주장했다. 도쿄에서 연합군이 공습하는 모습을 직접 보고는 더 확신에 차 일본 패망을 공공연히 이야기하다가 유언비어 유포 혐의로 체포됐다. 여운형은 모진 고문을 당하고 사상 전향과 학도병 강연회 참석 등을 강요받지만 거부했다. 1943년 7월 신경 쇠약 등 건강상 이유를 들어 집행 유예로 풀

일제가 패망한 다음날인 1945년 8월 16일, 서울 와이엠시에이에서 여운형이 조선건국동맹 회의를 주재하고 있다(위키커먼스 제공).

려나 병원에 입원했다. 검사가 전향서를 내지 않으면 다시 감옥에 집어넣는다고 위협하자 당사자가 묵인하는 사이에 가족들이 대신 서명했다. 이 일 때문에 여운형은 '친일 변절자'라는 비판에 내내 시달렸다.

일제가 곧 패망한다고 확신한 여운형은 1944년에 조선건국동맹을 조직하는 등 해방을 준비하기 시작했다. 1945년 8월, 소련군이 청진에 상륙하자 신변에 위협을 느낀 일제는 여운형을 불러 조선에 사는 일본인이 안전하게 귀국할 수 있게 해달라고 부탁했다. 여운형은 정치범 즉각 석방과 주체적 치안 확보 등 5개 조건을 내걸어 행정권과 치안 유지권을 인수했다. 이런 협상은 일본 군대와 관리들이 포로로 대우받은 중국이나 동남아에 견줘 잘못된 결과라는 비판을 받기도 했다.

8월 15일, 여운형은 서대문형무소로 달려가 석방되는 조봉암 등을 환영했고, 조선건국동맹을 조선건국준비위원회(건준)로 전환해 행정권과 치안권을 행사했다. 종로구 계동 현대그룹 사옥 근처에 가면 보헌빌딩이라는 작은 건물이 나온다. 바로 건준 사무실 자리다.

"조선인민공화국의 설립을 선포합니다."

1945년 9월 6일 전국인민대표자대회에서 사회자 여운형은 이승만을 주석으로 하고 자기를 부주석으로 하는 조선인민공화국(인공)의 설립을 선포했다. 건준은 좌익과 우익이 모두 참여한 조직으로, 지역 수준에서는 건준을 지역 통치 기구인 인민위원회로 발전시켰다. 브루스 커밍스가 쓴 《한국전쟁의 기원》에 따르면 한국 혁명은 미군이 한반도에 도착하기 전에 이미 시작돼 건준을 이은 인민위원회가 '사실상의 정부' 구실을 하고 있었다. 그 대표들이 건국을 선포한 역사의 현장인 창덕여자고등학교 자리는 이제 헌법재판소로 바뀌었다.

이틀 뒤 한국에 도착한 미군정은 이런 현실을 완전히 무시하고 불법화했다(이 책 81장 참조). 여운형은 좌우 합작으로 활로를 모색했

계동 보헌빌딩이 바로 건국준비위원회가 있던 자리다.

다. 한때 공산당에도 깊이 관여했지만, 독립운동을 펼칠 수단일 뿐 해방 뒤에는 사회민주주의에 가까운 중도 좌파 노선을 추구했다. '전체주의와 독재에 반대'하기 때문에 공산당하고는 선을 긋고 '사회주의적 조선을 신봉'한다고 말한 여운형은 자기가 주도해 창당한 조선인민당의 노선을 한마디로 정리했다. "일제 통치 기간 우리 민족에게 씻을 수 없는 반역적 죄악을 저지른 소수 친일파를 제외하고 우리는 다 같이 손을 잡고 건국 사업에 매진해야 한다." 농지 개혁에 관련해서도 박헌영이 이끄는 조선공산당의 '무상 몰수, 무상 분배'가 아니라 '유상 매입, 무상 분배'를 주장했다.

여운형은 명망 있고 인기 많은 정치인이었지만 약점도 컸다. 먼저 이승만과 친일 지주들이 모인 한민당 등 극우 세력의 손을 잡은 미군정하고 관계가 나빴다. 여운형은 친구에게 보낸 편지에서 미군정에 불만을 토로했다. "북조선에서 소련이 극좌 분자만을 선호한다고 하면 여기 남조선에서는 미국은 반대로 가려 하고 있소." 임시 정부에 정통성이 있다는 '임정 법통론'에 관련해서는 안전지대인 해외에 머물며 30년간 지리멸렬한 임정은 국내 기반이 없어 문제라는 비판적 견해를 밝혀 김구하고 사이가 아주 나빴다.

또한 여운형은 박헌영 같은 조직적 기반이 없었다. 뛰어난 웅변가이지만 조직가는 아니었다. 급기야 위장 입당한 공산당 계열 당원들이 일으킨 분란을 거치면서 조선인민당은 조선공산당과 남조선신민당하고 통합을 의결했다. 이런 사태에 반발해 여운형과 백남운이 함께 만든 사회노동당은 남로당이 벌인 파괴 공작에 휘말려 곧 해산됐다. 혼자 근로인민당을 창당한 뒤에도 여운형은 좌우 합작을 주장했고, 이승만이 단독 정부를 수립하려 하자 '민족 분열'을 이유로 단호하게 반대했다. 이런 단호함은 극우 세력을 자극했고, 좌우 합작을 향해 여운형이 펼친 노력은 혜화동에 총성이 울리면서 물거품이 됐다.

여운형이 하고 싶은 세 마디

"만났으니 'How do you do?'라고 인사할 것이고, 둘째는 'Thank You'라고 감사의 뜻을 표하는 것이고, 셋째로는 'Good Bye!'가 있을 뿐이다." 혜화동로터리 여운형 서거지 표지석 앞에서 양평 여운형 기념관 오솔길 바위에 새긴 어록이 생각났다. 연합군을 어떻게 대해야 하느냐는 질문을 받은 여운형이 한 이 대답은 갑작스런 해방을 맞은 많은 독립운동가와 민중들이 품은 마음을 기막히게 전하고 있었다.

미국과 소련 등 점령국, 나아가 이승만을 비롯한 극우파는 생각이 달랐다. 남한에 한정하면 미국은 'Good Bye'가 아니라 친미 반공 정권을 만들고 싶어했다. 친일 경찰을 동원하는 등 수단과 방법을 가리지 않고 친미 반공 정권을 만들어줄 이승만이 필요했다. 이런 점에서 여운형은 냉엄한 국제 정치의 현실을 모른 '나이브한 민족주의자'였다.

수유리에 자리한 여운형 묘소.

중도 좌파 정치와 좌우 합작이 좌우로 나뉘어 사생결단으로 대립한 해방 공간에서 가장 바람직하면서도 가장 현실적인 노선이라고 주장하는 학자들이 있다. 맞는 이야기다. 그렇지만 곰곰이 생각하면 이런 노선은 미국과 소련의 한반도 정책이나 다양한 국내 정치 세력의 관계 등을 고려할 때 현실성 없는 '낭만주의적 이상론'일 뿐이었다. 미국은 'How do you do?'와 'Thank You' 다음에 'Good Bye!'가 아니라 'Yes Sir'이 필요했다. "분부만 내리십시오, 주인님."

찾을 곳

몽양여운형 생가기념관 경기도 양평군 양서면 몽양길 66. **몽양 서거지 표지석** 서울특별시 종로구 혜화동로터리 혜화동우체국 앞. **근현대사기념관** 서울특별시 강북구 4·19로 114. **건준 본부** 서울특별시 종로구 계동길 31 보헌빌딩. **인공 설립지** 서울특별시 종로구 북촌로 15 헌법재판소. **여운형 묘소** 서울특별시 강북구 삼양로 155길 28.

71. 연천 | 38선

분단의 현장에서 생각하는 남침과 북진

"잘못된 곳에서, 잘못된 시간에, 잘못된 적을 상대로 한, 잘못된 전쟁이다." 1951년 오마 브래들리 미국 합동참모본부 초대 의장이 의회에서 한국전쟁에 참전한 중국에 대응해 중국 본토를 공격하자는 더글러스 맥아더의 계획에 관해 던진 말이다.

미국 유학 시절 '정책결정론' 강의 교재에서 이 이야기를 읽고 충격을 받았다. '적화 통일의 위기에서 대한민국을 구한 구세주' 맥아더가 정책 결정을 잘못해 미국을 3차 대전의 위기로 끌고 간 장본인이라는 사실을, '노병은 죽지 않고 사라질 뿐이다'는 유명한 문구가 강경론을 주장하다가 쫓겨나면서 한 말이라는 사실을 알게 됐다.

해방 8년사 분단 드라마의 무대, 38선

3번 국도를 타고 동두천을 지나 연천군에 들어서서 한탄강에 닿기 바로 직전에 오른쪽을 보면 커다란 조형물이 나타난다. '38선'이라고 쓴 돌이다. 그 아래에 '여기는 겨레의 한이 맺힌 분단의 현장 38선입니다'고 작게 쓰여 있는 이 표지석은 1971년에 만들었다. 1950년 6월 25일 북한군이 남침하면서 탱크로 파괴한 원래 표지석은 그 옆에 다시 세워놓았다. 말로만 듣던 분단의 현장이었다.

북쪽으로 더 가면 영어로 작은 글씨를 써놓은 조그마한 탑이 보인다. 1951년 5월 28일 미군 제1기병사단이 그리스군과 태국군의 지원을 받아 38선을 돌파한 일을 기념하는 한편 전투 과정에서 목숨을 잃은 세 나라 군인들을 추모하는 '38선돌파기념비'다.

38선은 1945년 해방에서 한국전쟁을 거쳐 1953년 정전 협정까지 이어지는 해방 8년사에 네 차례 등장한다. 첫째, 분단이다. 1945년 8월 미국과 소련은 38선을 기준으로 한반도를 분할했고, 분단이 시작됐다. 둘째, 1948년 남쪽에 대한민국이 들어서고 북쪽에 조선민주주의인민공화국이 세워지면서 38선은 두 '독립된 국가'를 나누는 국경선이 됐다. 셋째, 1950년 6월 25일 새벽에 북한이 38선을 넘어 전면전을 일으켰다. 넷째, 인천 상륙 작전으로 전세를 뒤집고 서울을 수복한 유엔군과 국군이 38선을 넘어 북진했다. 압록강까지 북진해 북한을 무너트리고 통일이 되나 싶을 때 중국군이 물밀듯 압록강을 건너왔다.

중국군은 인해 전술을 쓰며 다시 한 번 38선을 넘어 경기도 평택까지 남하했다. 38선은 이때 또 쟁점이 됐다. 반격을 시작한 연합군이 황해도와 개성 등 서부 지역을 제외하고 경기도 연천부터 강원도 지역까지 38선을 넘어 북쪽 일부를 차지했다. 이때 38선은 여섯째로 쟁점이 됐다. 38선돌파기념비는 바로 이 반격 작전에서 38선을 돌파한 날을 기념해 세웠다. 그 결과 생겨난 휴전선은 원래의 38선하고 큰 차이가 없다는 점에서 다섯째와 여섯째 등장은 넷째 등장의 변형이라고 볼 수 있다.

"38도가 어떻습니까?"

"좋습니다."

"그러면 38도 이남은 우리가, 이북은 당신들이 점령합시다."

얼마 전 공개된 여러 문서에 따르면, 38선은 1945년 8월 10일 일본

부서진 38선
표지석이
분단의 역사를
증언하고 있다

분단의 역사를
기억하기 위해
부서진 38선
표지석 옆에
새로 세운
38선 표지석.

유엔군이
38선을 돌파한
날을 기념하여
38선 바로 북쪽에
세운 38선돌파기념비.

이 항복할 뜻을 밝히면서 이미 한반도 국경에 도착한 소련이 한반도 전역을 점령할 가능성이 커지자 딘 러스크 미국 국무부 차관보가 찰스 본스틸 국방부 작전국 정책과장하고 함께 서울과 인천을 미국의 통제 아래 두기 위해 그은 군사 경계선이다. 미국이 한 제의를 소련이 받아들이면서 분단은 시작된다.

정작 놀라운 점은 해리 트루먼 대통령 등 미국 정부 관계자들이 나중에 밝힌 대로 소련이 이 제안을 덥석 받아들인 사실이었다. 미국은 자기들은 멀리 떨어진 반면 한반도에 국경을 접하고 있는데다 이미 군대도 들어오고 있는 상황을 고려할 때 소련이 38선에 반대하고 훨씬 남쪽에 경계선을 긋자고 할 줄 알았다. 어쨌든 미국과 소련의 한반도 분할 점령은 분단이라는 비극의 시초였다.

"나는 통일된 조국을 건설하려다가 38선을 베고 쓰러질지언정, 단독 정부를 세우는 데 협력하지 아니하겠다."

김구가 이런 선언까지 하지만 이승만과 김일성은 1948년 남한과 북한에 각각 독립 정부를 수립했다. 1945년 미국과 소련이 강제한 군사적 분단은 분단 체제로 굳어졌다.

남침과 북진, 국제전의 도화선

북한은 무력을 동원해서라도 통일을 해야 한다며 38선을 넘어 전면전을 일으켰다. '군사적 남진'이라는 수단으로 통일을 시도한 쪽은 북한이지만, 이승만 정부가 내세운 공식 정책도 '북진 통일'이었다. 남북한 정책 입안자들을 비롯한 적지 않은 한국인이 무력을 쓰더라도 통일을 해야 한다고 생각했다. 무슨 수단을 쓰더라도 통일해야 한다는 염원은 이해할 수 있지만, 숱한 인명 피해 등 전쟁이 가져온 처참한 결과와 그 뒤 남북한에 나타난 비정상적 억압 체제나 불필요한 대립

이승만이 내린 북진 명령서(전쟁기념관 전시 자료).

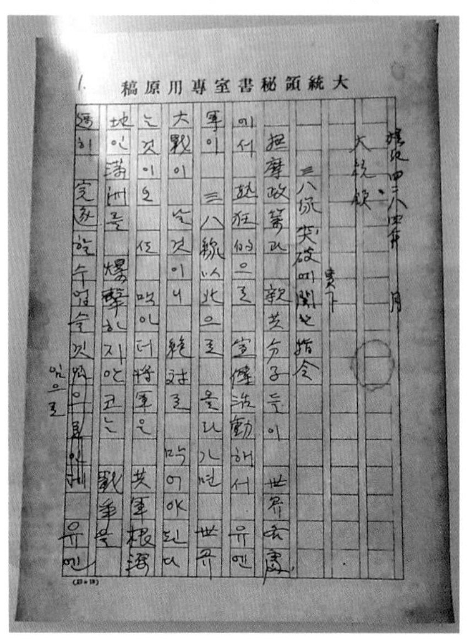
大統領秘書室專用原稿

을 생각하면, 한국전쟁은 정당화될 수 없다.

"내가 이 나라의 최고통수권자이니, 나의 명령에 따라 북진을 하라." 전쟁박물관에 가면 이승만이 내린 북진 명령을 비롯해 유엔군의 북진 작전을 크게 부각해놓았다(이승만은 한국전쟁이 일어난 직후 미국에 국군 통수권을 양도한 만큼 이때 최고 통수권자라는 말은 사실이 아니다). 그러나 북한의 남침이 문제라면 맥아더와 이승만의 강경 노선에 바탕한 38선 돌파와 북진도 문제이기는 마찬가지다. 북한이 먼저 38선을 넘어 남침을 한 만큼 우리가 결행한 북진은 정당하다고 생각할 수는 있다. 그렇지만 북진은 객관적 현실을 무시한 잘못된 결정이었다.

유엔군이 북진을 하면 자국 영토를 침략하는 행위로 여겨 참전하겠다는 경고를 중국이 여러 차례 보낸 상황에서 북진을 실행한 결과로 미국은, 나아가 한국은 '잘못된 곳에서, 잘못된 시간에, 잘못된 적을 상대로 한, 잘못된 전쟁'을 하게 됐다.

영국 극비 문서들을 연구한 김계동 국가정보대학원 교수가 쓴 박사 학위 논문에 따르면, 중국은 1950년 9월 초부터 유엔군이 38선을 넘어 북진하면 인민해방군 25만 명을 파병할 수 있다는 경고성 성명을 발표했다. 자와할랄 네루 인도 총리는 유엔군이 북진하지 못하게 하라며 영국에 긴급 제의했고, 영국은 유엔군이 북한군에 항복을 권

국군 3사단 23연대 38선 돌파 기념사진. 북진은 더 긴 전쟁으로 이어졌다(전쟁기념관 전시 자료).

유한 뒤 적어도 7일에서 14일 동안 북진을 멈춰야 한다고 주장했다. 그렇지만 미국 정부는 맥아더가 제시한 분석과 주장에 바탕해 중국이 '뻥을 치고 있다'고 생각했고, 경고를 무시한 채 38선을 넘어 10월 9일에 전면 북진을 감행했다. 영국은 다시 북위 40도선에 완충 지대를 만들어 중국을 안심시켜야 한다고 제의하지만 미국은 또 묵살했다. 연이은 묵살의 결과는 중국의 참전이었다.

중국이 보낸 경고를 무시한 맥아더 등 강경파의 오판에 바탕한 북진 결정으로 너덧 달이면 끝날 수 있는 전쟁이 3년이나 이어졌고, 미국과 중국이 정면충돌하는 국제전으로 확대됐다(얼마 전 밝혀진 비밀문서에 따르면 중국에 핵무기를 쓰는 문제에 관련해서는 맥아더보다 워싱턴이 더 강경파였다). 100만 명이 넘는 민간인 희생자를 비롯해 국군 13만 7899명, 북한군 52만 명, 미군 3만 3668명, 중국군 14만 8600명 등 많은 군인이 죽었고, 한반도가 쑥대밭이 됐다. 중국이 보낸 경고가 받아들여졌다면 중국군은 전혀 죽을 필요가 없었고, 한국군, 북한군, 미군 등도 최소한 6분의 5는 죽지 않아도 됐다.

집단 사고에 빠진 엘리트들이 내린 멍청한 결정

맥아더가 쫓겨난 데에는 다 이유가 있었고, 중국이 '항미원조抗米援朝'(미국에 대항해 조선을 돕기)라고 부르는 한국전쟁에서 미국에 책임을 묻는 데에도 나름대로 근거가 있었다. 미국은 전쟁이 시작되는 데 직접적 연관이 없을지 모르지만 북진을 통한 확전에는 분명히 책임이 있다(중국도 스탈린하고 함께 북한에 지원을 약속한 만큼 한국전쟁이 일어나는 데 어느 정도 책임이 있다). 바로 이런 점 때문에 미국 대학에서 정책결정론을 강의할 때 한국전쟁을 많이 가르친다.

38선 표지석과 38선돌파기념비 앞에 서니 분단, 단독 정부 수립, 북한군 남침, 유엔군 북진으로 이어지는 역사가 머릿속을 스쳐 지나가면서, 정책결정론 강의 때 교수가 한 말이 떠올랐다. "한국전쟁, 구체적으로 북진은, 가장 똑똑한 엘리트들이 집단 사고에 빠지게 되면 얼마나 멍청한 결정을 내리고 국민들의 목숨을 희생시키는지를 가르쳐주는 좋은 사례라는 점에서 두고두고 기억해야 한다."

찾을 곳

38선돌파기념비 경기도 연천군 청산면 초성리 194-3. **38선 표지석** 38선돌파기념비에서 서울 쪽으로 조금 내려온 곳. **노동당사** 강원도 철원군 철원읍 금강산로 265.

72. 성남 | 71년 성남 항쟁

죽지 않으려 저항한 도시 빈민들

"야, 정말 천당과 지옥이네." 2000년, 아마 한국 사람으로는 처음으로, 브라질 히우지자네이루의 세계 최대 규모 판자촌 호시냐 파벨라에 들어갈 기회를 얻었다. 30여 만 명이 살고 있지만 치안 공백에다 무법천지라 외부인이 접근하기 힘든 곳이었다. 끝없이 펼쳐진 판자촌과 해변을 차지한 별장들의 대비를 보니 탄성이 절로 터져 나왔다. 그리고 '광주대단지 사건'이라 불린 '71년 성남 빈민 항쟁'이 떠올랐다.

서울에서 밀려온 철거민들이 모여 산 광주대단지 판자촌 (성남시 제공).

청계천에 늘어선 판자촌 (민주화운동기념관 전시 자료).

서울로 쳐들어갑시다!

'천당 밑에 분당.' 1990년대 초 1기 수도권 신도시가 들어선 뒤 살기 좋은 도시로 떠오른 분당을 가리키는 말이다. 판교까지 개발되면서 성남은 가난한 서민 동네에서 돈 많은 중산층 도시이자 '제2의 강남'으로 변모했다. 성남의 첫 모습은 이런 풍요하고는 거리가 멀었다.

"여러분, 서울로 쳐들어갑시다!"

1971년 8월 10일, 한여름 무더위와 폭우를 뚫고 경기도 광주군 성남출장소(이때 성남은 경기도 광주군 중부면이었다) 앞에 5만 명이 몰려들었다. 성난 시민들은 성남출장소를 점거한 뒤 불을 질렀다. 몇몇은 불타는 출장소를 뒤로하고 시영 버스 8대를 빼앗아 서울로 가자는 구호를 외쳤다. 구호에 호응한 시민들은 서울로 들어가는 유일한 길목인 수진리 고개로 달려갔다. 시민들은 '직장을 달라' 같은 구호를 붙인 버스를 바리케이드 삼아 급파된 경찰 800명하고 대치했다. 해방 뒤 첫 '도시 빈민 집단 투쟁'인 '71년 성남 항쟁'이었다.

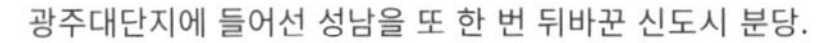
광주대단지에 들어선 성남을 또 한 번 뒤바꾼 신도시 분당.

1971년 광주대단지에서 벌어진 성남 빈민 항쟁 (성남시 제공).

성난 광주대단지 주민들이 관용차를 불지르고 있다 (성남시 제공).

박정희 정부는 점점 심해지는 도시 빈민 문제를 근본적으로 해결할 고민 없이 '도시 미화'를 명분으로 서울 곳곳에서 판자촌을 철거하고 주민을 강제 이주시켰다. 1968년 서울시는 경기도 광주군 중부면 일대 350만 평을 개발해 50만 명이 살 수 있는 자족 도시를 만든다고 발표했다. 토지 분양과 일자리 보장을 약속하고는 주택과 도로 등을 갖추기도 전에 판자촌 주민들을 광주대단지 허허벌판으로 쫓아냈다.

1971년 여름에 이르면 성남으로 '끌려온' 사람들이 2만 5000여 가구에 12만 명을 넘어섰다. 도로는 물론 전기, 수도, 화장실도 제대로 없어서 하루하루 살아가는 일이 생지옥이었다. 문제는 여기에 그치지 않았다. 대부분 행상이나 일용직 노동 등으로 생계를 버는 주민들은 일자리를 구할 수 없었다. 짓기로 한 공장은 아직 공사도 시작하지 않았고, 서울로 출퇴근하려 해도 마땅한 교통수단이 없었다. 농촌 버스 몇 대가 전부였다. 천막촌에는 굶주림에 지친 산모가 사산한 아이를 삶아 먹더라는 괴소문까지 나돌았다. 당장 먹고살 길이 막막한 철거 이주민들은 투기꾼에게 분양권(딱지)를 팔기도 했다. 항쟁이 일어난 때 이미 전체 분양권의 30퍼센트가 불법 전매됐다.

정부가 새로 내세운 분양 정책이 부글부글 끓는 민심에 불을 질렀다. 재원을 조달하기 어려워진 정부는 1971년 7월 땅값을 처음 약속한 평당 2000원에서 8000~1만 6000원으로 한꺼번에 올리더니 분양대금도 장기 분할이 아니라 일시불로 내라고 통보했다. 분노한 주민들이 8월 10일에 성남출장소 앞에 모여 무상 분양, 분양가 인하, 공장과 상가 건설, 주민 구호 사업 등을 요구하며 실력 행사에 들어갔다.

박정희 정부는 급파한 진압대하고 별도로 내무부 차관과 경기도지사 등을 보내 주민들에게 사과하면서 요구를 받아들이겠다고 약속했다. 이어 서울시장도 이주 단지를 성남시로 승격시키고 주민 요구를 수용하겠다고 약속했다. 주민들은 자진 해산했다. 시위 과정에서 구속된 21명은 대부분 집행 유예로 나오고 2명만 실형을 선고받고 감옥에 갔다.

'주모자'들은 실형을 선고받았지만, 성남 항쟁은 '철거민 폭동'이 아니라 인간 이하의 생존 조건과 정부가 한 거짓말에 분노한 이주민들이 벌인 '정당한 항쟁'이었다. 박정희 정부가 요구 사항을 수용해 겉으로 볼 때는 '승리한 항쟁' 같지만 핵심인 주거권과 생존권은 전혀 해결되지 않았다. 광주대단지 개발은 투기꾼들 배만 불린 채 끝났고, 철거 이주민들은 서울로 돌아가 다시 무허가 판자촌 주민이 됐다.

판자촌, 철거민, 달동네

'71년 성남 빈민 항쟁'은 일회성 사건이 아니라 그 뒤에도 계속된 한국 빈민운동의 상징이자 시발이다. 고 제정구 의원과 미국 출신인 정일우(존 데일리) 신부는 1973년 청계천 판자촌에서 만나 1975년 양평동 판자촌에서 공동 생활을 시작했다. 철거민 집단 이주 마을인 보금자리(1977년), 한독주택(1979년), 목화마을(1985년)도 함께 만들었다.

두 사람은 이런 공로를 인정받아 1986년 '아시아의 노벨상'으로 불리는 막사이사이상을 함께 받았고, 1988년 '민중주거쟁취 아시아연합Asian Coalition for Housing Rights'이 발족하는 과정을 주도했다. 뉴라이트전국연합 상임의장을 거치는 등 '강성 보수' 인사로 변신했지만, 김진홍 목사도 1971년 청계천에 활빈교회를 세우고 판자촌에 살면서 빈민운동을 했다. 그 뒤 전국철거민연합이나 전국빈민연합을 비롯해 여러 빈민 관련 단체가 생겨나 생존권 투쟁을 벌였다.

도시 빈민과 판자촌은 왜 생겨나고 어째서 사라지지 않았을까? 분단 뒤 서울과 부산 등 대도시에 월남민이 내려오고 한국전쟁 뒤에는 피란민이 쏟아져 들어오면서 판자촌이 크게 늘어났다. 판자촌은 5·16 쿠데타 뒤에 다시 갑자기 늘어나는데, '밀어내는 힘'과 '당기는 힘'의 상승 효과 때문이다. 밀어내는 힘은 저곡가 정책에 따른 농촌 해체다. 낮은 농산물 가격 정책을 견디지 못한 가난한 농민들은 일자리를 찾아 농촌을 떠날 수밖에 없었다. 당기는 힘은 농민들을 도시로 끌어

항쟁 중심지인 성남출장소 자리에는 고급 주상 복합이 들어섰다.

당기는 산업화다. 그렇지만 도시에도 정규직 일자리는 많지 않았다. 공장을 짓고 산업화를 한 속도보다 훨씬 빨리 농촌이 해체된 탓이었다. 서울로 몰려든 가난한 농민들은 도시 빈민으로 전락했고, 비싼 집값에 떠밀려 이삿짐을 메고 무허가 판자촌을 찾아 달동네로 향했다.

농촌 해체는 전국에 걸쳐 일어나지만 최대 곡창 지대인 호남이 특히 심했다. 엎친 데 덮친 격으로 박정희 정부가 울산과 포항 등 영남권에 공장을 주로 지으면서 호남에는 새로운 일자리가 생기지 않았다. 가난한 호남 농민들은 수도권으로, 때로는 영남으로 가 도시 빈민이 됐다.

이제 호남과 영남의 인구 격차는 1 대 2.5를 넘어섰지만, 산업화가 본격적으로 시작되기 전인 1961년에는 1 대 1.3이었다. 호남에서 줄어든 인구가 유입되면서 성남 등 수도권 서민 지역은 지역과 계급의 중첩 효과에 따라 민주당 계열 호남 기반 정당의 '텃밭'이 됐다.

주민들이 서울로 쳐들어가려고 치열하게 싸운 수진리 고개.

부동산 폭등 시대, 주거권은 인권

경제가 빠르게 성장하지만 더 빠른 농촌 해체와 비싼 집값 때문에 도시 빈민과 판자촌은 사라지지 않았다. 전두환은 광주 학살을 은폐하기 위해 정주영 현대그룹 회장 등을 내세워 사생결단식으로 '88 서울 올림픽'을 유치했다. 올림픽을 준비하려면 달동네 200여 곳을 재개발해야 한다면서 용역 폭력배들과 포클레인 등 중장비, 전투경찰을 동원해 주민들을 쫓아냈다. 다큐멘터리 〈상계동 올림픽〉에 이 이야기가 고스란히 담겼다.

이제 찾아보기 쉽지 않지만 무허가 판자촌과 달동네가 완전히 사라지지는 않았다. 한국 최고 부촌인 강남에 아직 남아 있다. 개포동 구룡마을과 포이동 재건마을이다. 성남 구시가지도 몰라보게 달라졌지만, 구도심 언덕에는 다닥다닥 지은 낡은 주택들이 옛 모습을 간직하고 있다. 수진리 고개를 걸어 50년 전 철거 이주민들이 약속을 어긴 박정희 정부에 항의해 생존권 투쟁을 벌인 성남출장소 자리로 향

한국 최고 부촌인 강남에 아직도 남아 있는 판자촌.

했다. 그곳에는 고급 주상 복합 아파트가 들어서 있었다. 사람들은 또 어디로 쫓겨났을까.

덧글

'성남민권운동'과 '71년 성남민주화운동'

성남시는 '71년 성남(빈민)항쟁' 50주년을 맞아 이 항쟁을 '8·10성남(광주대단지)민권운동'이라고 부르기로 결정했다. 항쟁이 일어난 날짜로 이름을 붙이는 관례를 따른다지만 적절하지 못하다. 그 시대를 전혀 모르는 세대에게 항쟁을 알리려면 '71년 성남 항쟁'이라 해야 한다. 5·18처럼 잘 알려진 사건도 아닌데 날짜면 남기만 언제 벌어진 일인지 어떻게 알까? '민권운동'도 어색하다. 민권운동은 1960년대 미국에서 시작된 'Civil rights movement'를 우리말로 바꾼 용어인데, 생뚱맞다. 생존권도 민권의 일부이기는 하지만, 민권운동은 추상적이고 포괄적인 개념이라 항쟁의 내용은 물론 치열한 투쟁 방식도 담지 못한다. 정치적 이유 때문에 '항쟁'이라는 용어를 쓸 수 없다면 경제 민주화 투쟁이라는 점을 강조해 '71년 성남민주화운동'이라고 하는 편이 낫다.

찾을 곳

광주시 성남출장소 경기도 성남시 수정구 수정로 201. **수진리 고개** 경기도 성남시 수정구 성남대로 지하 1229. **청계천판잣집체험관** 서울특별시 성동구 청계천로 530. **구룡마을** 서울특별시 강남구 양재대로 478. **재건마을** 서울특별시 강남구 포이동 266.

73. 부천 | 부천서 성고문 사건

경찰서에서 시작된 '원조 미투 운동'

지하철 1호선 부천역에서 내려 15분 정도 언덕을 오르면 안테나 달린 노란색 건물이 나타난다. 30여 년 전 한국 여성운동사에 길이 남을 사건이 시작된 부천경찰서(지금은 부천소사경찰서다)다.

1986년 11월 3일, 《전태일 평전》의 저자 조영래 변호사는 '권 양'으로 불리던 권인숙 씨 재판에서 변론 요지를 낭독하기 시작했다.

"권 양, 우리가 그 이름을 부르기를 삼가지 않으면 안 되게 된 이

미투 운동의 효시라 할 수 있는 '부천경찰서 성고문 사건'이 일어난 부천경찰서(지금은 부천소사경찰서).

사람은 누구인가? 온 국민이 그 이름은 모르는 채 그 성만으로 알고 있는 이름 없는 유명 인사, 얼굴 없는 우상이 되어버린 이 처녀는 누구인가?"

성고문을 폭로한 '원조 미투'

여성학 연구자에서 국회의원으로 변신한 대학생 권인숙은 군사 독재 치하의 암담한 현실을 고민하다가 경기도 부천시에 자리한 작은 공장에 가명으로 위장 취업했다. 1986년 5월, '인천 5·3 민주항쟁'이 일어나자 공안 당국은 배후를 조사하느라 혈안이었다. 통장이 거동 수상자라며 경찰에 신고하는 바람에 1986년 6월 4일 부천경찰서에 잡혀간 권인숙은 곧 위장 취업자라는 사실이 밝혀졌다. 부천경찰서 문귀동 상황실장은 수배자 소재를 심문하면서 팔을 뒤로 해 수갑을 채워 저항하지 못하게 한 뒤 성고문을 했다.

"부천경찰서에서 성고문을 당했습니다. 가능하면 고발하고 싶습니

인천 미추홀구 주안동 '옛시민회관 쉼터'에 세운 '인천 5·3 민주항쟁 터' 표지석.

다." 인천소년교도소로 이감된 권인숙은 처음에는 모든 일을 잊으려 했다. 자살 충동도 느꼈다. 그렇지만 또 다른 피해자는 막아야겠다는 생각에 싸우기로 결심하고 접견 온 변호사에게 성고문 사실을 폭로했다. '원조 미투' 운동이 시작됐다. 그전에도 1980년 5·18 항쟁 관련 성고문 등 비슷한 사례가 많았지만, 권인숙처럼 정식으로 폭로하고 고발한 적은 없었다. 재야 단체는 대표적인 인권 변호사 조영래를 중심으로 대규모 변호인단을 구성해 문귀동을 강제 추행 혐의로 고발했다. 온 나라가 충격에 빠졌다.

경찰은 거꾸로 권인숙을 공문서 변조, 사문서 변조, 절도, 문서 파손 등으로 고발하는 한편 문귀동도 권인숙을 명예 훼손 혐의로 고발했다. 전두환 정부는 사활을 걸고 권인숙이 한 폭로를 거짓으로 몰아갔다. "공권력을 마비시키기 위한 공산 세력의 조작이다." 장세동 안기부 부장은 이런 말을 하면서 좌파의 음모라 비난했고, 정권이 내린 지침에 따라 검찰은 성적 모욕 행위는 없이 폭언과 폭행을 한 사실만 인정해 문귀동을 기소 유예했다. 또한 운동권이 혁명을 위해서는 수단과 방법을 가리지 않는 증거라면서 권인숙을 '성을 혁명의 도구로 사용한 붉은 마귀'로 몰아갔다.

조영래 등 변호인단은 검찰의 불기소 처분이 부당하다며 법원에 재정 신청을 했다. 법원도 한통속이었다. "피고 문귀동이 직무에 집착한 나머지 무리한 수사를 하다가 우발적으로 저지른 범행으로 이미 파면되고 …… 정신적 고통을 받은 것을 참작해야 한다." 이철환 부장 판사가 이끄는 재판부는 재정 신청을 기각했다. "사법부는 몰락했다!" 조영래 변호사는 탄식했다. 반면 성고문 피해자인 권인숙은 공문서 위조로 실형 1년 6개월을 선고받았고, 불공정한 재판에 항의하던 권인숙의 어머니도 법정 모욕과 공무 집행 방해로 구속됐다.

언론도 크게 다르지 않았다. 전두환 정부는 검찰 발표 내용만 보도할 것, (1면이 아니라) 사회면에 보도할 것, '성추행' 대신 '성적 모욕'이라고 표기할 것, 발표 외의 독자적 취재 보도 불가 등 보도 지침을 모든 언론사에 내려보냈고, 언론들은 지침을 충실히 따라 '운동권, 공권력 무력화 책동' 등으로 보도했다. 이런 협조 덕분에 사태가 잘 무마되자 전두환 정부는 언론사 편집 간부들과 법원 기자들에게 촌지를 마구 뿌렸다. 《월간 말》은 1986년 9월호에 정부가 보도 지침을 내려 성고문 사건 관련 보도를 통제한 사실을 폭로했다. 전두환 정부는 거꾸로 폭로 관계자들을 국가보안법 위반 혐의로 구속했다.

안기부, 검찰, 법원, 언론이 모두 부천서 성고문 사건의 공범이었다. 광주 학살을 발판으로 집권한 전두환 정부가 휘두른 무소불위의 권력, 그리고 여기에 기생한 국가 기관과 언론이 낳은 결과였다. 또한 학생운동 등 민주화 운동 진영을 비롯해 한국 사회 전반이 여성 인권에 무관심하고 성적 감수성도 모자란 현실을 보여줬다.

한국일보

遊說戰 앞두고 大勢장악總力

週末 首都圈접전… 전국 攻勢확산

與 취약지 집중支援·野, 非理폭로작전

公約 실종 相互비방 난무

暴力·善心… 混濁양상 深化

性고문 文貴童씨 구속收監

문귀동이 구속된 사실을 알리는 《한국일보》 1988년 4월 10일자 1면.

"피고 문귀동, 징역 5년, 자격 정지 3년." 비극으로 끝날 듯하던 이 사건은 1987년 6월 항쟁 덕분에 그나마 해피엔딩이 됐다. 민주화가 되자 눈치 빠른 사법부가 태도를 바꿨다. "수사 기관의 고문 등 인권 침해 행위는 어떠한 경우에도 용납할 수 없다. …… 여성으로서의 성적 수치심을 자극하는 방법으로 피해자에게 신체적, 정신적 고통을 가한 이 사건 범행은 비난 가능성이 크다." 1988년 2월 9일 대법원이 재정 신청을 받아들여 같은 해 4월에 구속된 문귀동은 6월에 실형을 선고받았다. 감옥에서 나온 권인숙은 유학을 가서 여성학을 연구했다. 한국 최초의 성폭력 전문 연구소 '울림' 초대 소장을 맡는 등 성폭력 문제를 해결하려 노력하다가 2020년 총선에서 비례 대표로 국회의원이 됐다.

부천경찰서에서 네 시간을 달려 경상남도 밀양시에 가면 의열기념관과 해천 항일운동테마거리가 나온다. 여기에서 북쪽으로 7킬로미터 정도 올라가면 밀양연극촌이다. 한국 연극계 최고의 권력자라는 평을 듣던 연출가 이윤택이 밀양시의 지원을 받아 연희단거리패를 거느리고 연극을 하던 곳이다. 문화 예술계 미투 운동이 일어나면서 이윤택은 이곳 등에서 여러 차례 성폭행과 성추행을 저지른 사실이 밝혀져 6년 형을 선고받고 감옥에 들어갔다. 날벼락을 맞은 밀양연극촌은 이름도 '밀양아리나'로 바꾸고 변신하려 노력하고 있다.

연출가 이윤택이 단원들을 상습 성추행해 날벼락을 맞은 밀양연극촌은 대대적인 변신을 꾀하고 있다.

내 안의 '작은 이윤택'을 경계해야

미투 운동은 문화 예술계를 넘어 한국 사회의 거의 전 분야에 걸쳐 일어났다. 그만큼 남성 지배 문화가 폭넓게 자리잡고 있다는 이야기다. 정치권도 예외는 아니어서 차기 대통령 후보로 주목받던 안희정 충청남도 도지사가 여성 비서를 성폭행한 혐의로 3년 6개월 형을 선고받았다. 고 박원순 서울시 시장은 성추행 의혹에 휩싸인 와중에 죽음을 택했고, 오거돈 부산시 시장도 성 추문으로 사퇴한 뒤 3년 형을 선고받아 법정 구속됐다. 차세대 진보 정치 지도자로 손꼽히던 김종철 정의당 대표마저 성추행 혐의로 당에서 제명됐다.

미투 운동이 일어나기 훨씬 이전에 성고문 사실을 폭로한 용기가 다시 한 번 존경스러운 한편으로 권인숙이 박원순 사건을 듣고 한 이야기가 더 아프게 다가왔다. "박원순 시장이 제 성고문 사건 변호인 중 막내 변호인이었는데, 성추행 의혹 당사자가 된 현실에 절망합니다." 우리 모두 내 안에 있는 '작은 이윤택'을 조심해야 한다.

찾을 곳

부천소사경찰서 경기도 부천시 경인로160번길 70.

아이엠에프 사태와 헬조선

1953년 정전 협정이 체결되면서 분단된 뒤 지금까지 한국 현대사에서 가장 중요한 사건 세 개는 무엇일까?

먼저 1961년 5·16 쿠데타다. 이때 생긴 '개발 독재 체제' 또는 '박정희 체제'가 한국 사회의 기본 틀이 됐다. 이 체제는 정치적 독재 체제와 경제개발 5개년 계획 등 국가 주도 경제 체제라는 두 축으로 구성돼 있었다. 둘째, 1987년 민주화다. 이때 박정희 체제의 한 축인 독재 체제가 무너지고 '87년 체제'가 들어섰다. 셋째, 1997년 국제통화기금IMF 경제 위기다. 이때 박정희 체제의 또 다른 축인 국가 주도형 경제 체제가 무너지고 미국식 시장 만능 '신자유주의'가 한국 사회를 지배하게 됐다. 비정규직 일상화, 무한 경쟁 스펙 전쟁과 엔N포 세대, 헬조선과 흙수저 등 사회 양극화는 모두 '97년 체제'가 가져온 결과다.

한국전쟁 이후 최대의 국난, 아이엠에프

인천광역시 부평구에 가면 한국지엠GM 공장이 있다. 원래 이름은 대우자동차다. 1997년 경제 위기 때 주인이 바뀌었다. 2000년 봄 나는 여기에서 '민주화를 위한 전국교수협의회'(민교협) 의장 자격으로 여러 시민단체들하고 함께 대우자동차 해외 매각 반대 투쟁을 했다. 시

1997년 경제 위기 때 미국 지엠에 헐값 매각된
옛 대우자동차 부평 공장.

대우자동차 해외 매각을 반대하는 시위를 벌이는 노동자들
(대우공투본 제공).

민단체들은 대우자동차를 해외에 파는 대신 1980년대 프랑스의 르노와 이탈리아의 피아트처럼 일시적으로 국유화한 뒤 정상화하라고 요구했다. 미국도 10년 뒤인 2008년 월스트리트 경제 위기 때 지엠을 똑같은 방식으로 처리했다. 김대중 정부는 대우자동차를 지엠에 매각했고, 지엠은 대우자동차가 낸 이익을 본사로 빼돌리며 부실화한 뒤 자금을 지원하지 않으면 공장을 폐쇄한다고 으름장을 놓는 등 두고두고 문제가 됐다.

"정부는 최근의 외환 위기를 극복하기 위해 아이엠에프에 구제 금융을 신청하기로 했습니다." 1997년 11월 21일, 임창열 경제부총리가 구제 금융을 신청한 사실을 발표했다. 사실상 국가 부도 선언이었다. 한국 사회는 '한국전쟁 이후 최대의 국난'이라는 충격에 빠졌다. 재벌이 무너졌고, 알짜 기업은 외국에 헐값으로 팔렸다. 제조업의 꽃이라는 자동차 산업만 해도 대우자동차, 삼성자동차, 쌍용자동차가 해외에 매각됐다. 한국전력 등 기간산업을 해체해 이른바 '민영화'를 단행했다. 또한 많은 노동자가 일자리를 잃고 거리로 내몰렸다.

이런 경제 위기가 대통령 선거 직전에 터진 덕분에 불가능해 보이던 정권 교체가 실현돼 김대중 대통령이 집권한 일은 그나마 다행이었다. 김대중 후보는 민주화 세력과 유신 세력이 힘을 합친 김대중-김종필DJP 연합, 이인제 후보의 경선 불복과 출마, 경쟁 후보인 이회창 후보 아들의 병역 비리 의혹, 대선 직전 터진 경제 위기라는 여러 호재에도 겨우 1.6퍼센트 차이로 이겼다. 경제 위기가 아니면 승리하기 어려운 상황이었다. 2008년 월스트리트 경제 위기 덕분에 아프리카계 대통령 버락 오바마가 당선한 미국 대통령 선거하고 아주 비슷했다.

경제 위기의 대가는 혹독했다. 외국인 소유 비중 3퍼센트 정도로 가장 민족주의적인 경제의 하나이던 한국 주식시장은 외국인 소유 비중이 40퍼센트를 넘겨 가장 개방적인 경제로 바뀌었고, 세계 경제에 조금만 문제가 생기면 외국 자본이 빠져나가 주가가 폭락하고 환율이 요동치는 나라가 됐다. 정리 해고와 비정규직이 일상화되면서 비정규직이 다수가 됐고, 빈부 격차도 군사 독재 시절보다 더 커졌다. 경제 위기 전에는 노력해도 신분을 상승할 수 없다고 생각하는 사람이 5.3퍼센트였는데, 이 수치가 2016년에는 60퍼센트를 넘을 정도로 '흙수저 세습 사회'가 됐다. 학벌 철폐를 위해 노력하던 시민단체 '학벌없는 사회'는 1997년 경제 위기를 거치면서 한국 사회가 학벌이 아니라 출신 집안이 더 중요한 '자본 사회'로 바뀐 점을 지적하며 해체를 선언했다.

해고의 자유하고 맞바꾼 위기 극복

1997년 경제 위기는 왜 벌어진 걸까? 미국과 주류 학계는 한국식 관치 경제의 비효율이 원인이라고 주장했다. 그동안 한국 경제가 성공을 거둔 동력으로 인정되던 국가 주도형 산업화를 이제 비효율의 원인으로 몰아갔다. 경제 위기 덕분에 집권한 김대중 정부도 이런 진단에 동조해 '민주주의와 시장 경제'를 국정 지표로 제시하면서 시장 경제라는 이름 아래 미국식 신자유주의를 아무런 비판 없이 도입했다.

박정희 모델인 관치 경제가 경제 위기에 기여한 사실은 맞다. 그렇지만 경제 위기에 더 크게 기여한 요인은 김영삼 정부가 무모하게 단행한 시장 개방, 특히 자본 시장 개방이었다. 김영삼 정부 출범 초기인 1993년 미국은 현실 사회주의가 몰락한 데 힘입어 전세계적 시장 개방과 무한 경쟁 체제인 세계무역기구WTO 체제를 선언했다. 김영삼 정부는 여기에 대응해 적극적 개방에 바탕한 '세계화' 전략을 추진했다. 임기 안에 선진국에 진입한 업적을 남기려면 선진국 모임인 오이시디에 가입해야 해서 자본 시장을 개방했다.

제대로 준비 안 된 상태에서 자본 시장을 개방하자 금융 기관들은 금리가 싼 외국 자본을 마구 빌려 동남아에 높은 이자를 받고 다시 빌려주는 이자 놀이에 나섰다. 재벌들도 글로벌 경영이라는 이름 아래 미국과 유럽 등 현지에서 빚을 내어 기업을 인수하는 등 공격 경영에 몰두했다. 오이시디 가입을 추진한 1994년부터 경제 위기가 터진 1997년 말까지 한국은 외채 총액이 3.5배나 늘어났다. 그런 탓에 동남아 외환 위기가 터지자 직격탄을 맞았다.

한국 경제는 박정희 모델과 미국식 신자유주의 모델의 나쁜 점만 모아놓은 '최악의 조합'이었다. 그런 상태에서 아이엠에프가 미국식 시장 모델을 강요하고 김대중 정부가 이 요구를 비판 없이 수용하면서 많은 문제가 터졌다. 대통령 선거까지 맞물리자 아무도 책임지지 않는 상황까지 벌어졌다. 경제 위기를 덜 고통스러운 방식으로 자체 해결하려 제2금융권 등 금융 전반을 아우르는 금융위원회를 만들기로 합의하지만 '금융 황제' 한국은행이 반대하는데다가 김대중 후보도 동조하면서 무산됐고(금융위원회는 김대중 정부 들어 출범했다), 훨씬 더 고통스러운 아이엠에프 프로그램을 받아들일 수밖에 없었다.

여기서 우리는 미국의 움직임에 주목해야 한다. 경제 위기가 한창이던 1998년에 브루스 커밍스 교수를 인터뷰했다. 위기가 일어난 원인을 묻자 커밍스는 소련과 동구의 몰락이라고 답했다. 그전에는 한국을 비롯한 동아시아가 냉전의 최전선이라 자본주의의 우월성을 보여주려 자체적 산업화를 허용하지만 현실 사회주의가 몰락하면서 더는 그럴 필요가 없어진 미국이 잠재적 경쟁 상대인 '제2의 일본'을 만들지 않으려고 한국을 손봤다는, 설득력 있는 주장이었다. 전두환 정부 시절 야당 정치인 김대중이 미국 망명에서 귀국할 때 신변을 보호하려 동행할 정도로 가까운 사이인 커밍스는 대통령 김대중을 '아이엠에프 서울 지부장'이라 불렀다. 그 뒤 아이엠에프는 자기들이 내린 처방이 잘못된 사실을 인정했고, 미국도 2008년 금융 위기 때는 국가가 적극 개입해 기업을 살리는 등 정반대 정책을 폈다.

김대중 정부는 경제 위기를 핑계로 아이엠에프가 요구하지 않은 신자유주의 정책까지 밀고 나갔다. 이갑용 민주노총 위원장이 정리

아이엠에프 경제 위기 때 스탠다드차타드 은행이 인수한 SC제일은행 본사.

해고 도입을 항의하자 미셸 캉드쉬 아이엠에프 총재는 당신들 정부에 따지라고 답했다. 민주노총이 제시한 노동 시간 단축과 일자리 나누기가 정리 해고보다 더 나은 대안이었다. 정부와 기업은 선진국에 견줘 노동 유연성(쉬운 해고)이 낮아 경쟁력이 없다며 정리 해고를 도입하지만, 한국은 해고에 대비한 복지 제도를 제대로 갖춘 나라가 아니었다. 아무도 요구하지 않은 정리 해고가 도입되면서 한국 사회는 고통 분담을 바탕으로 사회적 연대를 유지하고, 세계 최장 노동 시간을 줄이고, 덜 벌며 덜 소비하는 대신 자기 시간을 즐기면서 살아가는 삶을 앞당길 수 있는 기회를 놓쳤다.

김대중 정부는 재벌 개혁에서도 주주를 비롯해 노동자, 소비자, 하청 업체 등 모든 이해관계자의 이익을 고려하는 유럽식 '이해관계자 자본주의stakeholder capitalism'가 아니라 주주의 이익을 우선시하는 미국식 '주주 자본주의stockholder capitalism'를 추구했다. 소액 주주의 권리를 강화해 재벌의 전횡을 견제하려 했다지만, 이 소액 주주는 많은 경우 엘리엇처럼 알짜 한국 기업을 헐값에 집어삼키려는 투기 자본이었다. 경제 민주화 운동을 한다는 이른바 '진보적' 경제학자들이 벌인 소액 주주 운동도 자본의 국적은 중요하지 않다는 논리를 내세워 미국 투기 자본들의 권한을 위탁받아 삼성 주주 총회 등에서 문제를 제기하는 방식이었다. 반면 노동자에게 경영 참여를 허용해 재벌의 전횡을 견제하는 '진보적'이고 '민중적'인 유럽식 재벌 개혁은 무시당했다.

김대중 정부는 빠른 시간에 아이엠에프 경제 위기를 극복했다. 그렇지만 위기를 극복해야 한다면서 시장 만능 미국식 신자유주의와 주주 자본주의 정책을 비판 없이 받아들이는 바람에 헬조선으로 이어지는 여러 문제를 낳았다.

여우 피하려다 만난 호랑이, 헬조선

한-미 자유무역협정FTA 추진, 영화 〈카트〉(2014)의 배경이 된 노동법 개악 등이 보여주듯 신자유주의 기조는 노무현 정부 들어서도 바뀌지 않았다. 긴 말 필요 없이 2017년 대선 때 노무현 정부를 계승한 더불어민주당 핵심들이 한 고백이 이 사실을 가장 잘 보여준다. 박원순 서울시 시장은 참여정부가 재벌 개혁에 실패하고 불평등을 심화시킨 정부라고, 박영선 의원은 참여정부가 남긴 유산은 '삼성 공화국'이라고 비판했다. 문재인 더불어민주당 대표는 노무현 정부가 양극화와 비정규직 문제를 해결하지 못한 사실을 인정했다.

불행은 또 다른 불행을 낳았다. 아이엠에프 경제 위기의 정치적 부산물은 '박정희 향수'였다. 박정희에 맞선 김영삼 대통령이 경제 위기를 불러오고 뒤이은 김대중 정부와 노무현 정부가 '서민과 중산층의 정부'를 자처하면서도 양극화를 심화시킨 결과였다. 1997년 대통령 선거에서는 가난한 사람일수록 김대중 후보를 찍었지만, 두 민주 정부를 거친 뒤에 열린 2007년 대통령 선거에서는 가난한 사람일수록 보수 후보 이명박을 찍었다. 박정희 향수는 마침내 '탄핵 대통령' 박근혜로 이어졌다.

찾을 곳

한국지엠 부평 공장 인천광역시 부평구 부평대로 233.

75. 양주 | 효순·미선 사건

'소파'는 가구가 아니라 불평등한 한-미 관계다

'자주 평화 통일의 꿈으로 다시 피어나라! 미선아 효순아!' 옛 56번 지방도를 따라 동두천에서 문산으로 가다 보면 야트막한 고개에 이런 펼침막이 걸린 작은 공원이 자리하고 있다. '효순미선평화공원'이다.

비극적 사고와 불평등한 소파

"오, 필승 코리아!" 2002년 6월 13일, 전국은 월드컵 열기로 뜨거웠다. 중학교 2학년 신효순과 심미선은 생일잔치를 하러 가는 길이었다. 내일은 효순이가 태어난 날이고 오늘은 다른 친구 생일이었다. 보행자 도로 없는 좁은 2차선 길을 걸어 고개 넘어 300미터만 가면 모이기로 한 초가집식당이 나왔다. 갓길을 걸어가는 두 친구 뒤로 차선폭보다 폭이 긴 특수 장갑차가 따라왔다. 그때 반대쪽에서 미군 전투 차량들이 나타났다. 충돌을 피하려는 장갑차가 갓길 쪽으로 바짝 붙었고, 효순이와 미선이를 덮쳤다.

사고가 나자 미군은 사과하고 문상을 했다. 한-미 합동 조사팀이 조사를 시작했고, 운전병 마크 워커 병장은 휘어진 길에서 두 사람을 보지 못하고 두 사람을 본 관제병 페르난도 니노 병장은 당황한데다가 무전기가 고장나는 바람에 연락을 하지 못하면서 일어난 비극적 사고라는 결론을 내렸다. 100만 명이 재판권 이양 요구에 서명하는 등 비판 여론이 거세지자 정부는 미군에 재판권을 포기해달라고 요청했다. '주한미군지위협정Statue of Forces Agreement·SOFA'에 따르면 공무 중 발생한 범죄는 미국이 1차 재판권을 갖지만 재판권 이양을 호의적으로 고려해달라고 요구할 수 있었다. 미국은 전례가 없다며 거부했다.

미군은 그해 11월 업무상 과실 치사 혐의로 두 미군 병사를 재판에 넘기지만 불가항력인 사고라며 무죄를 선고했고, 두 사람은 닷새 뒤 미국으로 돌아갔다. 미국은 인권 보호 차원에서 피고가 무죄를 받으면 검사가 항소할 수 없게 돼 있어서 사건은 완전히 종결됐다.

시민들은 분노했다. 미국이 재판권을 행사하더라도 무죄만 아니라면 그토록 분노하지는 않았다. 나도 지금껏 묻는다. 만일 한국군이, 아니면 민간인이 이런 사고를 저지르면 무죄가 나올까? 미국에서 군

양주 지역을 지나가는 군 특수 차량. 그때나 지금이나 이곳에는 차선폭보다 넓은 이런 차량들이 자주 다닌다.

인이 비슷한 사고를 저지르면 무죄가 나올까? 더 근본적인 문제는 보행자 도로도 없는 좁은 지방도에 차선폭보다 넓은 장갑차를 충분한 전방 호송 체계 없이 운영한 미군의 시스템이다(사고가 난 뒤 경기도는 56번 지방도를 넓게 새로 닦고 옛 56번 지방도는 샛길로 쓴다).

조지 워커 부시 미국 대통령까지 주한 미국 대사를 거쳐 김대중 대통령에게 유감의 뜻을 전하는 방식으로 사과했다. 미국 대통령이 한 사과도 분노한 시민들을 가라앉히기에는 역부족이었다. 결국 노무현과 이회창이 맞붙은 대통령 선거 국면에 맞물려 광화문에서 대규모 추모 시위가 연이어 벌어졌다.

촛불 집회와 인터넷 시위

효순·미선 사건은 세 가지 역사적 의미가 있다. 첫째, 최초이면서 가장 대중적인 반미 시위를 불러일으켰다. 미국 문화원 방화와 점거 등 그전의 반미 시위가 소수 운동권이 벌인 사건이라면, 효순·미선 추모 시위는 평범한 시민들이 자발적으로 참여했다.

둘째, 촛불 집회의 효시였다. 한국 민주주의의 트레이드마크가 된 촛불 집회는 2002년 11월 광화문 촛불 집회가 원조였다. 촛불 집회는 2004년 노무현 탄핵 반대 촛불 집회, 2008년 미국산 소고기 수입 반대 촛불 집회, 2016년 박근혜 탄핵 촛불 집회로 이어졌다.

셋째, 최초의 '인터넷 시위'였다. 2002년 6월에 벌어진 효순·미선 사건은 월드컵에 가려 주목받지 못했는데, 몇몇 네티즌이 나서서 인터넷을 중심으로 알리기 시작하면서 익명의 시민들이 모여들었다.

무엇보다도 효순·미선 사건은 소파가 대표적인 불평등 조약이라는 사실을 알리는 계기가 됐다. 소파는 한국전쟁 초기인 1950년 7월 대전에서 체결한 대전 협정(정식 명칭 '재한 미국군대의 관할권에 관한 대한민국과 미합중국간의 협정')에 뿌리를 뒀다. 국군 작전권을 미국에 양도한 계기로 알려진 대전 협정은 군 작전권이 아니라 주한 미군의 지위를 다루고 있었다(이 책 54장 참조). 주한 미군에 관련해서는 미군 군사 법원이 배타적 재판권을 행사하는 등 한국이 미군 범죄에 대응해 아무것도 할 수 없게 규정한 불평등 조약이었다.

1967년 2월 한-미 양국은 대전 협정을 대체하는 소파를 체결했고, 1991년과 2001년에 두 차례 소파를 개정하면서 불평등 조약의 상징인 형사 재판권 자동 포기 조항을 없앴다. 1992년 미군 병사가 술집 종업원을 엽기적으로 살해한 '윤금이 피살 사건'이 일어난 뒤에는 살인과 강간 같은 중대 범죄를 저지른 미군 피의자는 한국이 신병을 구금할 수 있게 사법 주권을 강화했다.

한국 정부는 이제 소파가 특별히 불평등한 조약은 아니라고 말한다. 그러면서 미-독 소파나 미-일 소파도 공무 중 발생한 사고는 미국이 1차 재판권을 행사하도록 규정하고 있다는 근거를 댄다. 또한 효순·미선 사건을 일본이 재판권을 행사한 오키나와 미군 강간 사건에 비교해 비판하는 사람들에게 오키나와 사건은 공무 중 발생한 사건이 아니기 때문이지 미-일 소파가 한-미 소파보다 더 평등하지는 않다고 반박한다. 나아가 한국이 아프가니스칸 등에 의료지원단을 파견하면서 체결한 소파도 공무는 파견국인 한국이 재판권을 행사하도록 규정하고 있다면서, 오발 사고로 현지인을 사망하게 한 국군도 한국 정부가 소환해 재판권을 행사한 사례를 알려준다.

널리 퍼진 인식하고 다르게 2000년대 이후에는 효순·미선 사건처럼 공무에 관련된 사안은 일본이나 독일 등 다른 미군 주둔국 소파에 견줘 한-미 소파가 특별히 불평등하지는 않다. 다만 공무의 경우 한국뿐 아니라 일본과 독일도 미국이 재판권을 갖는다는 점, 나아가 미군뿐 아니라 한국군 등 모든 군 파견국이 재판권을 갖는다는 점이 소파가 불평등 조약이 아니라는 주장을 증명하지는 않는다. 오히려 이런 조약들은 모두 불평등하지만, 외국군 주둔을 원하는 한 관행처럼 울며 겨자 먹기 식으로 받아들여야 하는 셈이다. 소파에 따르면 미군이 한국전쟁 때 저지른 노근리 학살 같은 반인도적 범죄도 공무 중이라는 이유로 한국이 사법적 권리를 행사할 수 없다. 소파가 아니라 주한 미군이라는 존재 자체가 문제다.

소파가 지닌 진짜 불평등성은 공무가 아닌 사고에서 드러난다. 1991년 윤금이 피살 사건 뒤에 비공무 미군 범죄 관련 사법 주권이 많이 개선되지만, 아직 문제가 많다. 일본과 독일에 견줘 한국은 미군이 범죄를 저지른 뒤 영내로 도주하면 신병 인도가 어려운데다가 일본과 독일은 미군이 입회하지 않더라도 심문할 수 있고 심문 결과를 재판에서 증거로 인정하지만 한국은 그렇지 않다며 이장희 '불평등한한미소파개정국민연대' 상임대표는 비판한다.

소파는 공식 명칭이 '대한민국과 아메리카합중국 간의 상호방위조약 제4조에 의한 시설과 구역 및 대한민국에서 합중국 군대의 지위에 관한 협정'이다. 주한 미군의 지위뿐 아니라 시설 등에 관해서도 다루는 탓에 미군 기지 관련 환경 오염 등 개선해야 할 요소가 많다. 이를테면 미군이 주피터 프로그램이라는 이름 아래 부산 제8부두, 평택, 오산, 군산 등에서 실행하는 세균전 대비 실험은 심각한 문제다.

2020년 초여름, 오랜만에 효순미선평화공원을 찾았다. 미군이 세운 추모비는 보이지 않고 마무리 공사가 한창이었다. 미군 추모비는 공원 밖 구석에 쫓겨나 있었다. "우리가 미군에 요구해 세운 것이다. 추모비를 두 개씩이나 세우는 것은 도리에 맞지 않는다"(《동아일보》 2012년 6월 4일). 심미선 씨 아버지는 미군 추모비 대신 새 추모비를 세우려는 움직임이 있다는 말에 이렇게 말했다. 2021년 1월, 공사가 마무리 된 뒤에 가보니 미군 추모비 옆에 안내판이 서 있었다. 두 명의 죽음을 '비극적 사고'로 표현해 책임을 회피하는데다가 사과 한마디 없는 미군에 추모비를 부대 안으로 이전하라고 요구해도 거부해서 2018년에 유족이 양해해 이전한다는 내용이었다.

추모비 이전이야 얼마든지 할 수 있는 일이지만 책임을 회피하고 사과가 없다는 비판은 좀 억지 같았다. 무죄 판결을 비판할 수는 있지만 추모비에 '비극적 사고'가 아니면 뭐라고 써야 하는 걸까? '우리 미군이 꽃다운 두 소녀를 장갑차로 깔아 죽여서 미안하다'고 쓸 수야 없지 않을까? 다만 '우리가 일으킨 비극적 사고로 두 소녀가 스러졌다'는 식으로 사고를 저지른 주체는 명확히 해야 했다.

'추모'가 '평화'로 바뀐 이유를 생각하며

효순·미선 사건은 단순히 재판권 문제를 넘어서 소파, 나아가 소파

효순·미선평화공원 내부. '자주 평화 통일의 꿈으로 다시 피어나라'는 구호가 인상적이다.

의 모범인 한-미 상호방위조약, 전시 작전권 등 주한 미군 문제, 더 근본적인 한-미 불평등을 해결하기 위해 우리가 무엇을 해야 하는지 고민하게 한다. 추모비를 둘러싼 시비는 이런 큰 그림에 도움이 되지 않는다. 2005년 한 방송에 나온 인터뷰에 따르면 마크 워커는 어린 학생들을 죽인 죄책감에 정신과 치료를 받고 있었다. 사건 10년 뒤인 2012년에 심미선 양 아버지도 딸의 죽음은 단순 사고일 뿐이고 사고를 낸 미군도 편히 지내기를 바란다고 말했다.

소파를 둘러싼 논쟁은 일단 제쳐두고 생일 파티에 가다가 세상을 떠난 두 사람을 생각했다. 빨리 이 땅에 평화가 깃들어 미

얼마 전 평화공원 밖 언덕으로 옮긴 미군 추모비.

길 건너에서 본 효순미선평화공원. '추모'가 '평화'로 바뀐 의미는 무엇일까.

군 장갑차 따위 없는 세상이 오기를, 아니 모든 무기가 사라지는 날이 오기를 빌면서, 나는 가슴 아픈 분단의 현장 임진각으로 향했다.

찾을 곳

효순미선평화공원 경기도 양주시 광적면 효촌리 543-7.

76. 구리 | 원진레이온

산재의 또 다른 얼굴, 직업병

"반도체 및 엘시디 사업장에서 건강 유해 인자에 의한 위험에 대해 충분하고 완벽하게 관리하지 못했습니다. 소중한 동료와 그 가족들이 오랫동안 고통받았는데, 이를 일찍부터 성심껏 보살피지 못했습니다. 병으로 고통받은 근로자와 그 가족 분들께 진심으로 사과드립니다. 이번 일을 계기로 더욱 건강하고 안전한 일터로 거듭나겠습니다."

2018년 11월, 삼성전자 김기남 사장이 고개를 숙였다. 2007년 삼성전자 반도체 공장에서 일하던 황유미 노동자가 급성 백혈병으로 사망한 지 11년 만에 삼성은 직업병을 인정하고 보상에 나섰다. '반도체 노동자의 건강과 인권지킴이 반올림'(반올림)에 따르면, 그동안 접수된 삼성전자 직업병 의심 노동자 320명 중 116명이 이미 사망한 뒤였다. 한국 경제는 직업병 희생자를 발판으로 유지되고 있었다.

안전장치보다 싼 노동자들

경기도 구리시에 '원진녹색병원'이 있다. 서울시 중랑구 면목동에 자리한 녹색병원하고 다르게 이 병원 앞에는 '원진'이라는 두 글자가 붙는다. 한국 직업병 투쟁의 첫 단추를 끼운 원진레이온에서 따온 단어다.

박흥식은 보신각 건너편에 있던 화신백화점 사장이었다. 일제 강점

직업병 문제를 국민적 의제로 만든 원진레이온 피해 노동자들이 중심이 된 원진재단이 세운 원진녹색병원.

기 말에 군용기를 헌납하는 등 노골적인 친일 행각을 벌여 반민족행위특별조사위원회(반민특위) 재판에 회부됐다. 이승만이 반민특위를 해체하면서 기사회생한 뒤 박정희 정권이 들어서자 일본 중고 기계를 들여와 경기도 양주군 도농리에 인조견(레이온)을 생산하는 흥한화섬을 세웠다. 공장 기공식에 박정희가 직접 참석했다. 합성 섬유가 인기를 끌면서 한때 노동자 3000여 명을 고용할 정도로 번창하지만 곧 경영이 어려워졌고, 원진산업이 인수해 원진레이온으로 이름을 바꿨다.

레이온 생산은 간과 신장 손실, 신경 장애, 말과 행동 장애, 불안과 환청 같은 정신 질환 등을 일으키는 치명적 유해 물질 이황화탄소를 배출한다. 원진레이온은 안전장치를 제대로 마련하지 않아 노동자들이 이황화탄소에 중독됐다. 정부도 이황화탄소를 유해 기준의 2.6배나 배출하는데도 '25,000시간 무재해기록증'을 발급하는 등 감시와 감독을 제대로 하지 않았다.

유독 물질 탓에 방독면을 쓴 채 일하는 원진레이온 노동자(원진재단 제공).

1988년 7월에는 서울시 영등포에

원진레이온 사태를 해결하라고 요구하는 노동자와 시민 단체들이 꾸준히 집회를 열어 연대했다(원진재단 제공).

있는 온도계 제조업체 협성계공에서 일하던 15세 소년 문송면이 수은 중독으로 사망했다. 이 뉴스를 본 원진레이온 직업병 피해자와 가족들이 '노동과건강연구회'를 찾아갔다. 초선 의원이던 노무현 전 대통령 등이 도움을 줘 조사를 벌인 결과 1989년에 1차로 29명이 직업병 판정을 받았다.

1990년, 1977년에 원진레이온에 입사해 7년을 일한 김봉환이 이황화탄소 유해 판정을 받아 회사에 산재 신청을 했다. 김봉환은 산재로 인정받지 못했지만, 다음해에 직업병 증세인 조현병으로 세상을 떠났다. 원진 피해 노동자들은 사인 조사 등을 요구하지만 검사를 의뢰받은 고려대학교 부속 병원이 비협조하면서 문제가 해결되지 않자 공장 정문 앞에서 시신 투쟁을 벌이고 거리로 나섰다. 이 투쟁이 언론에 보도되고 여론이 들끓으면서 137일 만에 정부와 회사가 백기를 들었다.

원진 투쟁은 직업병의 심각성을 사회에 알렸고, 직업병 예상자를 대상으로 주기적인 특수 건강 검진 실시, 산업안전보건법 전면 개정, 직업병 인정 기준 변경, 직업병 전문 병원 건립 등 직업병 투쟁의 신기원을 열었다. 원진레이온 피해자들은 어려운 투쟁을 도운 진보적인 의료계 인사들하고 함께 1993년에 원진재단을 만들었고, 원진재단은 1999년에 원진녹색병원을 세웠다.

이제 그만 멈춰야 할 '완만한 학살'

문재인 대통령은 2018년 11월 22일 '문송면 · 원진노동자 산재사망 30

주기 추모조직위원회'가 주최해 국회 의원회관에서 열린 '원진 직업병 투쟁 30년, 전국 산재노동자 한마당'에 기념사를 보냈다. 문 대통령은 산업 재해의 가장 큰 피해는 재해 전으로 노동자의 건강을 되돌릴 수 없다는 사실이라면서 30년의 시간이 흐른 지금도 원진레이온 노동자들이 여전히 투병 중이거나 후유증에 시달리고 있다며 안타까워했다.

원진레이온 같은 후진국형 직업병은 줄어든 듯하지만 삼성전자 백혈병 사례 등이 보여주듯 직업병 자체가 사라지지는 않고 있다. 컴퓨터 관련 업무가 많아지면서 허리와 어깨 통증을 호소하는 근골격계 질환이 늘어나고 추석 때 엄청난 물량을 배송하다 쓰러져 숨진 택배 기사가 과로사로 인정받는 등 새로운 형태의 산재도 나타나고 있다.

일찍이 카를 마르크스는 미국 남부의 노예 농장주들을 비판하는 사람들에게 그런 노예 농장주가 새벽 서너 시에 더러운 침대에서 끌려 나온 어린이들이 입에 풀칠하느라 늦은 밤까지 노동을 강제당하는 자본주의의 '완만한 학살'에 견줘 더 참혹하냐고 반문했다. 마르크스가 한 비유를 빌리자면, 중대재해처벌법을 만든 계기가 된 청년 비정규직 노동자 김용균처럼 순식간에 온몸이 갈가리 찢긴 '중대 재해'에 견줘 원진레이온과 삼성전자, 근골격계 질환 같은 직업병은 '완만한 학살'이다. 직업병은 눈에 잘 띄지 않고 장기간에 걸쳐 진행된다는 점에서 주목받지 못하는 경향도 있다.

2018년에 문재인 정부가 노력해 산업안전보건법을 28년 만에 개정하지만 태부족하다고 노동자들은 지적한다. 노동자나 전문가의 의견은 모으지 않고 법안을 만든 탓에 산재 예방 제도가 작동하지 않는 현실과 부실한 지도 감독이 반복되는 이유를 외면하는 등 문제가 한둘이 아니기 때문이다. 게다가 일본의 무역 보복을 타개하려 졸속으로 개정한 산업기술보호법은 해로운 작업 환경에 관한 알 권리를 비녹색병원 외벽에 설치된 민중 미술가 임옥상 화백의 〈노동을 위하여〉.

롯해 노동자와 지역 주민의 환경권과 건강권을 침해한다는 비판을 받는다.

직업병 노동자 살리는 재활 공장

2003년 문을 연 녹색병원은 외관부터 밝다. 원장실은 볕도 잘 안 드는 지하 2층에 넣고 가장 전망 좋은 7층에 재활치료실을 만들어 직업병 노동자들이 쾌적한 분위기에서 치료를 받게 배려했다. 초대 원장을 지낸 양길승 원진직업병관리재단 이사장이 병원 임직원들은 낮은 자세로 일해야 한다고 생각한 때문이었다. 녹색병원은 직업병뿐 아니라 청와대 앞에서 48일 동안 단식 농성을 하다 쓰러진 '세월호 최후의 생존자' 김성묵 등 한국 사회의 민주주의와 인권에 관련된 이들에게 의료 지원도 하고 있다.

녹색병원에 가면 민중 미술가 임옥상도 만날 수 있다. 엘리베이터 외벽에 다양한 폐품을 활용해 그린 작품은 제목이 〈노동을 위하여〉다. 폐품이 멋진 작품으로 다시 태어나듯 노동자의 건강이야 어떻게 되든 이윤만 추구하는 자본주의 체제에서 폐품으로 버려진 직업병 노동자도 재활 치료를 받아 다시 태어나기를 바라는 마음을 담았다. 녹색병원은 빨리 문을 닫아야 한다. 직업병은 없어져야 한다.

찾을 곳

원진녹색병원 경기도 구리시 동구릉로 65. **녹색병원** 서울특별시 중랑구 사가정로49길 53.

77. 남양주 | 모란공원

전태일부터 백기완까지, 투쟁하는 양심들의 안식처

민주화 운동을 만나러 딱 한 곳을 들러야 한다면 어디를 가야 할까? 먼저 '한국 민주화 운동의 최고봉' 광주 국립5·18민주묘지가 떠오른다. 그러나 이곳은 5·18이라는 한 사건에 국한된다는 한계를 지닌다. 민주화 운동의 첫 단추라는 역사적 의미가 담긴 수유리 국립4·19민주묘지도 있지만, 마찬가지로 4·19라는 한 사건에 국한된 곳이다.

민주화의 역사가 살아 숨쉬는 묘지

그럼 어디일까? 나는 모란공원이라고 생각한다. 그곳에는 시기로 보면 1960년대부터 현재까지, 분야로 보면 정치인, 노동운동가, 빈민운동가, 농민운동가, 통일운동가, 여성운동가, 장애인 등 여러 분야의 투사와 열사 150여 명이 모여 있다. 게다가 정부가 조성한 국립 묘역이 아니라 민중의 피땀으로 만든 희생자 묘지라는 점에서 더 특별하다.

한국 민주화 운동은 지속성과 강도 면에서 세계적이다. 해방 8년사가 마무리된 1953년 한국전쟁 휴전을 기준으로 보더라도 4·19 혁명을 시작으로 1960~1970년대 민주화 투쟁, 1980년 광주 민중 항쟁, 1980년대 진보 운동의 부활, 1987년 6월 항쟁을 거쳐 민주화를 달성했다. 그 뒤에도 촛불 집회로 박근혜를 몰아냈다.

한국 민주화 운동이 투쟁 방식 면에서 지닌 중요한 특징은 비폭력성, 나아가 '자기 폭력'이다. 다른 제3세계 민주화 운동은 테러나 무장 투쟁 같은 폭력에 기대는 경향이 강한 반면, 분단이라는 극단적 조건에서 여론에 호소한 수단은 분신 같은 자기 폭력이었다. 한국처럼 민주화를 위해 자기 생명을 던진 열사가 많은 나라는 없다.

"근로기준법 준수하라! 우리는 기계가 아니다!"

1970년 11월 3일, 청년 전태일은 살인적 노동 조건을 개선하려 자기 몸에 불을 질렀다. 한국전쟁 이후 최초의 분신 투쟁이었다.

"광주는 살아 있다! 청년 학도여, 역사가 부른다! 군사 파쇼 타도하자!"

1988년 6월 4일, 숭실대학교 인문대 학생회장 박래전은 1987년 대통령 선거에서 군부가 승리하자 광주의 진실이 묻히고 6월 항쟁이 물거품으로 끝나면 안 된다고 호소하려 분신했다.

"한-미 에프티에이 중단하라!"

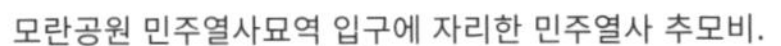
모란공원 민주열사묘역 입구에 자리한 민주열사 추모비.

노동자 허세욱은 2007년 노무현 정부가 추진한 한-미 에프티에이와 시장 만능 신자유주의에 반대해 분신했다. 이 세 사람이 모두 모란공원에 묻혀 있다.

민주와 통일의 봄을 기다리는 모란

모란공원은 1966년에 한국 최초로 조성된 사설 공원묘지다. 1969년 육군사관학교 교관을 지낸 경제학자 권재혁이 남조선해방전략당이라는 조작 간첩 사건(2014년 무죄 판결을 받았다)으로 사형된 뒤 이곳에 묻히고, 1년 뒤 전태일 열사가 잠들었다. 1971년 노동운동을 하다 구사대에 맞아 사망한 김진수, 1973년 간첩단 사건에 연루돼 조사받다 의문사를 당한 서울대학교 법대 최종길 교수도 뒤를 따랐다. 모란공원이 민주 공원으로 떠오른 계기는 1986년 '노동 삼권 보장하라'며 분신한 박영진 열사였다. 박영진 열사를 생전에 존경한 전태일 열사 옆에 묻으려 하자 전두환 정부가 저지했고, 노동계는 한 달간 30여 명이 구속되면서 투쟁한 끝에 뜻을 관철했다. 그 뒤 투사와 열사들이 자연스럽게 모여들었다.

'민족민주열사·희생자 묘역'이라는 이름처럼 분신 등 적극적 투쟁으로 자기 자신을 던진 열사부터 공권력이나 자본 때문에 목숨을 잃은 희생자, 고문이나 질병 등으로 세상을 떠난 민주 투사 등이 묻혀 있다. 분신(전태일, 허세욱, 박래전), 고문사(최종길), 구사대 폭행 사망(김수진), 옥사(이재문), 사형(권재혁, 신향식), 산재(김용균), 병사 등 죽음의 원인은 여러 가지다.

분야도 다양하다. 먼저 청년 민주화 운동을 이끈 뒤 민주당에 들어가 활약한 '민주주의자 김근태', 1987년 민주화 뒤에 부활한 진보 정당 운동의 핵심이자 촌철살인의 논평으로 유명한 노회찬 전 정의당

초창기에 이곳에 묻힌 전태일 열사의 묘(위).
진보 정당 운동의 상징 노회찬 전 의원의 묘(아래).

의원 등 정치인이 있다. 재야 운동가들은 더 많다. 앞서 말한 권재혁부터 인혁당 재건위 사형에 분노해 결성한 남조선민족해방전선(남민전)의 핵심 3총사가 모두 여기 묻혀 있다. 바로 김근태를 고문한 이근안에게 고문당한 후유증으로 1981년에 옥사한 이재문, 1982년 사형된 신향식, 형을 살고 나와 2005년에 세상을 뜬 김병권이다. 해방 뒤 국립서울대학교 설립안 반대 투쟁으로 시작해 1960~1970년대 민주화 투쟁을 이끈 1세대 민주화 운동가 계훈제, 민청학련 사건 때 사형을 구형받고 최후 진술에서 '영광입니다'고 답한 김병곤, 전태일의 어머니이자 노동운동의 대모인 이소선, 노무현과 문재인의 롤 모델인 인권 변호사 조영래, 동아자유언론수호투쟁위원회(동아투위)의 맹장이자 언론 민주화 운동의 큰 어른 성유보, 기독교계 민주화 운동의 거목 문동환 목사와 홍근수 목사 등은 한국 민주화 운동의 역사 자체다. 이밖에도 민교협을 이끈 민주화 운동 최고의 덕장 김진균, 민주화 이후 처음으로 북한을 정부 허가 없이 방문하는 등 통일운동을 이끈 문익환 목사 부부도 이곳에서 쉬고 있다.

우리가 이름을 들어본 적이 없거나 널리 알려지지 않은 '이름 없는 민주의 꽃'들도 많다. 전국여성노조 인천지부 사무국장으로 비정규직 여성들을 위해 싸운 '영원한 여성 노동자의 벗' 김미영, 진보신당과 노동당에서 대변인으로 활약한 박은지, 코엑스노조 위원장으로 구조 조정에 맞서 싸우다가 2017년에 세상을 뜬 '아름다운 노동자' 서명식, 공무원 노조 운동을 하다가 쓰러진 '민중의 공무원' 김원근, 레미콘 노동자 등 특수 고용직의 노동자성을 인정하라며 투쟁하다가 파업 대체 차량에 치어 숨을 거둔 '온몸으로 비정규직을 감싸 안은 노동 열사' 김태환 등이다.

이곳에 묻힌 이들이 대부분 30대와 40대이고 스물두 살 전태일이나 스물네 살 김용균처럼 20대도 있다는 사실이 무엇보다 가슴 아팠다. 태극기부대 등이 '문재인은 북한 간첩'이라거나 '빨갱이 때려잡으라'고 외칠 수 있는 표현의 자유를 포함해 우리가 지금 누리는 자유와 민주주의가 이런 이들의 젊음에 빚지고 있다고 생각하니 다시 한 번 고개가 숙여졌다.

유독 눈에 띄는 묘비가 둘 있었다. 하나는 '코뮤니스트 혁명가 남궁원(1967~2013)'이라는 묘비다. 민주화가 된 뒤에도 반공 정서가 강한 한국 사회에서 '코뮤니스트'라는 묘비명을 내걸 수 있는 용기가 존경스러웠다. 사상의 자유를 침해하는 국가보안법 등 아직 많은 과제가 남아 있지만, 그래도 모란공원에 잠든 투사들 덕분에 이 정도까지 민주주의가 진전됐다.

다른 하나는 묘역 입구에 자리한 우동근 열사의 유언이다. "앞만 보지 말고 옆도 보고 뒤도 보고 그렇게 함께 갑시다." 중증 장

'코뮤니스트 혁명가 남궁원'의 묘비.

애인인 우 열사는 장애인 자립 정책을 요구하며 2010년 12월 한겨울에 국가인권위원회 점거 농성을 하다가 난방을 끊는 반인권적 조치 때문에 폐렴에 걸려 세상을 떠났다. 민주화 운동은 혼자 달려가기보다는 좀 늦더라도 함께 가야 한다. 신영복 선생이 강조하는 '더불어 숲'처럼 말이다.

중부고속도로 남이천인터체인지 근처를 지나면 커다란 문이 눈에 띈다. 민주화운동기념공원이다. 사설 공원묘지이지만 시민사회가 중심이 돼 권위를 확보한 모란공원하고 다르게 이곳은 '국립 민주묘역'이다. 2008년 논의를 시작해 566억 원을 들여 2016년에 완공했다. 민주화운동기념관에는 민주화 운동 관련 자료가 잘 전시돼 있고, 묘역에는 서도원 등 박정희 정권이 저지른 사법 살인으로 유명한 인혁당 재건위 사건 피해자부터 1980년대 반미 운동 초창기에 '양킹 용병 군사 훈련 반대'를 외치고 분신한 서울대학교 학생 김세진, 1991년에 백골단에 맞아 사망한 명지대학교 학생 강경대까지 (정부가 인정한) '민주화 유공자'들이 잠들어 있다.

민주화운동기념공원은 제대로 인정받지 못하고 고립된 듯하다. 찾는 사람도 거의 없다. 역사성을 지닌 구 묘역을 놔두고 국립5·18민주묘지를 새로 조성하면서 문제가 됐듯이, 이 묘역도 역사성 면에서 보면 '실패'라 해도 지나치지 않다. 민주화운동기념관은 제한된 공간에 민주화 운동의 역사를 사진으로 잘 정리해놓아서 많은 사람이 보지 못하는 현실이 안타까울 정도다. 차라리 역사성을 지닌 모란공원을 살리면 어땠을까.

오늘도 '노나메기 세상'을 꿈꾸며

묘역 입구로 나가자 1997년에 전국민족민주유가족협의회(유가협)가 쓴 글이 눈에 띄었다. '만인을 위한 꿈을 하늘 아닌 땅에 이루고자 했던 청춘들 누웠나니/ 스스로 몸을 바쳐 더욱 푸르고 이슬처럼 살리라던 맹세는 더욱 가슴 저미누나/ 의로운 것이야말로 진실임을, 싸우는 것이야말로 양심임을 이 비 앞에 서면 새삼 알리라.'

모란공원에 다녀온 뒤 2021년 2월 15일에 '민주화 운동의 애국가' 〈임을 위한 행진곡〉의 노랫말을 지은 '영원한 재야' 백기완 선생이 모란공원에 합류했다. 마지막까지 김진숙 민주노총 지도위원 복직과 중대재해기업처벌법 제정 등을 위해 애쓴 '민중 운동의 총사령관'은 이제 전태일 열사 바로 옆에 누워 '너도 일하고 나도 일하고 그리하여 너도 잘살고 나도 잘살되, 올바로 잘사는' 세상인 '노나메기 세상'을 꿈꾸고 있다.

찾을 곳

모란공원묘지 경기도 남양주시 화도읍 경춘로2110번길 8-102. **민주화운동기념공원** 경기도 이천시 모가면 공원리 30.

2021년, '태일이' 옆에 묻힌 '영원한 재야' 백기완 통일문제연구소장.

78. 파주 | 임진각

월남 실향민은 발로 투표했다고?

'비가 오나 눈이 오나 바람이 부나/ 그리웠던 삼십년 세월/ 의지할 곳 없는/ 이 몸 서러워하며/ 그 얼마나 울었던가요/ 우리 형제 이제라도 다시 만나서/ 못 다한 정 나누는데/ 어머님 아버님/ 그 어디에 계십니까/ 목메이게 불러봅니다.'

국민 가수 설운도가 부른 〈잃어버린 30년〉의 가사다. 이 노래는 1983년 6월 30일부터 138일 동안 생방송으로 방영해 유네스코 세계기록유산에 오른 〈이산가족을 찾습니다〉(KBS)의 주제곡이다.

망향의 설움과 이산의 아픔

서울에서 북쪽으로 60킬로미터를 달리면 비무장지대와 북한 땅이 코앞인 임진각에 도착한다. '망향의 노래비' 앞에 서서 〈잃어버린 30년〉의 가사를 읽고 '이산가족 찾기 캠페인' 사진 등 기록물을 본다. 조금 걸어가면 '망배단望拜壇'이 나타난다. 월남 실향민들이 설날이나 추석, 부모님 제삿날에 북한에 가깝고 북한 땅도 볼 수 있는 이곳에 임시 제단을 차려 경모 행사를 열자 1985년에 전두환 정부가 만든 제단이다. 그 뒤 명절에 이곳을 찾아 차례 지내는 실향민들 모습이 텔레비전 뉴스에 어김없이 등장했고, 망배단은 분단과 실향민의 상징이 됐다.

실향민의 아픔을 상징하는 임진각(위)과 실향민들이
북한에 있는 고향을 향해 제사를 지내는 망배단(아래).

고향을 떠나온 지 70년이 넘은 지금도 고향에 못 돌아가고 부모, 형제, 부부, 자녀, 친지를 그리워하는 실향민은 이념을 떠나 인도주의적 관점에서도 분단이 가져온 가장 큰 비극의 하나다. 다섯 살은 돼야 고향을 기억한다고 가정하면 1945년에 분단되면서 넘어온 사람은 이미 80대에 접어들었고, 1951년 1·4 후퇴 때 내려온 사람도 벌써 70대 후반이 됐다. 1971년 대한적십자사가 이산가족 찾기 운동을 시작한 뒤 전두환 정부가 1983년 대대적인 이산가족 찾기 운동을 벌여 1985년에 처음으로 이산가족이 서울과 평양을 교환 방문했다. 햇볕 정책을 실시한 김대중 정부 때는 2000년 광복절을 맞아 월남 실향민이 북한을 방문해 이산가족 상봉을 했다. 그 뒤 2018년 8월까지 이산가족 상봉이 21차례 열리고 화상 상봉이 7차례 있었다.

발로 투표한 월남 실향민?

"민중은 발로 투표한다." 러시아 10월 혁명을 이끈 레닌은 1차 대전에 참전한 농민과 노동자 출신 병사들이 차르가 한 명령을 어기고 집단 탈영을 해 집으로 돌아오는 모습을 보고 이렇게 말했다. 그 뒤 대대적인 인구 이동은 체제의 우월성을 증명하는 중요한 지표로 쓰였다.

민중은 더 나은 삶을 보장한다고 여겨지는 체제를 찾아가는 선택을 통해 발로 투표했다. 도널드 트럼프 전 미국 대통령이 국경 장벽을 세우려 해 문제가 됐지만, 목숨 걸고 멕시코에서 미국으로 밀입국하려는 사람은 끊이지 않아도 미국에서 멕시코로 밀입국하려는 사람은 거의 없었다. 월남 실향민도 마찬가지다. 월남 실향민은 단순히 분단 때문에 낯선 남쪽 땅에 내려와 고향에 가지 못하는 '불쌍한 사람'을 넘어 대한민국의 우월성을 보여주는 증거이자 반공 이데올로기의 확실한 기반이 됐다.

'500만 명 대 1만 명.' 2000년, 이북오도민연합회 전 회장이 인터뷰에서 주장한 월남자 수와 월북자 수다. 이 숫자가 맞는다면 월남민은 500만 명인데 월북민은 1만 명에 그칠 정도로 민중의 발은 압도적으로 남쪽을 택한 셈이다. 정부도 남으로 내려와 태어난 2세대와 3세대를 포함해 월남 실향민을 800만 명으로 본다. 이런 주장은 그 무렵 북한 인구가 1000만 명이 안 된다는 사실을 고려하면 말이 안 된다. 북한 사람 두 명 중 한 명 넘게 월남한 꼴이 되기 때문이다.

월남 실향민 문제의 핵심에는 월남민은 몇 명이고 북한 체제를 찾아 넘어간 월북민은 얼마나 되느냐는 질문이 자리잡고 있다. 이 질문을 추적해온 인구학자 권태환 교수가 한 분석에 따르면, 분단 뒤 한국전쟁 전에 74만 명과 한국전쟁 중에 65만 명 등 북에서는 139만 명이 내려오고 남에서는 29만 명이 올라갔다. 사회학자 강정구 교수는 여기에서 북한에 살던 남한 출신자를 빼면 순수 월남민은 85만 명이며 월북민은 30~40만 명이라고 주장한다.

월남 시기도 쟁점이다. 월남 시기는 월남의 동기에 밀접히 관련되기 때문이다. 1950년 한국전쟁 전에 내려온 사람은 거의 친일파나 지주 등 지배 계급이거나 기독교도로, 숙청을 피하거나 북한 체제가 싫어서 월남한 '자발적 이주자'다. 그러나 종교의 자유가 보장된 남한을 선택한 기독교도라면 모를까, 독립군을 때려잡던 친일 경찰 등이 처벌을 피해 월남한 사례를 '남한 체제가 더 우수해 발로 투표한 경우'로 해석하기는 어렵다. 다만 '더 우수한 체제'라는 말이 친일파나 지주 등 지배 계급이 사는 데 더 좋은 체제라는 뜻이라면, 맞기는 하다. 실향민 단체 등은 한국전쟁 전에 내려온 월남민이 350만 명이고 한국전쟁 도중에 내려온 사람이 160만 명 정도라서 7 대 3의 비율이라고 주장하지만, 사회학자 김귀옥 교수 등은 4 대 6이나 3 대 7 정도로 한국전쟁 도중에 내려온 사람이 훨씬 많다고 반박한다.

한국전쟁 때 월남한 사람들은 1차 월남하고 다르게 자발적 이주라고 볼 수만은 없다. 미국의 원폭 투하설이나 폭격 때문에 남으로 내려오거나, 징집을 피하거나, 주민 소개 작전에 떠밀려 내려오는 등 비자발적 월남을 포함해 동기가 훨씬 복합적이기 때문이다. 계급적으로 봐도 1차 월남에 견줘 피지배 계급이 많다. 북진에 반발해 참전한 중

실향민 정착촌 속초 아바이마을.

국군에 밀려 유엔군이 1950년 12월에 단행한 흥남 철수 작전이 대표적이다. 이때 10만 명이 넘는 피란민이 미군 함정을 타고 부산에 도착했다. 그중에는 문재인 대통령 부모들도 있었다. 임진각에서 250킬로미터를 달려 한반도 반대쪽인 동해에 닿으면 속초 바닷가에 '아바이 마을'이 나타난다. 이곳 주민도 1951년 1·4 후퇴 때 함경도에서 내려온 사람들이다.

어떤 주장이 맞든 월북한 사람보다 월남한 사람이 더 많지만, 그동안 정부와 실향민 단체 등이 주장한 월남자 수는 꽤 과장된 수치다. 반공주의나 남한 체제의 우월성이 월남한 동기라는 시각도 지나치게 단순하다. 그렇지만 월남민이 한국 사회가 극우 반공주의로 나아가는 데 적지 않게 기여하고, 극우 정권들이 월남민의 존재를 반공주의를 강화하는 데 이용한 사실은 틀림없다. 특히 북한에 소련군이 들어오고 김일성 세력이 주도권을 잡으면서 월남한 지주 계급과 기독교도 등 1차 월남민은 서북청년단 같은 극우 청년 조직을 만들어 4·3항쟁 때 무고한 시민을 무차별 학살하는 등 극우 반공 체제가 자리잡는 데 앞장섰다. 1952년 5월 25일 이승만이 계엄령을 선포하고 국회를 겁박해 개헌을 추진하면서 시작된 부산 정치 파동 때도 1차 월남민들은 '북한피난민 총궐기대회'라는 관제 데모를 열어 국회를 공격하고 이승만을 지원했다. 뉴라이트 매체인 《미래한국》의 김용삼 편집장이 이런 사실을 잘 요약하고 있다.

1952년 6월 14일, 부산 정치 파동 때 이승만에게 힘을 실어주려 열린 '북한피난민 총궐기대회'에 모인 청중들(부산임시정부기념관 전시 자료).

> 월남민들 중 일부는 서북청년단을 결성하여 좌익의 준동을 막아냈고, 여수 순천 반란 사건 당시 군내의 좌익 군인들이 숙청된 빈자리를 젊은 월남민들이 들어가 메워주었다. …… 이동복 북한민주화포럼 대표는 대한민국은 사실상 탈북민(월남자)이 세운 나라라고 말했다. 6·25 남침 때 북한군에 맞서 싸웠던 국군의 지휘부는 거의가 북한 출신 월남자들이었다. …… 공산당이 싫어 월남한 북한 출신 기독교인들은 남한에 정착하여 기독교를 더욱 확산시켰다. 때문에 남한의 기독교화는 남한의 반공 민주화와 궤를 같이한다. …… 세계에서 제일 큰 교회 다섯 개 중 네 개가 한국에 있는데, 그 교회의 담임 목사나 창설자들이 다 월남자들이다.

다만 '월남민=반공주의자'라는 등식은 잘못됐다. 민중운동의 큰 어른 백기완 선생, 한국 진보 신학의 대부 김재준 목사를 비롯해 김관석 목사와 안병무 목사, 가톨릭 민주화 운동의 대부 지학순 주교 등이 다 월남 실향민이고, 문재인 대통령도 월남민 2세이기 때문이다.

고향 땅이 여기서 얼마나 되나

요즘 한국전쟁 전에 일어난 1차 월남과 한국전쟁 도중에 시작된 2차 월남에 이어 '3차 월남'이 새롭게 떠오른다. 바로 '탈북민'이다. 탈북민이야말로 확실하게 '발로 투표한 민중'이며, 대한민국 체제의 상대적 우월성을 보여주는 사례라 할 수 있겠다. 2009년 2914명으로 정점을 찍은 뒤 줄어드는 흐름이지만 연평균 1000명 수준을 유지하고 있으며, 2020년 말을 기준으로 모두 3만 3752명이다. 1차와 2차 월남민이 이미 80대에 접어들고 2세대와 3세대를 거치며 한국 사회에 이미 '통합'된 반면 3차 월남민인 탈북민들은 그렇지 못하다는 점에서 특별히 신경써야 하는 중요한 문제다.

망배단을 지나 임진강으로 걸어가면 부서진 철교와 녹슨 기차가 눈에 들어온다. 군 초소 뒤로 멀리 통일대교도 보인다. 1998년 6월 16일 정주영 현대그룹 회장이 소떼 500마리를 끌고 건너간 다리이자 개성공단 통행로로 쓴 통일대교는 얼어붙은 남북 관계를 상징하듯 적막에 싸여 있다. 통일은 미래의 일이라 해도, 이제 천수를 다해가는 월남민 1세대는 하루 빨리 고향을 방문하고 헤어진 가족을 자유롭게 만날 수 있어야 한다.

찾을 곳

임진각 경기도 파주시 문산읍 임진각로 164. **아바이마을** 강원도 속초시 청호로 122.

임진각에서 바라본 통일대교. 고 정주영 현대그룹 회장이 1998년에 소떼를 몰고 이 다리를 건너 북한에 갔고, 개성공단으로 이어지는 관문 구실을 했다.

79. 평택 | 대추리

미래형 미군 기지와 미래의 평화 세상

'화려한 휴가.' 1980년 광주 학살이라는 비극을 불러온 광주 진압 작전에 쿠데타 세력이 붙인 이름이다. 전두환 정부에 '화려한 휴가'가 있다면, 노무현 정부에는 '여명의 황새울'이 있다. 황새울은 경기도 평택시 팽성읍 대추리에 자리한 들녘을 부르는 이름이다. 2006년 5월 4일 새벽 4시, 방패와 곤봉으로 무장한 경찰 1만 명이 대추리에 진입했다. 몇 시간 뒤 주민 540명은 눈물을 흘리며 조상 대대로 살아온 고향을 떠나 정작촌으로 떠났다. 평택 미군 기지는 이렇게 건설됐다.

용산가족공원과 '여명의 황새울'

용산은 오랫동안 외국 군대가 주둔한 '굴욕의 땅'이다. 고려 때 몽골군이, 일제 강점기에 일본군이, 일본군이 철수하자 미군이 용산에 머물렀다. 주한 미군 사령부가 떠나면서 거의 100년 만에 용산을 되찾았고, 덤으로 용산가족공원도 얻었다. 땅값 비싼 서울 한가운데에 드넓은 공원이 들어서자 많은 이들이 찾아온다. 용산에서 떠난 미군을 받아들이느라 쫓겨난 대추리 주민들이 흘린 눈물은 잊은 채 말이다.

'평화는 총칼로 지켜지지 않는다.' 대추리에서 10킬로미터 정도 가면 대추리 평화마을이 있다. 쫓겨난 대추리 주민들이 2007부터 2010

황새울기념관에 전시된 평택 미군 기지 이전 저지 투쟁 모습.

년까지 옮겨온 이주 단지다. 미군 기지 이전에 반대해 싸운 시간을 기억하려 세운 황새울기념관에 들어가자 신종원 이장이 반갑게 맞는다.

요즘 생활은 어떻습니까?

대추리 주민들은 1942년에 일본이 비행장을 짓는다고, 1952년에는 미군이 기지를 지으면서, 두 번 강제 이주를 당했습니다. 그래서 근처에 새로 땅을 개간한 곳이 새 대추리입니다. 이 대추리는 도두리하고 함께 쌀이 맛있기로 유명했습니다. 이름도 '들판이 넓고 가을이 풍성하다' 해서 큰 대에 가을 추, '대추大秋'리라고 지었습니다. 이런 풍요로운 생명의 땅이자 조상 대대로 살아온 삶의 터전이 또다시 죽음의 기지로 변하고 말았으니, 화병이 안 나고 배기겠습니까? 밤이면 어릴 때 당집에서 연 날리던 꿈을 꿉니다.

정부는 대추리 반대 운동에 주민보다 외부인이 더 많았다는데요?

2004년 평택 기지 확장 계획이 발표된 뒤, 전국에서 평화운동가 605명이 확장 예정지에 땅을 사서 평화 지주가 된 겁니다. 이분들을 '외부 세력'이라고 몰아세우는 짓은 평화 지주 운동을 모독하는 겁니다. 문정현 신부님도 대추리로 이주하셔서 함께 생활하면서 치열하게 평화운동을 하셨습니다.

이주는 어쩔 수 없다고 치더라도, 보상 등은 충분했나요?

완전히 사기당한 기분입니다. 농토가 평당 30만 원 할 때 15만 원밖에 보상하지 않았고, 새로 준 이곳 땅도 축산 부지 초지로 제일 싼 곳입니다. 대토로 농사짓는 두 사람만 빼고 농토가 없어 평생 직업인 농사도 못 짓고, 주거 단지로 수용해서 슈퍼도 못 하는 실정입니다. 44가구 중 5가구는 집을 팔고 나갔고, 70~80대 노인들은 고향을 그리워하다가 여러 분이 돌아가셨습니다. 아직 살고 있는 집들도 보상금을 다 소진했습니다. 2018년, 정부가 이주 때 약속한 대로 상업 용지를 제공하고 지금 살고 있는 마을 이름도 대추리로 바꿔달라고 청와대 앞에 가서 시위까지 했지만, 소용이 없었습니다. 그나마 체험 프로그램을 운영해서 1만 명 정도가 다녀갔는데, 메르스에 이어 코로나19가 터지면서 다 끊기고 말았습니다.

아시아에서 가장 큰 미군 기지

여명의 황새울 작전을 벌여 대추리 주민 등을 쫓아내고 짓고 있는 평택 미군 기지는 여러 면에서 주목할 만하다. 20킬로미터 안에 육해공

황새울이 있던 땅에 들어가지 못하게 둘러친 철조망.

군 기지가 모두 모여 있는 '완성형 기지'이자 아시아에서 가장 큰 미군 기지다. 황새울기념관에 전시된 자료에 따르면 핵심이 되는 캠프 험프리스에는 미군 2사단 말고도 주한 미군 사령부가 이전하며, 전체 넓이도 512만 제곱미터(약 155만 평)에서 1488만 제곱미터(약 451만 평)로 커지고 주둔 인원도 5058명에서 5만 3089명으로 늘어날 예정이다.

평택 미군 기지는 또한 중국에서 가장 가까운 미군 기지다. 미군 기지를 평택으로 이전하기로 결정한 시기는 미국과 중국이 긴장 관계에 들어가기 전이다. 사드처럼 중국을 직접 겨냥하고 있다고 말하기는 어렵지만, 결과적으로 평택 기지는 중국에게는 목에 걸린 가시가 됐다. 21세기 패권을 놓고 미국과 중국이 예상보다 빨리 팽팽한 긴장 관계에 놓이면서 평택 기지는 대북한 제지보다는 대중국 견제에 더 의미를 두게 됐다. 미국과 중국이 군사적으로 갈등하는 사태가 벌어지면 이곳은 가장 먼저 공격 목표가 될 수밖에 없다.

이런 상황은 21세기 한국에 심각한 족쇄가 되고 있다. 한-미 상호 방위조약 등을 고려할 때 평택 미군 기지 자체를 왈가왈부하기 어렵다 하더라도, 합당한 기지 임대료를 받아야 하지 않을까? 미국이 어디에서 평택처럼 중국에 가까운 기지를 얻을 수 있을까? 미국과 중국, 러시아라는 초강대국들 사이에서 살아남으려면 어느 한편에 서기보다는 스위스 같은 영세 중립국이 되는 쪽이 낫지 않을까?

신 이장은 지난날 살던 대추리를 비롯해 평택 미군 기지 주변을 손수 안내했다. 이미 다 지었거나 짓고 있는 서양식 빌라들이 가장 먼저 눈에 띄었다. 평택 기지가 확장될 때를 기대해 짓는 임대 주택인데, 가까운 온양까지 이런 분위기라고 했다. 빌라형 주택 말고도 '평택 팽성 국제 신도시 아메리카타운' 광고판부터 '미국인 마을 분양' 포스터, '평택 험프리스 도시개발 추진위원회' 등 건설 프로젝트가 여럿 진행되고 있었다. 평택 미군 기지는 군부대보다는 거대한 아파트 단지 같았다. 군인과 가족이 함께 살아가는 21세기형 '가족 거주 기지' 시험장이었다. 대형 슈퍼마켓과 쇼핑몰까지 지어 기지 자체를 자족 도시로 만든다고 했다.

평화라는 새로운 세계를 향해

평택 미군 기지 주변에 고가 철로가 있었다. 미군 기지로 들어갈 물자를 수송하려 새로 깐 철로였다. 신 이장은 나를 내리문화공원으로 안내했다. 평택시가 평택 시민과 미군 가족들이 함께 즐길 공간을 만든다며 공사 중인 9만 8840제곱미터(2만 9899평)에 이르는 거대한 공원이었다. 코로나를 예방하려면 마스크를 쓰라는 펼침막이 한국어와 영어로 쓰여 있었다. 언덕을 오르니 캠프 험프리스가 한눈에 들어왔다. 주한 미군 사령부 뒤쪽으로 마치 신도시를 떠올리게 하는 고층 아파트 건설 현장이 이어졌고, 군사 시설 비슷한 곳은 눈에 띄지 않았다.

내리문화공원에서 내려다본 평택 미군 기지. 군부대보다는 거대한 아파트 단지다.

캠프 험프리스를 내려다보면서 황새울기념관에 걸린 문정현 신부의 목각을 떠올렸다.

저는 육 개월 동안 유랑하면서 평화가 무엇인가를 깨달았습니다. 공장에서 쫓겨난 노동자가 원직 복직하는 것이 평화입니다. 두꺼비 맹꽁이가 개발에 밀려 멸종되지 않도록 서식지를 만들어주는 것이 평화입니다. 장애인이 가고 싶은 곳에 갈 수 있게 하는 것이 평화입니다. 이 땅의 농민들이 땅을 빼앗기지 않도록 하는 것이 평화입니다. 강대국 침략으로 죽어가는 아이들 노인들을 살리는 것이 평화입니다. 어떤 이유로도 전쟁에 참여하지 않는 것이 평화입니다. 평화를 이루는 것은 또 다른 세계를 만드는 것입니다. 여러분의 식을 줄 모르는 열기로 평화를 사랑한다면 또 다른 세계를 만들 수 있습니다. 기필코 우리는 평화의 세상을 이룰 것입니다.

찾을 곳

대추리평화마을 경기도 평택시 팽성읍 대추안길 5. **내리문화공원** 경기도 평택시 팽성읍 내리 18-2.

80. 안산 | 국경 없는 마을

글로벌 도시 속 보이지 않는 국경

안산시 다문화음식거리 끝에 자리한 다문화공원 광장에는 여러 나라로 가는 방향과 거리를 표시한 이정표가 서 있다. 이정표 맨 아래 문구가 눈길을 끈다. '글로벌 안산, 상호문화도시, 103개국 87359명.'

가장 글로벌한 한국 도시

안산에 103개국에서 온 외국인 8만 7369명이 살고 있다는 뜻이다. 2020년 1월 1일을 기준으로 안산시 인구가 70만 7117명이니 여덟 명의 한 명은 외국인인 셈이다. 한국에서 가장 글로벌한 도시는 서울이나 송도가 아니라 안산이다. 시화공단을 끼고 있어 외국인 노동자가 많이 살게 된 덕분이었다. 광장 앞 간이 파출소에는 여러 나라에서 온 사람이 쉽게 알아볼 수 있게 각국에서 쓰는 경찰 표시를 붙여놓았다. 휴대폰 대리점도 여러 나라 국기와 인사말로 가득했다.

다문화공원 광장에는 여러 나라로 가는 방향과 거리를 표시한 이정표가 서 있다.

광장 앞 간이 파출소에는 여러 나라에서 쓰는 경찰 표시를 붙여놓았다.

"이게 무슨 헛소리야!"

1980년대 유학 시절, '국가가 민족을 만든다'는 말을 들은 나는 화를 냈다. 민족이 먼저 있고 그 민족이 국가를 만드는 대신에 국가가 다양한 종족의 기억을 억압하고 말살해 같은 민족이라는 생각을 주입하는 방식으로 민족을 만들어낸다는 주장은 헛소리라고 생각했다. 여러 인족ethnic group으로 구성된 다른 나라들은 그럴지 몰라도, 오래전부터 배달의 민족이나 한민족으로 불리며 단일 민족(정확히 말하면 '단일 인족')으로 지내온 우리는 그렇지 않다고 생각한 때문이었다. 그러다가 신라, 백제, 고구려 사람들이 서로 같은 민족이라고 생각했을까 궁금해졌다. 흔히 삼국 통일에 당나라라는 외세를 끌어들인 신라를 비판하지만, 삼국은 각국을 같은 민족으로 여기고 당나라를 외세로 취급했을까? 신라는 고구려, 백제, 당나라를 모두 '외국'으로 생각하지 않았을까? 신라가 삼국 통일 뒤 백제와 고구려 유민이 지닌 역사와 기억을 억압하고 삼국을 같은 민족으로 가르쳐 한민족을 창조하지 않았을까?

오랫동안 단일 민족 신화 속에 살아온 한국 사회도 빠르게 변화하고 있다. 거스를 수 없는 지구화 흐름에 따라 국가 사이의 상호 작용이 눈에 띄게 활발해지고 한국 사회가 상대적으로 풍요해지면서 일자리를 비롯한 삶의 기회를 찾아 들어오는 외국인이 늘어난 때문이다. 국내 체류 외국인 수는 2019년 말 기준 252만 4656명으로, 전체 인구로 따지면 20명에 1명 정도다. 2021년 1월을 기준으로 대구시 인구가

241만 5813명이니, 대구시 인구보다 많은 외국인이 한국에 살고 있다는 이야기다. 이제 도시든 농촌이든 외국인 노동자와 외국인 며느리를 쉽게 만난다. 외국인 비율이 전체 인구의 5퍼센트를 넘을 때 다문화 사회로 분류하는 국제 기준에 따르면 한국은 이미 다문화 사회다.

출신 국가별로 보면 조선족 70만 명 등 중국인이 43.6퍼센트인 110만 명이고, 그다음 베트남 22만 명(8.9%), 태국 20만 명(8.3%), 미국 15만 7000명(6.2%), 일본 8만 6000명(3.4%)이다. 한국보다 못 사는 나라가 대부분이지만 미국이나 일본처럼 선진국에서 온 사람도 적지 않다. 체류 목적도 다양하다. 취업 비자로 들어온 사람이 56만 명으로 가장 많지만, 결혼 이민 16만 명과 유학 18만 명 등이 뒤를 잇는다. 불법 체류자도 39만 명이나 된다. 취업 목적 체류에 견줘 결혼은 국적 획득으로 이어진다는 점에서 한 국가의 인족 구성에 직접적인 영향을 미친다. 2018년 1년 동안 국내 혼인 건수를 살펴보면 남성의 7.58퍼센트와 여성의 2.69퍼센트가 국제결혼이다. 결혼을 통해 새로 구성되는 20가구 중 1가구는 다문화 가정이라는 이야기다.

연령도 주목해야 한다. 국내 체류 외국인의 52퍼센트는 20대와 30대다. 심각한 사회 문제로 떠오른 고령화 추세하고는 아주 대조적이다. 20대와 30대가 26.7퍼센트에 그치는 반면 50대 이상이 39.5퍼센트이고 65세 이상이 800만 명을 넘어서면서 고령화가 더욱 빨라지는 지금, 한국 사회에 모자란 노동력을 외국인이 채우고 있는 셈이다.

'가짜 난민'과 '진짜 난민' 감별사들

한국 사회는 이렇게 빠르게 다문화 사회로 바뀌는 중이지만, 한국 사람들의 의식은 아직 단일 혈통과 단일 인족의 신화에 사로잡혀 있다. 피부색과 문화, 언어가 다른 외국인, 특히 가난한 나라에서 온 외국인에게 지나치게 배타적이다. 외국인이 출연하는 텔레비전 프로그램을 봐도 여전히 선진국 출신 백인이 대부분이다.

한국인이 단일 혈통과 단일 인족이라는 오랜 통념은 사실에서 거리가 먼 '신화'일 뿐이다. 2020년 박종화 울산과학기술원 교수가 고대인과 현대인의 게놈을 비교해 분석한 결과에 따르면, 한국인은 수만 년 동안 동남아시아에서 여러 차례 올라온 사람들과 그 후손들이 혼혈로 진화한 다인족ethnic group 민족으로 밝혀졌다.

'난방 시설 고장난 비닐하우스에서 자던 외국인 노동자 사망.' 2020년 12월 한파 경보가 내려 온 나라가 얼어붙은 어느 날, 아침 신문을 펼쳤다. 경기도 포천에 있는 어느 농장에서 일하는 캄보디아 출신 노동자 이야기가 폐부를 찔렀다. 2000년대 초 한겨울 꽁꽁 언 탑골공원에서 맨땅에 절한 기억이 떠올랐다.

"한국인들을 대표해 사과하니, 절을 받아주십시오."

외국인 노동자 초청 제도 등을 개혁하라고 요구하는 집회에 민교협 의장 자격으로 참석한 나는 불법 체류 외국인 노동자를 착취하고 임금까지 떼먹은 악덕 기업주들을 대신해 사죄하는 절을 올렸다.

20년이 흐른 지금도 삼디 업종에 종사하며 인간 이하의 대우를 받는 외국인 노동자의 삶은 별로 나아지지 않았다. 비닐하우스 동사 참사가 벌어진 뒤 소 잃고 외양간 고치는 격으로 정부가 농어촌 외국인 노동자 주거 실태를 조사하니 70퍼센트가 비닐하우스 등 가건물에 살고 있었다. 질 나쁜 주거 환경은 비인간적 대우의 일면에 지나지 않을 정도로 외국인 노동자를 둘러싼 문제는 심각하다.

'제주 예멘인 추방!' '가짜 난민 송환!' '난민법 폐지!' 2018년 서울에서 열린 난민 반대 촛불 집회에 나타난 구호들이다. 내전을 피해 고향을 떠난 예멘 사람들이 제주도에 와 난민을 신청하자 기독교 단체를 비롯해 보수 성향을 띤 사람들이 여러 차례 반대 집회를 열었고, 청와대 국민 청원에도 70만 명이 넘게 서명했다. 한국인들은 외국인 혐오 정서가 강한 편이다. 그중에서도 반反난민 정서가 가장 심하다. 경제 수준이 비슷한 국가 중에서 한국이 난민 심사 절차가 가장 까다롭다는 점을 염두에 두면 이런 반난민 정서는 충격적이다.

한때 난민, 지금 난민, 미래 난민

1992년 난민 협약에 가입한 한국은 1994년부터 난민 신청을 받았다. 법무부 '난민 신청 심사 결과'(2020년 12월 기준)를 보면 1차 난민 신청자 7만 1042명 중 3만 4836명을 심사 완료한 뒤 1091명을 난민으로 인정해서 인정률은 3.1퍼센트였다. 난민법을 제정한 2013년 이후 2014년부터는 인정률이 2.8퍼센트로 오히려 떨어졌다. 유럽연합의 인정률이 33퍼센트인데 견줘 10분의 1 정도다. 난민으로 인정하지 않지만 본국으로 돌아가면 위험해질 수 있다고 판단해 체류를 허용한 인도적 체류자 9.9퍼센트를 포함해도 전체 보호율은 평균 13퍼센트에 그쳐, 2020년 전 세계 난민 보호율인 46퍼센트의 3분의 1에 못 미친다.

안산외국인주민지원본부 앞 다문화 조형물.

'5·18 광주의 마지막 수배자' 윤한봉과 '파리의 택시 운전사' 홍세화도 난민이었다. 윤한봉은 5·18 직후 멸치 한 줌을 쥔 채 화물선을 훔쳐 타고 미국으로 건너가 정치적 망명을 신청했다. 망명 신청이 받아들여져 미국에서 전두환 안산다문화센터 외벽에 붙여놓은 난민 인권 관련 구호들.

정부에 저항해 5·18의 진실을 알리고 민주화 운동을 벌였다. 유명 작가이자 활동가가 된 홍세화는 무역 회사 직원으로 파리에 근무할 때 박정희 정부가 터트린 남민전 사건에 연루되자 정치적 망명을 신청해 택시 운전사로 살았다. 더 거슬러 올라가면 김구와 김원봉 등 독립운동가들도 정치적 난민이었다. 얼마 전에는 양심에 따른 병역 거부를 이유로 정치적 망명을 한 사례도 있다. 난민은 후진국에서 일어나는 남 이야기가 아니라 한국인들이 지난 세기에 겪은, 그리고 지금도 이어지는 아픈 역사다.

이런 과거와 현실을 잊은 채 반난민 운동에 열을 올리는 사람들이 있다니 부끄럽다. 그나마 안산은 '다문화 포용 도시' 대상을 받은 곳답게 외국인주민지원본부를 비롯해 외국인을 돕기 위한 인프라가 곳곳에 자리잡고 있었다. 안산다문화거리에서 가까운 곳에 '국경 없는 마을'이라는 다문화센터가 있다. 안산을 떠나 서울로 돌아오는 차 안에서 이 건물에 써 붙인 말들이 계속 떠올랐다. '난민도 사람이다.'

찾을 곳

안산다문화거리 경기도 안산시 단원구 다문화길 16. **국경 없는 마을** 경기도 안산시 단원구 다문화1길 42. **안산시외국인주민지원본부** 경기도 안산시 단원구 부부로 43.

7부 서울

81. 종로 | 조선호텔

미군정과 '좋은 제국주의'

"아니, 우리나라에 미군정이 있었어?" 대학에 들어가 한국이 해방 뒤에 미군정을 경험한 사실을 처음 알고 충격을 받았다. 미군정 관사로 쓴 조선호텔 앞에서 그때를 떠올리니 새삼 부끄러웠다. 그 시절만 해도 논쟁적인 현대사는 학교에서 아예 안 가르쳤고, 나도 고등학교 때까지는 사회 문제에 별 관심이 없어서 이런 사실을 몰랐다.

> **제1조** 조선 북위 38도 이남의 지역과 동 주민에 대한 모든 행정권은 당분간 본관의 권한하에서 실행함.
>
> **제3조** 주민은 본관 급(及) 본관의 권한하에서 발포한 명령에 즉속(卽速)히 복종할 사. 점령군에 대하여 반항 행동을 하거나 또는 질서 보안을 교란하는 행위를 하는 자는 용서 없이 엄벌에 처함.

1945년 9월 7일, 미군이 한반도에 진주하며 《매일신보》에 발표한 맥아더 포고령 1호다. 소련군은 형식상 '해방군'으로 행세한 반면 미군은 스스로 '점령군'이라는 점을 분명히 했다.

그 뒤 한반도의 운명을 좌우한 이 포고령은 미국의 대한 정책을 생각하면 그다지 놀랍지 않다. 미군은 일본 제국주의의 식민지인 남한을 해방한 '해방군'인 동시에 남한에 친미 정권을 세우려는 목적을 지닌 '점령군'이었다.

미국이 주도한 신탁 통치와 분단

전후 한반도의 운명을 결정지은 신탁 통치와 분단이라는 두 문제는 모두 미국이 주도했다. 1943년 3월 프랭클린 루스벨트 미국 대통령은 앤서니 이던 영국 외무부 장관을 만나 한국을 신탁 통치할 필요성을 처음 제기했고, 카이로 회담 준비 모임에서도 신탁 통치안을 강조했다. 같은 해 11월 카이로 회담에서는 한국을 '적절한 시간'에 독립시킨다는 안, 따라서 '적절한 시간' 이전까지 신탁 통치를 한다는 안을 제시했다. 윈스턴 처칠 영국 총리가 '적절한 시간'을 '적합한 절차를 거쳐in due course'로 고쳐 신탁 통치안을 의결했다(1919년 국제연맹에 위임 통치를 먼저 탄원한 사람은 이승만이었다. 신채호가 이승만은 이완용보다 더한 매국 역적이라며 비판하는 등 강한 반발이 일어나고 다른 문제들까지 겹치면서 이승만은 임시 정부 대통령직에서 탄핵됐다).

미군정 장교 숙소가 있던 조선호텔.

미국은 자기들이 즉각 독립을 주장한 반면 신탁 통치를 제안한 쪽은 소련이라는 가짜 뉴스를 미군 기관지 《성조기The Stars and Stripes》와 통신사를 통해 퍼트렸다. 이 가짜 뉴스는 《동아일보》 등이 대서특필하면서 좌파를 '소련의 주구'로 몰아가는 결정적 계기가 됐다. 일제 강점기 때 구속자의 90퍼센트를 차지할 정도로 좌파가 독립운동을 주도한 상황은 신탁 통치 논쟁을 거치면서 '우파=민족주의, 좌파=소련의 주구'라는 엉뚱한 공식으로 대체됐다(이 책 82장 참조).

분단도 미국이 한 제안이라는 주장이 정설이다. 1945년 8월 10일 일본이 항복 의사를 밝히면서 이미 국경 지대에 도착한 소련이 한반도 전역을 점령할 가능성이 매우 커졌다. 서울과 인천을 통제 아래 두려던 미국은 38선을 기준으로 한 분할 점령을 제안했고, 이 제안을 소련이 받아들이면서 한반도는 분단이 됐다.

미군정 정치 고문 메럴 베닝호프가 잘 지적한 대로 일제의 악랄한 수탈 때문에 해방된 한반도는 '스파크만 일으키면 폭발할' 일촉즉발의 상황이었다. 일본 패망이 알려지자 남한에서는 여운형을 중심으로 조선건국준비위원회가 구성됐으며, 미군이 도착하기 전인 1945년 9월 6일에 이승만을 주석으로 하고 여운형을 부주석으로 한 조선인민공화국 성립이 선포됐다. 브루스 커밍스가 한 말처럼 외국군의 점령이라는 변수 없이 '한국 혁명'이 잘 진행되면 인공은 몇 달 안에 한반도를 지배할 수 있었다.

소련이 북한에 친소 좌파 정부를 세우려 하듯 미국도 남한에 친미 우파 정부를 세우려 했다. 문제는 목표와 현실 사이의 거리였다. 1946년 8월 미군정이 실시한 여론 조사를 보면 남한 주민 중에서 자본주의 지지자는 14퍼센트인 반면 70퍼센트가 사회주의를 지지하고 7퍼센트가 공산주의를 지지했다. 이미 시작된 '한국 혁명'을 분쇄하고 친미 우파 정권을 세우려면 77퍼센트에 이르는 좌파 성향 민중을 무력화해야만 했다. 미국은 친일 관료, 특히 독립운동가를 고문하고 민중을 수탈한 친일 경찰을 선택했다. 어느 미군정 고위 관료는 회고했다.

> 너희들이 기계를 이길 수는 없다. 기계란 마을 순사와 지주부터 도지사에 이르는 권력을 쥐고 있는 모든 사람을 포함한다. 기계는 우리가 여기(남한 — 인용자) 도착한 때 우리가 발견한 그대로 있다. 우리의 목적에 비추어 볼 때, 이상적인 구성이다. 군대식으로 조직돼 있다. 우리는 단추만 누르면 된다. 그러면 경찰들이 대갈통을 부수기 시작한다. 경찰들은 일본 지배하에서 35년간 이런 방식을 배웠다. 왜 우리가 이 경찰들이 아는 모든 것을 잊어버릴 것이라고 기대하는가?

미국은 단추만 눌렀고, 친일 경찰들은 일제하에서 배운 대로 민중의 '대갈통'을 부쉈다. 미국 정부 공식 문서《한국미군정사》는 이 문제를 정확히 서술했다. "질서 있고, 효율적으로 움직이며, 정치적으로 우호적인 한국이 한국민들을 기쁘게 하고 이들의 적극적인 협력을 얻어내는 것보다 중요했다."

미국은 친일과 중용 정책을 펼쳐 민심을 잃더니 일본인 소유 농지를 모두 자기들이 소유하고, 농지 개혁에 소극적 태도를 보이고, 식량 정책도 실패했다. 결국 1946년 대구 10월 항쟁을 시작으로 전국에 걸쳐 미군정에 반대하는 '추수 봉기'가 일어났다. 미군정은 친일 경찰 등을 동원해 봉기를 진압했고, 이 과정에서 극우 세력이 자리를 잡았다.

맥아더와 두 개의 미군정

해방 뒤 더글러스 맥아더는 남한과 일본에서 각각 미군정을 이끌었다. 친미 우익 정권을 세운다는 목적은 같지만 기이한 역설을 마주하게 된다. 맥아더는 전범국 일본은 민중 친화적 '개혁'으로 이끈 반면 정작 일본 제국주의의 피해국인 남한은 민중 억압적 극우 체제로 몰아갔다.

미군정은 일본에서 농지 개혁, 재벌 해체, 노동조합 설립 등을 추진

태극기를 흔들며 신탁 통치 반대 시위를 벌이는 시민들 (서울역사박물관 전시 자료).

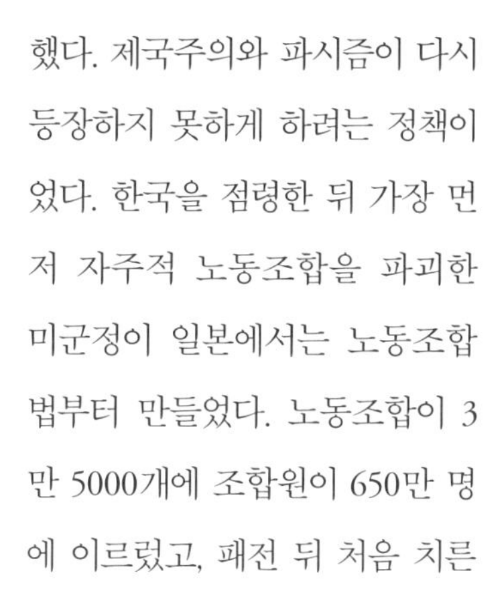
했다. 제국주의와 파시즘이 다시 등장하지 못하게 하려는 정책이었다. 한국을 점령한 뒤 가장 먼저 자주적 노동조합을 파괴한 미군정이 일본에서는 노동조합법부터 만들었다. 노동조합이 3만 5000개에 조합원이 650만 명에 이르렀고, 패전 뒤 처음 치른 선거에서 사회당이 제1당으로 떠올라 사회당-민주당 연정이 출범했다. 한 정치학자는 '일본 민주주의는 미군정의 산물'이라고 썼지만, 미군정이 개혁 정책을 쓴 이유를 고려하면 '일본 민주주의는 일본 제국주의와 파시즘이 준 선물'이라고 해야 더 정확하다.

미군정은 남한에서 겉으로는 보통 선거 등 민주주의의 기반을 마련하지만 조선공산당 같은 좌파는 말할 것도 없고 건준 같은 온건 진보 세력까지 탄압해 극우 정권을 탄생시켰다. 미군정이 끝난 뒤에도 우리는 지금까지 오랫동안 극우 정치에 고통받고 있다.

"아, 일본이 망하다니, 흑흑흑."

일제가 패망한 소식을 들은 한 청년이 통곡했다. 학도병으로 끌려가다가 탈출해 광복군에 합류한 뒤 미국 전략정보국OSS하고 공동으로 국내에 진입하는 군사 작전을 훈련하던 장준하였다. 우리 힘으로 해방을 하지 못한 아쉬움과 앞날에 관한 걱정이 담긴 눈물이었다.

일제는 지금은 복원된 광화문 자리에 조선총독부 청사를 지었다. 1945년 9월 미군정과 일본 조선총독부가 이곳에서 항복 조인식을 열었고, 미군은 중앙청Capital Hall으로 바꿔 부르며 총독부 청사를 사무실로 썼다. 정부 수립 뒤 중앙청으로 쓰다가, 김영삼 정부가 일제 유산을 없앤다며 폭파해 독립기념관 야외 공원에 첨탑 등만 잔해로 남았다. 총독부 건물 잔해를 보던 나는 장준하를 떠올렸다. 미국과 소련이라는 외세가 강제한 분단을 비롯해 해방 뒤의 모든 비극은 우리가 우리 힘으로 해방하지 못한 탓에 벌어진 일이었다.

"나는 충분히 제국주의자다. …… 나는 우리의 영향을 이 나라까지 확장함으로써 이 나라에 혜택을 줬다고 확신하다. …… 우리의 제국주의는 나쁜 제국주의가 아니었다." 미군정 사령관을 지낸 존 리드 하지 중장이 한 말이다. 제국주의이되 '나쁜 제국주의'가 아니라면 '좋은 제국주의'라는 말인가? 미군정과 '좋은 제국주의' 덕분에 한국이 공산주의 세력을 분쇄하고 북한에 견줘 자유와 풍요를 누린다는 주장이다. 그럴듯하게 들리지만 과정의 정당성은 무시하는 '결과론'일 뿐이다. 언뜻 뉴라이트가 떠오르기도 한다.

지금 한국 사회는 여러 문제가 있지만 북한에 견주면 '천국'에 가깝다는 사실은 맞다. 그런데 남한 민중이 제 갈 길을 갔으면 북한처

철거한 중앙청의 잔해를 천안 독립기념관에 전시하고 있다.

럼 됐다는 주장은 지나친 비약이다. 해방 뒤 우리에게는 봉건 왕조나 마찬가지인 북한이냐 황금만능과 헬조선으로 상징되는 남한이냐 하는 양자택일을 넘어선 여러 '선택지'가 있었다. 설사 미군정 덕분에 옛 사회주의권하고 비슷한 길로 가지는 않았으리라 가정하더라도 '자주적 결정'이라는 문제는 남는다. 내용이 어떻든 우리는 우리 길을 선택할 권리와 자유가 있다. 누군가가 그 결정을 대신할 수는 없다.

좋은 제국주의자가 만든 또 다른 지옥

'늙은 해적, 그래, 그놈들이 나를 훔쳤다/ 그놈들이 나를 끝없는 심연에서 꺼내자마자/ 나를 상선에 팔아넘겼다/ …… 내가 가진 것은 자유의 노래뿐/ 이 자유의 노래를 부르지 않을 수 있는가/ 내가 가진 것은 구원의 노래뿐이기에.'

아프리카계 레게 가수 밥 말리는 〈구원의 노래Redemption Song〉에서 노예선에 실려 신대륙으로 잡혀온 조상들의 운명을 노래했다. 신대륙에 사는 아프리카계가 아프리카로 돌아가야 한다고 생각한 밥 말리는 1980년 짐바브웨 독립 1주년 행사에 초청돼 고향땅을 밟았다. 꿈에 그리던 고향은 '천국'이 아니라 '또 다른 지옥'이었다. 아프리카 민중은 인종 차별은 안 받을지 모르지만 미국에 사는 아프리카계보다 가난하고 자유도 더 없었다. 비싼 입장권 없이 무작정 공연을 보러 밀려든 가난한 사람들을 좌파 정부가 진압해서 유혈 사태가 벌어지는 바람에 행사도 중단됐다. 밥 말리는 눈물을 흘리며 미국으로 돌아갔다.

신대륙으로 잡혀간 노예의 후손들은 아프리카에 산 조상의 후손들보다 평균적으로 더 나은 삶을 살고 있다. 그럼 신대륙에 사는 아프리카계들은 결과론의 시각에서 '좋은 제국주의자'인 백인 노예상에게 고마워해야 하는가? 미군정 덕분에 북한처럼 되지 않고 풍요와 자하지 사령관이 머문 반도호텔(왼쪽, 서울역사박물관 전시 자료)과 그 자리에 들어선 롯데호텔(오른쪽).

유를 누린다는 주장은 신대륙에 사는 아프리카계 후손들이 백인 노예상 덕분에 그나마 풍요와 자유를 누린다는 주장이나 마찬가지다.

19세기에 아메리카, 아시아, 아프리카를 식민지로 삼고 원주민들을 노예로 부릴 때, 제국주의자들은 기독교와 민주주의 같은 서구 문명을 전파하고 미개한 원주민을 문명화하는 일은 신이 내린 '명백한 운명Manifest Destiny'이자 '백인의 책무White Man's Burden'라는 인종주의적 주장을 폈다. 하지가 말한 '좋은 제국주의'는 정확히 이런 생각을 이어받았다.

하지가 쓴 집무실이 자리한 반도호텔은 롯데호텔 서울로 바뀌었다. 그 앞에 서서 나는 하지에게 물었다. "흔히들 영국은 스페인이나 일본보다 상대적으로 '좋은 제국주의'라고 한다. 그런데 미국은 왜 '좋은 제국주의'에서 벗어나려고 피 흘리며 독립전쟁을 했는가? 당신이 한 주장처럼 미군정은 우리가 고마워해야 할 좋은 제국주의였는가?"

찾을 곳

조선호텔 서울특별시 중구 소공로 106. **반도호텔(현 롯데호텔 서울)** 서울특별시 중구 을지로 30. **옛 중앙청** 독립기념관(충청북도 천안시 동남구 목천읍 독립기념관로 1)에 해체한 잔해를 보관.

82. 용산 | 효창공원

최고의 국가 비전을 제시한 '나의 소원'

'코로나19로 인해 임시 휴관합니다.' 1949년 6월 26일 김구가 극우 세력에 암살된 경교장은 코로나19 때문에 계속 문이 닫혀 있었다. 병원 한가운데 자리하기 때문이었다. 할 수 없이 효창공원으로 향했다.

백범김구기념관에 들어서면 보는 이를 압도하는 거대한 김구 석상이 나타난다. 정치 군인 모임 하나회를 척결하고 금융실명제를 도입하며 지지율이 고공 행진한 김영삼 정부는 1993년 말 국제 경쟁력을 빌미로 우루과이 라운드에 참가하면서 내리막길로 접어들더니 1995년 지방 선거에서 참패했다. 위기를 벗어나려 빼든 카드는 전두환과 노태우 구속, 그리고 '역사 바로 세우기'였다. 아쉽게도 '역사 비스듬히 세우기'로 끝났지만, 이때 이승만 대신 부각된 인물이 김구다.

보수가 싫어하는 우파 반공주의자

냉전 보수 '우파'가 이승만을 추앙한다면, 김영삼 정부를 시작으로 김대중, 노무현, 문재인 정부 등 흔히 민주화 운동 진영으로 부르는 자유주의 개혁 세력이 주목하는 인물은 김구다. 이유는 두 가지다. 첫째, 정통성이다. 임시 정부 주석을 지낸 김구는 헌법에 명시된 임정의 법통을 대표한다. 둘째, 우파 정체성이다. 김구는 이승만하고 같이 활동

대형 병원 한가운데 자리해 코로나19 때문에 휴관한 경교장.

한 반공주의자다. '극우파' 이승만, '우파' 김구, '중도 우파' 김규식, '중도 좌파' 여운형, '좌파' 박헌영 등 해방 정국을 관통하는 큰 흐름에서 김구는 박헌영이나 여운형에 견줘 부담이 없다. 반면 '우파'는 '진짜 우파'가 아니라는 이유로 김구를 받아들이지 않는다. 단독 선거를 반대하며 1948년 5·10 선거에 참여하지 않은 김구를 대한민국을 부정한 자로 여기기 때문이다.

이승만보다 1년 뒤인 1876년 황해도 해주에서 태어난 김구는 동학 운동에 뛰어들어 아기 접주로 활약하다가 동학 토벌대 대장인 안중근 의사의 아버지 덕분에 목숨을 부지했다. 1896년 3월에 명성황후 시해 사건에 분노해 일본군 장교를 죽이고 투옥되지만 탈옥해 충남 공주 마곡사 등에서 승려로 지내다 환속했다. 1911년에는 독립군을 양성하는 데 쓸 자금을 마련하려고 부자들을 털다가 체포됐다. 3·1 운동에 참여한 1919년 4월에는 상하이 임시 정부에 합류했고, 1920년에는 임시 정부 대통령에 선출돼 상하이에 온 이승만을 만나 경호 업무를 맡았다. 1931년, 한인애국단을 결성해 이봉창 열사와 윤봉길 의사의 항일 무장 투쟁을 지휘했다.

유명무실한 임시 정부를 해체하자는 흐름에 맞서던 김구는 1935년 이동녕하고 함께 한국국민당을 창당했다. 1940년에는 한국국민당, 한국독립당, 조선혁명당이 통합한 한국독립당(한독당)에서 중앙집행위원장이 됐다. 중국 국민당의 지원을 받아 임시 정부 최초의 정규군인 한국광복군을 조직한 김구는 임시 정부 주석으로 선출된 뒤 1945년

백범김구기념관에 들어서면 거대한 석상이 우리를 맞는다.

봄에 광복군과 미국 전략정보국의 합동 훈련을 승인했다. 두 나라는 국내 진입 작전에 합의하지만 일본이 항복하는 바람에 계획을 실행하지 못했다. 임시 정부 주석 자격으로 귀국하려는 김구에게 미군정은 자기들 말고는 어떤 권위도 인정하지 못한다며 거부했다. 김구와 임시 정부 요인들은 11월 23일에 개인 자격으로 귀국할 수밖에 없었다.

임시 정부의 위상을 둘러싼 논쟁은 있어도 임시 정부하고 운명을 같이한 '독립운동가 김구'에는 별 다른 시비가 따라붙지 않는다. 그런데 '정치인 김구'는 사정이 다르다. 흔히 1948년 5·10 선거와 단독 정부 수립을 중심으로 김구와 이승만을 대비시키지만, 두 사람은 해방 정국에서 노선과 행동을 90퍼센트 정도 함께한 '동지'다. 이승만이 김구의 자질을 폄하하고("김구는 혁명가는 될 수 있어도 정치가는 못 되고, 곡괭이 들고 나가서 부수라면 하겠지만 정치 다독거리는 것은 못 해"), 김구도 이승만을 비판하지만("우리가 중국서 빳빳한 빵 한 조각으로 며칠씩 끼니할 때 이승만이 …… 미국 여자 하나 얻어서 침대서 잠자고 이제 와서 지가 애국자라고 나와?"), 해방 정국을 뒤흔든 신탁 통치 문제에서는 반탁 노선을 함께 걸었다(이 책 81장 참조).

'소련은 신탁 통치 주장, 미국은 즉시 독립 주장.' 1945년 12월 27

일자 《동아일보》에 실린 기사 제목이다. 이 '가짜 뉴스'는 해방 정국을 완전히 뒤바꿨다. 모스크바 삼상 회의에서 내린 결정이 알려지자 김구는 신탁 통치 반대 운동은 '제2의 독립운동'이라며 국민 총동원령을 내렸다. 조선을 위임 통치해야 한다고 주장하다가 다른 문제까지 겹치는 바람에 임시 정부에서 쫓겨난 이승만도 반탁에 앞장섰다. 36년 만에 해방된 한반도에서 다시 강대국이 신탁 통치를 한다는 소식은 거센 반발을 불러일으켰다. 임시 정부 세력이 반탁 운동을 계기로 미군정을 접수하려는 '황당한' 계획을 세우자 합리적 우파인 송진우 한민당 수석 총무는 쓸데없는 마찰을 피해야 한다며 반대하다가 김구 지지자들 손에 암살됐다. 처음에는 반탁을 주장한 조선공산당 등 좌파는 결정 내용을 자세히 듣고 소련이 설득하자 찬탁으로 돌아섰다.

물론 최선의 방안은 미-소 즉각 철군과 통일 정부 수립이었다(그렇게 되면 미군정 여론 조사가 보여주듯 좌파 정부가 들어설 수도 있었다). 즉각 독립을 바라는 여론을 거스르는데다가 '신탁 통치'라는 용어 탓에 거부감이 들기는 하지만, '조선 임시 민주주의 정부와 민주단체의 참여하에 최대 5년의 4개국 신탁 통치안을 만든다'는 모스크바 삼상 회의 결정은 연합국 덕분에 해방되고 미국과 소련이 분할 점령한 현실에서는 나름대로 '합리적'이었다. 분할 점령하에서 즉각 독립을 하면 분단으로 나아갈 수밖에 없기 때문이었다. 다수가 신탁 통치안에 분노했지만, 남북한이 각각 단독 정부를 수립하는 데도 3년이 걸렸다. 그러나 즉각 독립 여론과 당위적 정의론에 기초한 김구의 감정적 반탁 운동, 노회한 이승만의 정치적 반탁 운동, 《동아일보》의 가짜 뉴스가 결합하면서 해방 정국은 엉뚱한 방향으로 흘러갔다. 미국이 신탁 통치를 제안한 상황에서, 가장 치열하게 독립운동을 주도한 세력인 좌파는 소련이 주도한 신탁 통치를 찬성하니 '소련의 주구'이고 일제에 협력하거나 소극적 독립운동을 하는 데 그친 우파는 신탁 통치에 반대하니 '민족주의자'라는 기이한 공식이 생겨났다. 결국 좌파는 대중의 지지를 잃었다.

좌절된 통일 조국의 꿈

신탁 통치 논쟁과 미군정의 친우파 정책 덕분에 이승만과 김구는 정국을 주도하게 되지만 단독 정부 수립 문제를 둘러싸고 갈라섰다. 그러나 '이승만=찬성'과 '김구=반대'로 단순화할 수는 없다. 김구도 단독 정부를 일관되게 반대하지는 않은 탓이다.

김구는 1947년 11월 24일에 단독 선거가 '국토를 양분하는 비극'이라며 반대했다. 그런데 11월 30일에 이승만을 만난 뒤에는 '독립 정부 수립에 완전 의견 일치를 보았다'고 발표했고, 같은 날 오후에는 제주 4·3 등에서 민간인을 학살한 서북청년단 창립 1주년 행사에 이승만하고 나란히 참석했다. 다음날 이승만이 주장하는 정부가 자기가 주

1948년 4월 남북 협상을 하러 평양을 방문하려고 38선 앞에 선 선우진, 김구, 김신(왼쪽부터)(백범김구기념관 전시 자료).

장하는 정부하고 같다는 성명도 발표했다. 1948년 초에는 유엔 감시 하에 수립되는 정부를 중앙 정부로 해야 한다는 조건을 달지만 단독 선거에 참여할 뜻을 명확히 했다.

"나는 통일된 조국을 건설하다가 38선을 베고 쓰러질지언정 일신에 구차한 안일을 취하여 단독 정부를 세우는 데 협력하지 않겠다." 1948년 2월 10일, 김구는 이렇게 말하며 단독 정부 반대로 돌아섰다. 그해 4월에는 평양에서 열린 남북연석회의(전조선 제정당사회단체 대표자 연석회의)에 참석했다. 김규식, 김일성, 김두봉 등 '4김 회담'을 여는 등 남북 분단이 굳어지는 상황을 타개하려 노력하지만 북한이 일방적으로 주도하는 분위기에 실망한 채 빈손으로 돌아왔다.

단독 정부 수립과 5·10 선거에 긍정적이던 김구가 갑자기 반대로 돌아선 이유는 명확하지 않다. 한독당 관계자들이 저지른 장덕수 암살 사건 때문에 미군정 당국에 소환돼 조사를 받게 되자 사태 해결에 소극적 태도를 보인 이승만에 화가 난 탓이라는 주장도 있지만, 추정일 뿐이다. 김구는 장덕수와 송진우 암살 등 해방 정국에서 벌어진 여러 사건에 관련이 있다는 의심을 받는다. 독립운동을 하면서 테러를 주도한 적이 있고, 신탁 통치 지지자를 매국노로 비판하는 등 강력한 반탁 운동을 벌인데다, 암살범들도 한독당 당원이지만, 물증은 없다.

1948년 8월 15일 대한민국 정부가 출범한 뒤에도 김구는 이승만하고 협력하려 했다. 1949년 5월 19일, 김구는 덕수궁에서 이승만을 만나는 등 민족 진영 3영수(이승만, 김구, 김규식)를 재결합시키려는 움직임을 보였고, 다음날에는 이런 말도 했다. "본래부터 (이승만) 대통령과 김(규식) 박사와 나의 사이에는 별반 간격이 없었던 것이므로 …… 과거 우리들의 노력 방법에 있어서 약간의 차이가 있었던 것은 사실이나 시간과 공간은 차차로 이러한 차이를 해소하고 합일점으로 도달케 할 것을 의심하지 않는 바이다."

1949년 6월 26일, 김구는 경교장에 꾸민 서재에 앉아 있었다.

"선생님, 안두희 소위가 찾아왔는데요."

"들어오라고 해라."

5분 뒤 서재에서 총소리가 났다. 김구와 이승만이 화해하려는 움직임을 보이고 나서 한 달 뒤에 극우파가 벌인 일이었다. 미군정 정보참모부 조지 실리 소령이 작성한 〈실리 보고서〉를 근거로 김구가 군부 내 반이승만 세력하고 손잡아 군사 쿠데타를 일으키려다가 벌어진 사건이라는 주장이 있지만, 어디까지나 추정일 뿐이다.

김구를 암살한 안두희는 종신형을 선고받은 뒤 감형됐고, 한국전쟁이 터지자 집행 정지 처분을 받아 군에 복귀했다. 여러 차례 테러를 당하면서 숨어 지내다가, 1996년 김구를 존경한 버스 운전기사 박기서가 휘두른 '정의봉'을 맞고 죽었다.

최고의 국가 비전을 제시한 김구

국제 정치의 현실을 무시한 당위론적이고 감정적인 반탁 운동, 이승만과 단독 정부를 대하는 모호한 태도, '임정 법통론' 또는 지나친 '임정 중심주의', 송진우 등의 암살에 개입한 의혹 등 여러 문제가 있지만, 우리는 김구의 두 측면에 주목해야 한다.

〈나의 소원〉이 실린 《백범일지》가 펼쳐져 있다 (백범김구기념관 전시 자료).

첫째, '통일 한국'이라는 비전이다. 김구는 단독 정부 수립에 일관되게 반대하지는 않았어도 분단 영속화를 이유로 단독 정부에 불참했다. 우파는 공허한 이상론자라 비판하지만 김구는 끝까지 분단에 저항한 정치인이자 '통일 한국의 상징'으로 우뚝 서게 됐다.

둘째, 우리가 앞으로 추구해야 할 '국가 비전'이다. 해방 뒤 지금까지 어느 대통령도 김구 같은 비전을 제시하지 못했다. 이삼십 년 전도 아니고 70여 년 전에 한 이야기이지만, 김구의 〈나의 소원〉은 정치인은 물론 웬만한 학자들, 그것도 '진보적 부국강병론'을 주장하는 학자들보다 뛰어나다. 백범김구기념관 뒤편에는 '대한민국 임시정부 주석 김구'라고 새긴 비석과 묘지가 있다. 그 앞에서 나지막이 〈나의 소원〉을 읊조렸다.

> 나는 우리나라가 세계에서 가장 아름다운 나라가 되기를 원한다. 가장 부강한 나라가 되기를 원하는 것이 아니다. 내가 남의 침략에 가슴이 아팠으니, 내 나라가 남을 침략하는 것을 원치 아니한다. 우리의 부력富力은 우리의 생활을 풍족히 할 만하고, 우리의 강력強力은 남의 침략을 막을 만하면 족하다. 오직 한없이 가지고 싶은 것은 높은 문화의 힘이다. 지금 인류에게 필요한 것은 무력도 아니고 경제력도 아니다. …… 나는 우리나라가 …… 높고 새로운 문화의 근원이 되고, 목표가 되고, 모범이 되기를 원한다. 그래서 진정한 세계의 평화가 우리나라에서, 우리나라로 인해 세계에 실현되기를 원한다.

찾을 곳

경교장 서울특별시 종로구 새문안로 29. **백범김구기념관** 서울특별시 용산구 임정로 26. **백범김구묘역** 서울특별시 용산구 임정로 26.

83. 중구 | 반민특위

좌절된 꿈, 친일 청산

'저승사자.' 김근태 의원을 고문한 경찰 이근안에 붙은 별명이다. 일제 강점기 때 이근안을 뛰어넘는 '원조 저승사자'가 있었다. 독립운동가들을 괴롭힌 친일 고문 경찰 노덕술이다.

"들어가면 물고문하고 전기 고문하고 반쪽 죽여버리지요." 1932년에 노동자들이 벌인 메이데이 시위에 참여한 혐의로 고문당한 김재학의 조카가 한 말이다. 노덕술은 1928년 동래청년동맹 집행위원장 박일형을 고문했고, 부산 제2상업학교 동맹 휴교 사건의 배후를 캔다면서 김규직과 유진흥을 고문했다. 김규직은 고문 후유증 때문에 옥사했다. 동래고등보통학교 학생들이 광주학생독립운동 관련자를 석방하라고 요구하는 동맹 휴학을 벌이자 문재순, 추학, 차일명 등을 붙잡아 고문했다. 이런 공로로 노덕술은 조선인 경찰 중 최고위직에 오르고 두 번이나 상도 받았다.

대한민국 국회 제3호 법안

"찬성 103명, 반대 6명으로 반민족행위처벌법이 통과되었습니다." 1948년 9월 7일 제헌 국회는 반민족행위처벌법(반민법)을 제정했다. 대한민국 국회가 제정한 제3호 법안이다. 친일 경찰에 기댄 이승만은 반대했지만, 양곡 매입 법안을 통과시키려 '울며 겨자 먹기'로 법안에 서명했다. 제헌 국회는 조선공산당 등 좌파는 말할 것도 없고 중도 좌파 여운형과 우파 김구도 단독 정부 수립을 반대한다며 선거에 참가하지 않은 탓에 '친일 지주'(친일 경찰 정도의 친일은 아니라 하더라도)가 다수를 차지한 한민당과 몇몇 소장파 의원만으로 구성돼 있었다. 그런 제헌 국회가 반민법을 만들 정도로 친일 청산은 거부할 수 없는 민족적 과제였다.

1948년 10월 22일, 반민법에 따라 출범한 반민족행위특별조사위원회(반민특위)가 명동에 사무실을 열고 활동에 들어갔다. 임시 정부 문화부장 출신인 김상덕 의원이 위원장을 맡아 조사위원회, 특별검찰, 특별재판소를 설치했다. 특위는 '일본국과 조선총독부에 적극 협력한 자, 일제 경찰과 군부대, 헌병대 등에서 첩자 등으로 활동한 자, 위안부와 학도병 강제 징용을 권유하거나 찬양한 자' 등 반민족 행위를 정의하고, 여기에 해당되는 7000명을 파악해 검거에 들어갔다.

1949년 1월 8일, 화신백화점 사장 박흥식이 이승만 정부의 비호 아래 해외로 도피하려다가 제1호로 체포됐다. 이어 일본 밀정이던 이종형 대동신문사 사장, 문인 이광수와 최남선 등이 잡혀왔다. "해방이 1년만 늦었어도 모두 황국 신민이 됐을 것이다." 이광수가 이런 변명을 할 정도로 반민족 행위자들은 자기가 민족 지도자라 어쩔 수 없더라고 강변했다. 말이라도 못 하면 덜 미울 텐데, 반성하는 빛이 전혀 없었다(이 책 52장 참조).

반민특위는 여성 60명을 포함한 682명을 조사해 305명을 체포했고, 나머지는 자수 61명, 영장 취소 30명, 도주 193명 등이었다. 친일 경찰을 심판하는 일이 특히 중요했다. 친일 경찰의 핵심인 노덕술 등은 반민특위를 와해시키려 반민특위 핵심 인사와 정부 요인을 암살하기념사진을 찍는 반민특위 위원들(민주화운동기념관 전시 자료).

려 하지만 백인태가 자수하면서 실패했다. 도주한 노덕술은 얼마 못 가 체포됐고, 이승만은 제 수족인 노덕술이 반공 투사라며 석방을 요구했다. 반민특위가 요구를 거절하자 이승만은 내무부 차관 장경근을 통해 '국회 프락치 사건'을 터트렸다. 김약수 등 반민특위에 적극적인 '진보적' 소장파 의원들을 남로당에 접촉하고 공산당에 협조한 혐의로 구속한 사건이었다.

친일 청산이 실패한 날

1949년 6월 6일은 한국 현대사에서 가장 수치스러운 날 중 하나다. 이승만이 내린 지시에 따라 경찰 80명이 반민특위 청사를 습격해 조사관들을 폭행하고 서류를 강탈했다. 경찰 9000명도 반민특위를 사실상 해체하라고 요구하면서 집단 사표를 냈다. 국회가 반민특위를 원상회복시키고 책임자를 처벌하라 요구하지만 이승만은 자기가 직

반민족 행위자 1호로 반민특위에 체포된
박흥식이 운영한 화신백화점 터.

접 지시한 일이라면서 거부했다. 의원들은 국회를 무시하는 대통령을 통제하려면 정치 체제를 의원 내각제로 바꿔야 한다고 생각했다. 반민특위는 1952년 부산 정치 파동의 단초였다(이 책 38장 참조).

나중에 대표적 공안 검사 오제도가 사실은 무죄라고 밝히는 등 국회 프락치 사건을 둘러싼 논란이 이어졌다. 설사 조작이 아니어도 국회 프락치 사건하고 반민특위가 무슨 상관이 있을까? 친일파 청산을 지지한 대다수 국민은 북한이 내린 지령에 따른 걸까? 북한보다 더 강하게 친일파를 청산해야 친일 정부라는 오명을 벗고 정통성을 확보해 떳떳하게 체제 경쟁을 할 수 있지 않았을까?

이승만은 미국 교포들이 보내준 돈으로 호화 생활을 즐기며 편안하게 외교적 방식의 독립운동을 해서 비난은 받아도 친일파라 할 수는 없는 독립운동가였다. 나중에 탄핵되지만 임시 정부 초대 대통령으로 추대되기도 했다. 그런 이승만이 왜 압도적인 여론을 무시한 채 반민특위를 공격하고 노덕술 같은 친일 반민족 행위자를 구해 중책을 맡겼을까?

해방 정국을 관통하는 구조적 상황에 답이 있다. 일제 강점기에 좌파가 독립운동을 주도하고 미군정 여론 조사에서 전 국민의 77퍼센트가 사회주의와 공산주의를 찬성하는 등 좌파를 지지하는 여론이 절대적으로 우세해서 우파는 노덕술 같은 친일 경찰이 아니면 수족으로 부릴 세력이 없었다. 바로 여기에서 한국 현대사의 비극이 싹텄다.

이승만이 반민특위를 공격한 뒤 친일파는 한국 현대사의 승자로 승승장구했다. 친일 문학 연구자 임종국과 민족문제연구소 덕분에 반민특위가 해체된 뒤 60년이 지난 2009년에야 5207명(중복자 포함)의 친일 반민족 행위자 명단을 실은 《친일인명사전》이 발간됐다. 노무현 정부 들어 2005년 친일반민족행위 진상규명위원회를 구성해 1차 106명, 2차 195명, 3차 705명에 이르는 친일파 명단을 발표했다(일본 육사를 졸업하고 일왕에게 혈서로 충성을 맹세한 뒤 만주군으로 근무한 박정희가 빠져 논란이 됐다). 그나마 다행이지만, 너무 늦었고, 소 잃고 외양간 고치는 격이었다. 그중 225명은 정부에서 훈장 등 서훈을 받았는데, 2019년 현재 25명은 서훈이 취소되지만 노덕술 등 200명은 유지되고 있다.

실패한 친일 청산은 지금도 한국 정치의 발목을 잡고 있다. 한국 정치는 미래가 아니라 과거를 둘러싸고 경쟁한다. 우파는 민주당 같은 자유주의 세력을 '친북 좌파'라 공격하고 자유주의 세력은 우파를 '토착 왜구'라 공격한다. 21세기 들어서도 '친북 대 친일'이라는 낡은 프레임을 벗어나지 못하는 이유는 실패한 친일 청산에 있다.

떠도는 표지석, 좌절된 친일 청산

'이 곳은 민족말살에 앞장섰던 친일파들을 조사, 처벌하던 반민족행위특별조사위원회 본부가 있던 곳임.' 반민특위 사무실은 명동 옛 국민은행 본점 건물 자리에 있었다. 1999년 민족문제연구소는 신영복 선생이 글씨를 쓴 표지석을 만들어 이 건물 1층 화단에 설치했다.

어느 날 표지석이 보이지 않았다. 눈에 잘 띄지 않게 주차장 옆으

제자리를 못 찾고 떠도는 반민특위 터 표지석.

로 옮긴 탓이었다. 표지석은 반민특위처럼 찬밥 신세였다. 수난은 여기에 그치지 않았다. 이 건물이 팔려 호텔을 짓는 사업자들이 일본 관광객을 고려해 표지석을 철거하라고 요구했다. 민족문제연구소는 표지석을 수장고에 보관하고 있다가 식민지역사박물관 입구에 다시 세웠다. 표지석의 '석생 유전'은 50년 전 이승만의 개인적 욕심 때문에 비극으로 끝난 반민특위의 슬픈 운명 같았다.

찾을 곳

반민특위 터 서울특별시 중구 명동9가길과 7가길 사이 센터포인트 명동. **식민지역사박물관** 서울특별시 용산구 청파로47다길 27 서현빌딩 1층. **종로타워** 서울특별시 종로구 종로 51. **신부문화공원** 충청남도 천안시 동남구 신부동 460-4(친일 연구의 선구자 임종국 동상).

84. 용산 | 한강대교

가짜 뉴스 내보내고 서울 버린 대통령

"나는 대통령 이승만입니다. 서울 시민 여러분, 안녕하십니까? 아군은 이미 의정부를 탈환했습니다. 아군은 서울을 사수할 것입니다. 서울 시민 여러분, 안심하십시오." 대전으로 도망 온 대통령이 머물러 대전 경무대로 불린 충남도지사 공관(테미오래) 거실 앞에서 나는 1950년 6월 27일 밤 9시에 이승만이 한 '안심 방송'을 떠올렸다.

가짜 뉴스 퍼트리고 한강 다리 폭파하고

안심 방송은 대전 경무대로 불려가 직접 장비를 설치하고 방송을 내보낸 한국방송 대전방송총국 유병은 방송과장이 한 증언 등을 바탕으로 알려졌다. 그러나 미국 중앙정보국CIA 해외방송감청부FBIS 자료에 따르면 이승만은 이런 방송을 하지 않았다. 6월 27일 오후 1시 국방부와 공보처는 특별 방송을 통해 국군이 의정부를 탈환하고, 정부가 서울에 있으며, 국회도 서울 사수를 결의한 상태라고 발표했다. 오후 4시, 국방부는 맥아더 사령부가 서울에 전투사령부를 설치하고, 미군이 내일 참전하며, 국군도 현 전선을 고수한다고 발표했다.

후퇴하는 국군을 보고 동요하던 서울 시민들이 이 방송을 듣고 안심하는 사이에 이승만이 저녁 방송을 했다. 해외방송감청부 자료에

한강철교 폭파 장면
(미국립문서기록관리청(NARA) 자료).

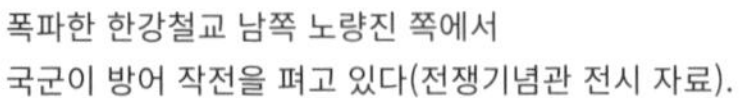
폭파한 한강철교 남쪽 노량진 쪽에서
국군이 방어 작전을 펴고 있다(전쟁기념관 전시 자료).

따르면 이승만은 이런 요지로 말했다. “마침내 나는 오후에 맥아더 장군이 보낸 전보를 받았습니다. 맥아더 장군은 우리에게 유능한 장교들과 군수 물자를 보내는 중이며, 빠른 시일 안에 도착할 것입니다. 이 좋은 소식을 국민에게 전하고자 이 방송을 합니다.”

현장에서 방송을 진행한 관련자 증언이 있지만 이승만의 안심 방송은 잘못 알려진 듯하다. 그날 오후에 정부가 두 차례 낸 발표와 이승만이 한 방송을 혼동해 모두 이승만이 말한 이야기로 착각한 탓이다. 그렇다 해도 정부 수반이기 때문에 이승만은 가짜 뉴스로 국민을 기만한 책임에서 결코 자유로울 수 없다. 한국 현대사에서 정부가 저지른 가장 악랄한 거짓말이기 때문이다.

“쿠쿠쿵.” 서울 시민들은 연이은 굉음에 새벽잠을 깼다. 시민들을 안심시킨 이승만 정부는 6월 28일 새벽 2시 30분 북한의 남하를 지연시키려 한강 다리를 폭파했다. 한밤중에 날벼락을 맞은 사람들은 피란도 가지 못한 채 북한군에 점령당했다.

이승만의 닮은꼴이 조선 최악의 군주 선조다. 이승만이 한국전쟁 초기에 보인 모습은 선조가 임진왜란 초기에 한 대응을 빼닮았다.

> 1592년 4월 30일 새벽 선조는 서울을 버리고 임진강으로 향했다. 그러나 서울의 사대문은 굳게 닫혔으며 백성들이 피난 가는 것은 금지되었다. 약탈과 방화가 잇따랐다. 임진왜란 때 왜군이 불태운 것으로 알려진 경복궁은 사실 배신당한 조선 백성들이 불태운 것이었다. …… 경복궁, 창덕궁, 창경궁 세 궁궐이 일시에 모두 타버렸다. (노회찬, 《노회찬과 함께 읽는 조선왕조실록》, 일빛, 2004, 167쪽)

'착한' 서울 시민들은 이승만 정부에 배신을 당하고도 경무대와 중앙청을 불태우지는 않았다.

이승만이 저지른 여러 실정 중에서 가장 큰 잘못은 한강 다리 폭파다. 여기에서 한강 다리 폭파란 6월 27일 오후에 정부와 이승만이 한 안심 방송, 6월 28일 새벽 2시 30분 한강철교 폭파, 서울 수복 뒤 북한 협력자 처벌이라는 세 가지 연결된 사건을 뜻한다. 북한군 남하를 막으려면 서울 시민을 포기하고 한강 다리를 폭파할 수도 있다. 갑작스런 피란 행렬이 일으킬 혼란을 막으려 거짓 방송을 할 수도 있다. 진짜 문제는 잘못을 저질러 시민들을 사지에 몰아넣고도 돌아와서는 북한 협력자라며 처벌한 행태다.

사과 모르는 대통령의 적반하장

인천 상륙 작전 덕분에 서울을 수복한 뒤 심상치 않은 분위기에 놀란 국회의원들이 사과를 권하지만 이승만은 딱 잘라 거부했다. 오히려 부역자를 색출한다며 55만 명을 체포하고 800명을 처형했다. 비난 여론이 거센 탓에 800명만 처형하는 데 그쳐 그나마 다행이었다.

북한이 주도한 인민재판에 적극 참여한 사람들은 대부분 인민군이 서울에서 후퇴할 때 함께 떠났다. 국군이 들어오면 뻔히 처형될 상황이었다. 수복된 서울에는 기껏해야 목숨을 부지하려고 마지못해 협력한 '잔챙이'들뿐이었다.

"1개 사단 규모의 전향자를 책임지고 있는 정보 검사에게까지도, 그것도 최후의 순간에 전화 문의까지 했는데도 거짓말을 하고 저희들만 도망치지 않았습니까? 이렇게 배신과 기만으로 애국 시민들을 내버리고 도망친 자들인데 무슨 염치로 잔류파를 재판한다고 하는 겁니까?" 보도연맹을 관리한 공안 검사 정희택도 이렇게 분노할 정도였다.

강변북로를 따라 동쪽으로 달려 마포대교와 원효대교를 지나면 한강대교 못 미쳐 한강공원으로 빠지는 출구가 나온다. 이곳 주차장에 차를 세우고 조금 걸으면 한강대교 밑을 지난다. 조금 더 걷다가 고개를 돌리면 63빌딩과 여의도를 배경으로 한강대교와 한강철교가 보인다. 하루아침에 이 다리들이 폭파돼 피란을 가지 못한 서울 시민들은 북한군 치하에서 숨죽여 살았다.

마포와 서대문을 가로지르는 홍제천은 슬픈 역사를 품고 있다. 인

한국전쟁 뒤에 다시 지은 한강대교. 한강대교하고 함께 폭파한 한강철교도 멀리 보인다.

조가 재위하던 17세기 초, 많은 여성들이 홍제천에서 몸을 씻었다. 병자호란에서 승리한 청나라는 젊은 여성 등 50만 명을 포로와 인질로 잡아갔는데, 그중 일부가 도망치거나 몸값을 치르고 귀국했다. 사람들은 그 여성들을 오랑캐에게 정조를 잃고 돌아온 '환향녀'라며 손가락질했다. 이 이야기를 들은 인조는 홍제천에서 몸을 씻으면 과거를 모두 불문에 부치기로 했다. 며칠 만에 적에게 서울을 내주는 무능도 모자라 거짓 방송으로 기만하고 피란도 갈 수 없게 한강 다리까지 폭파해놓고 자기 때문에 고통을 겪은 시민들을 부역자라며 처형한 이승만하고는 전혀 다른 행동이었다.

꿈속에서 받은 대통령의 사과

"서울 시민 여러분, 제가 대통령직을 제대로 수행하지 못해 북한에 서울을 빼앗기고 여러분이 말할 수 없는 고생을 하게 했습니다. 여러분 중에는 북한 점령하에서 살기 위해 적에게 협력한 사람도 있을 겁니다. 그 모든 일은 무능해서 서울을 적의 손에 넘긴 제 잘못입니다. 남하하는 적을 막으려 한강철교를 폭파해서 여러분은 피란을 가려 해도 갈 수 없었습니다. 모두 한강에 가서 몸을 씻으십시오. 북한 점령하에서 여러분이 한 행동은 모두 불문에 부치겠으니, 안심하고 생업에 종사하고 대한민국에 충성해주십시오. 다시 한 번 고통을 겪은 여러분에게 사과드립니다."

옛 대전 경무대와 한강철교를 답사하고 온 날 밤, 이승만은 방송을 통해 이렇게 말했다. 꿈이었다.

찾을 곳

한강대교, 한강철교 서울특별시 용산구 이촌동 이촌한강공원 근처. **테미오래** 대전광역시 중구 보문로205번길 13.

85. 중랑 | 망우리공원

비운의 진보 정치인, 조봉암

3·1 운동의 상징 유관순, 3·1 운동 민족 대표 33인의 한 명이자 〈님의 침묵〉을 쓴 시인 한용운, 흥사단을 만든 독립운동가 안창호, 한국인이 가장 사랑하는 화가 이중섭, '낙엽 따라 가버린' 매력저인 저음의 가수 차중락, 〈목마와 숙녀〉를 쓴 시인 박인환, 아동문학가 방정환.

아무 공통점 없는 이 사람들을 한꺼번에 만나는 곳이 있다. '망우역사문화공원'으로 이름이 바뀐 망우공원묘지다. '망우忘憂'는 평생의 '근심을 잊는다'는 뜻인데, 1935년부터 1980년대까지 서울을 대표한 공동묘지였다. 입구에는 이곳에 묻힌 유명 인사들 사진이 즐비했다.

망우공원묘지에 묻힌 주요 인물들. 아랫줄 가운데에 조봉암이 보인다.

이승만을 위협한 진보 정치인

나는 언제나 변함없이 사랑받는 유명 인사가 아니라 한때 받은 사랑 때문에 불행한 길을 떠나면서 잊힌 비운의 정치인을 찾아 이곳에 왔다. 바로 조봉암이다.

해방 뒤 좌우 대립과 한국전쟁을 거치며 미국이 지원한 이승만 정부의 극우 정치 체제가 자리잡으면서 진보 정당과 진보적 정치 세력은 사라졌다. 조봉암은 진보의 불모지에서 진보 정당을 발판으로 소련식 사회주의하고 다른 사회민주주의 체제를 건설하려 했다. 1898년 강화도에서 태어난 조봉암은 1919년 3·1 운동에 참여해 감옥에 다녀온 뒤 공산주의자가 돼 소련에서 열린 코민테른 총회에 한국 대표로 참석했다. 1932년에는 상하이에서 잡혀와 7년 동안 투옥됐다. 1946년 3월, 과격한 폭력 혁명을 주창하는 공산주의에 회의를 느껴 박헌영 등을 비판하면서 전향했다. 좌우 합작 운동에 참여하지만 남북 협상이 실패하자 단독 정부를 수립하는 5·10 선거에 출마해 당선했고, 이승만이 한 제의를 받아들여 농림부 장관이 돼 농지 개혁을 주도했다.

1950년대에 들어 이승만하고 결별한 조봉암은 '피해 대중을 위한 경제'와 '평화 통일'이라는 파격적 주장을 펼쳤다. 극우 자유당과 보수 민주당에 맞서 '진보 정당' 진보당도 만들었다. 진보당은 4·19를 계기로 나타나서 5·16 쿠데타라는 된서리를 맞고 사라진 사회대중당, 1987년 민주화 뒤 등장한 민주노동당 등 진보 정당의 선구자였다.

조봉암은 한국전쟁 직후인 1950년대에 활동한 사람이지만 한국 정치사에서 가장 많은 득표를 한 진보 정치인이다(김대중, 노무현, 문재인 대통령은 유럽의 사회민주당이나 사회당 같은 진보 정당이 아니라 미국 민주당 같은 자유주의 정당에 속한 자유주의 정치인, 곧 '리버럴liberal'이다). 이승만 정부가 저지른 엄청난 관권 부정 선거를 뚫고 조봉

농림부 장관에 취임한 뒤 각료들하고 찍은 사진. 이승만(앞줄 가운데) 바로 뒤편 왼쪽으로 셋째가 조봉암이다(죽산조봉암기념사업회 제공).

암은 1956년 대선에서 30퍼센트의 지지를 얻었다. 대구에서는 자그마치 득표율 70퍼센트를 기록했다. 한참 지난 1987년 민주화 뒤 진보정당 운동의 1세대 지도자 권영길 전 민주노동당 대표는 2002년 제16대 대통령 선거에서 3.89퍼센트의 지지를 받았다. 2세대 지도자 심상정 정의당 의원은 2017년 대선에서 6.17퍼센트를 득표했다.

조봉암이 기록한 높은 득표율은 보수 야당이 내세운 신익희 후보가 유세 도중 갑자기 급사한 덕분일 수도 있다. 사실 두 사람은 각자 선거 운동을 하되 투표 직전에 신익희로 후보를 단일화하자고 합의한 상태였다. 신익희가 사망한 만큼 조봉암을 지지해야 맞는 민주당은 '신익희 추모 투표'를 독려하면서 공산주의자는 찍지 말라고 만류했다. 통계를 이용해 정밀 분석을 하니 조봉암이 기록한 높은 지지율은 신익희 지지표가 옮겨온 덕분이라기보다는 '대중경제론'과 '평화통일론'이 지지를 받은 결과였다. 조봉암은 한국전쟁 중에 치른 1952년 대통령 선거에서도 이승만에 맞서서 11.4퍼센트를 득표했다.

매카시즘과 사법 살인의 첫 희생자

높은 지지율은 조봉암을 죽음으로 몰아갔다. 이승만 정부는 조봉암을 '빨갱이'로 몰아 사법 살인했다. 독재 정권이 정적을 빨갱이로 몰고 간첩단 사건을 터트려 정통성을 유지하는 한국판 매카시즘의 첫 희생자였다. 1956년 대선 뒤 이승만 정권은 대북 밀교역을 해온 이중간첩 양명산을 내세워 조봉암이 북한이 준 돈을 받고 평화 통일을 주장한 간첩이라며 사형을 선고했다. 조봉암은 4·19 혁명을 겨우 9개월 앞두고 형장의 이슬로 사라졌다.

2011년 대법원은 억울한 죽음을 당한 지 52년 만에 조봉암에게 무죄를 선고했다. 기념물이 세워지고 복권 운동이 진행되고 있지만 시련은 아직 끝나지 않았다. 유족들이 3·1 운동으로 투옥되고 독립운동을 하다가 또다시 7년 형을 산 사실을 들어 서훈을 신청하지만 정부는 조봉암이 일제 당국에 국방헌금을 낸 적 있다는 신문 기사를 근거로 심사를 보류했다. 또한 김일성이 1968년에 소련 고위 관리에게 자기가 조봉암이 진보당을 설립하고 대통령 선거에 나서는 과정을 도운 적 있다고 말한 사실을 기록한 구소련 문서가 발견됐다. 이런 주장은 설득력이 없어 보인다. 조봉암은 해방 뒤에는 공산주의하고 결별하고 북한 등 현실 사회주의를 '또 다른 형태의 독재'라 비판했다. 북한도 조봉암을 '변절자'라며 공격하다가 사법 살인을 당한 뒤에야 태

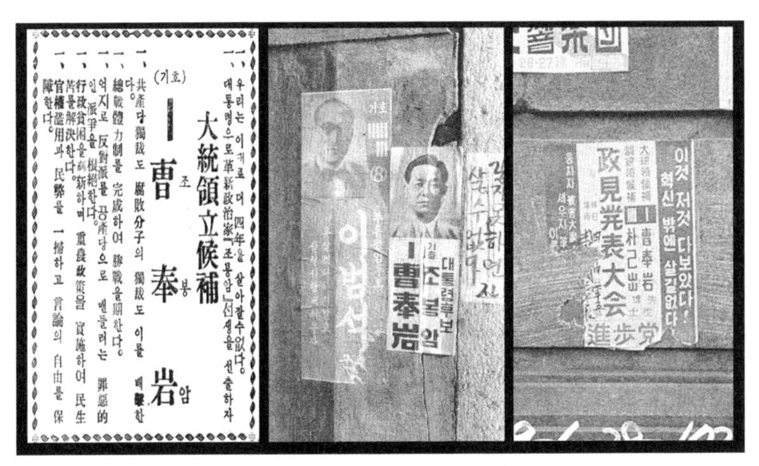

1956년 대통령 선거 때 조봉암이 쓴 선전물(죽산조봉암기념사업회 제공).

조봉암의 묘. 비석 뒷면에는 아무것도 쓰지 않았다.

도를 바꿔 '혁명 열사'로 칭송했다. 김일성이 자기가 남한에 영향력이 있다며 과장하려 거짓말을 했거나, 이중간첩 양명산이 돈은 챙기고 생색만 내는 이중 플레이를 하지는 않았을까?

조봉암을 찾아가는 길은 굴곡진 삶만큼 힘들었다. 길도 없는 묘역 사이로 올라가다가 다시 큰길로 나오기를 여러 번, 간신히 한용운 옆에 누운 조봉암을 찾았다. '우리가 독립운동을 할 때 돈이 준비되어 있어 한 것도 아니고 가능성이 있어서 한 것도 아니다. 옳은 일이기에, 아니하고는 안 될 일이기에 목숨을 걸고 싸웠지 아니하냐?' 어록을 새긴 돌을 지나 위로 올라가자 묘지와 비석이 나왔다. 누명에 항의하는 뜻을 담은 비문 없는 비석이었다. 진보의 불모지에서 진보 정당의 새로운 싹을 틔우려 싸우다가 형장의 이슬로 사라진 한 사람의 고독에 가슴이 메었다.

진보 정당의 길은 조봉암이 한 선택은 아니었다. 1950년대 초 이승만의 자유당에 맞서 반이승만 세력이 통합 야당을 만들 때 '자유민주파'라는 보수 야당 분파가 참여를 거부하는 바람에 어쩔 수 없이 독자 노선을 걸었다. 북한과 남로당이 볼 때 '변절자'인 조봉암을 보수 야당은 '빨갱이'라며 불신했다. 보수 야당은 1956년 대선에서도 조봉암을 지지하지 않았고, 정치적 재판과 사법 살인에도 침묵했다. 극단적 반공주의는 보수 야당도 크게 다르지 않았다.

야만의 제물이 된 낭만적 이상주의

조봉암은 공산주의자에서 전향한 뒤에도 끝까지 진보적 이상을 버리지 않은 '진보적 이상주의자'이지만, 많은 우파 정치인을 넘어선 '현실주의자'이기도 했다. 조봉암보다 우파인 김구는 미국과 이승만이 추진한 단독 정부가 분단을 영속화한다며 1948년 5·10 선거를 거부했고, 김규식도 불참했다. 제주 지역 좌파들도 단독 정부 반대 시위를 벌이다가 4·3 항쟁으로 이어졌다. 그러나 조봉암은 5·10 선거에 출마해 국회의원이 됐다. '분단주의자'라는 비판을 감수한 채 5·10 선거와 대한민국 정부 수립에 참여했고, 이승만 정부에서 농림부 장관이 됐다.

조봉암의 '현실주의'는 별로 '현실적'이지 못했다. 해방 공간에서 조봉암과 여운형이 함께 추진한 '중도 좌파'의 길, 이른바 좌우 극단주의를 넘어선 '제3의 길'은 미국과 소련이 남북한을 분할 점령하고 좌우가 대립하는 상황에서는 '낭만적 이상주의'일 뿐이었다. 조봉암의 죽음은 이승만이 대표하는 극우 반공 체제의 야만성과 보수 야당의 보수성을 과소평가한 낭만적 이상주의가 불러온 비극이었다.

찾을 곳

망우역사문화공원 서울특별시 중랑구 망우동 산57-1. **조봉암 생가 터** 인천광역시 강화군 강화읍 관청리 주차장 끝.

새 4·19기념탑은 광화문광장에

1995년 해방 50년을 맞아 보수 언론들은 약속이라도 한 듯 대대적인 캠페인을 벌였다. 진보 진영의 민중 사관에 맞서서 한국 현대사를 재평가한다며 '이승만 복권 운동'도 시작했다. 보수가 대한민국을 세운 '국부'라고 치켜세우는 이승만은 왜 뒤늦게 주목받은 걸까? 답은 수유리에 있다.

국민들이 처음 쫓아낸 독재자

"데모가 이적利敵이냐, 폭정이 이적이냐?"

"부정 선거 다시 실시하라!"

1960년 4월 19일 오후, 점점 불어난 군중은 10만여 명에 이르렀다. 전날 3·15 부정 선거에 항의하는 국회 연좌 농성을 마치고 집으로 돌아가는 고려대학교 학생들을 이승만 정권이 사주한 정치 깡패들이 쇠몽둥이 등으로 무차별 공격한 사건에 분노해 거리로 나온 사람들이었다. 시위대는 광화문에서 이승만이 있는 경무대로 행진하기 시작했다.

"탕, 탕, 탕!"

경무대 앞을 지키는 경찰들이 시위대를 향해 총을 쐈다. '피의 화요일'이 시작되는 신호였다. 이승만이 계엄령을 선포하지만 경찰에 의존

4·19 혁명은 부정 선거에 분노한 남녀노소가 참여했다.
사위를 벌이는 초등학생들(민주화운동기념관 전시 자료).

하고 경찰을 우대한 정부에 불만이 많던 군은 정치적 중립을 유지했다. 시위대는 경찰서에서 빼앗은 소총으로 무장하고 눈에 띄는 차를 징발해 시내를 누비며 총격전을 벌이다가 고려대학교로 후퇴했다. 고려대학교는 '4·19의 전남도청'인 셈이었다. 5·18에 벌어진 전남도청 학살 같은 참극이 일어날 뻔했지만, 군 지휘관이 부관 두 명을 데리고 강당으로 와 태극기에 덮인 시신에 정중하게 조의를 표했다. 이 모습을 본 시위대도 군을 믿는다며 무장을 해제했다. 전두환하고는 다른 대응이었다.

4·19의 기폭제가 된 고려대학교 시위를 기려 세운 4·19혁명 기념 조각.

진정되는 듯하던 정국은 대학생들에 이어 교수들이 이승만 하야를 요구하는 시위를 벌이고 미국까지 등을 돌리면서 빠르게 기울었다. 이승만은 마지못해 하야했다. 4월 26일에 하야 성명을 발표한 뒤에도 국가가 혼란에 빠진다며 사임서에 서명을 거부하면서 마지막까지 추한 모습을 보였다. 이승만은 독재 권력을 이어가려 부정 선거를 저지르고 항의하는 국민 186명의 목숨을 빼앗은 죄를 지어 하와이로 쫓겨났다. 박근혜에 앞서서 국민들이 처음으로 직접 쫓아낸 지도자였다. 그런 만큼 이승만 복권은 쉽지 않은 과제였다.

모든 사건이 그러하듯 4·19 혁명은 사건사적 원인과 구조적 원인을 함께 살펴야 한다. 4·19가 일어난 직접적인 이유는 부정 선거에 항의하는 대구 2·28 민주운동, 3·15 부정 선거, 마산 3·15 의거, 이 과정에서 최루탄에 맞아 사망한 김주열 열사 시신 유기 사건(이 책 32장, 41장 참조), 4월 18일 고대생 습격 사건이었다.

구조적으로 보면 이승만 장기 집권과 심각한 실업 등 경제 위기다. 대졸자도 일자리를 구하지 못할 정도였다. 1950년대에 한국은 미국이 준 원조 물자를 가공하는 '삼백 산업'(밀가루, 설탕, 면직물)이 중심이었는데, 1950년대 말에는 이런 산업의 활력이 소진된데다가 미국의 제3세계 전략이 원조에서 차관으로 바뀌면서 경제 위기가 깊어졌다. 게다가 미국이 1950년대 말부터 동아시아에 미-일-한으로 이어지는 안보 삼각 동맹을 추진하면서 한-일 국교 정상화를 압박하지만 이승만은 말을 듣지 않았다. 미국은 이승만을 교체할 필요가 있었다.

미완의 혁명, 4·19

수유리 국립4·19민주묘지에 가면 4·19민주혁명기념탑 뒤로 줄지어 늘어선 묘비들이 보인다. 모두 186기다. 민주주의 제단에 목숨 바친 이들을 애도하기 전에 두 가지 문제를 짚어야 한다.

첫째, '4·19혁명'이라는 명칭이다. 박정희가 5·16 쿠데타에 성공한 뒤 '의거'로 폄하하지만 우리는 대부분 '혁명'이라 불렀다. 4·19는 정말 혁명일까? 혁명이라면 왜 혁명일까? 혁명이라고 보는 이유는 독재자 이승만을 몰아내는 데 성공한 때문이다. 그러나 단순히 그 점 때문이라면 4·19는 혁명이 아니라 '성공한 항쟁'일 뿐이다. 박근혜 탄핵 촛불 '항쟁'이 그러하듯 사회 구조 등에서 근본적 변화가 일어나지 않은 탓이다.

그렇다면 4·19는 근본적 변화를 이끌지 못한 '항쟁'일 뿐일까? 나는 '혁명'이라고 생각한다. 4·19는 혁명이되 '미완의 혁명'이다. 이승만이 하야한 뒤를 주목해야 한다. 4·19는 이승만이 하야한 뒤 2단계에 접어들었다. 억눌린 민중이 움직이기 시작했다. 먼저 보도연맹과 거창 민간인 학살 등 학살 피해자들이 진상 규명과 명예 회복을 요구했다. 피해자들은 곳곳에서 유가족회를 구성했다. 거창 지역 피해 유가족들

수유리 국립4·19민주묘지 전경.

은 학살에 적극 가담한 마을 이장에게 사과를 요구하다가 거부하자 산 채로 불을 지르기도 했다. 어용 노조에 맞선 한국교원노조총연합회 같은 자주적 노조가 생겨났고, 사회대중당과 사회당 같은 진보 정당이 국회에 진출했다.

극우 분단 체제에 맞선 도전이 가장 극적이었다. 남북한 영세 중립화를 내건 통일운동이 나타났고, 혁신 정당과 관련 조직들이 자주, 평화, 민주라는 3대 원칙 아래 통일을 추진하자며 민족자주통일중앙협의회(민자통)를 결성했다. 1961년 봄, 학생들은 '가자, 북으로! 오라, 남으로! 만나자, 판문점에서'라는 구호를 외치며 남북 학생 평화 교류를 추진했다. 극우 분단 체제를 전복하는 이런 혁명은 5·16 쿠데타에 가로막혔다. 따라서 4·19는 미완의 혁명이다.

둘째, 4·19를 '학생 혁명'으로 보는 시각이다. 4·19에서 학생들이 중요한 구실을 했지만, 학생 못지않게, 어쩌면 더 중요한 계층은 도시 하층민이다. 4·19 희생자 분포를 보면 사망자 186명 중 학생은 22명, 하층 노동자는 61명, 무직자는 33명이다. 4·19를 단순히 학생 혁명으로 보면 평범한 이들의 고귀한 희생을 외면하게 된다.

> 여기는 1960년 4월 불의와 독재에 항쟁하다가 희생된 186명의 젊은 혼들을 모신 곳이다. 이들의 정신을 길이 받들고자 1962년 3월 23일 재건국민운동본부 안에 각계각층을 망라한 기념탑 건립 위원회를 구성하고, 1962년 11월 21일에 기공하여 전국민의 성금과 국고 보조로 이 공사를 진행하여 오늘로써 제막식을 거행하다.

4·19혁명기념탑 앞에 세운 조각 뒤편에 새긴 '4월학생혁명기념탑을 세우며'라는 글이다. 이 글을 읽고 나는 4·19 묘역이 5·16 쿠데타

직후에 군사 독재 냄새 풀풀 나는 재건국민운동본부라는 조직을 구성해 만든 곳이라는 사실을 알았다. 이승만을 '성웅 이순신 같은 위인'으로 극찬하고, 4·19를 짓밟은 5·16 쿠데타에 연구비로 받은 돈을 지원하고, 공화당 창당 선언문을 쓰고, 유신과 전두환 지지에 앞장선 어용 문인 이은상이 '사월 학생 혁명 기념탑'이라는 글을 쓴 사실도 알았다.

5·16 쿠데타 세력은 이승만을 성군이라 찬양한 어용 문인 이은상에게 4·19 기념사를 짓게 했다.

1960년 4월 19일 이 나라 젊은이들의 혈관 속에 정의를 위해서는 생명을 능히 던질 수 있는 피의 전통이 용솟음 치고 있음을 역사는 증언한다.
부정과 불의에 항쟁한 수만 명 학생 대열은 의기의 힘으로 역사의 수레바퀴를 바로 세웠고 민주 제단에 피를 뿌린 186위의 젊은 혼들은 거룩한 수호신이 되었다.
해마다 4월이 오면 접동새 울음 속에 그들의 피 묻은 혼의 하소연이 들릴 것이요 해마다 4월이 오면 봄을 선구하는 진달래처럼 민족의 꽃들은 사람들의 가슴마다에 되살아 피어나리라.

아무리 5·16 세력하고 친분이 두텁다 해도, 4·11 마산 항쟁이 '적을 이롭게 하는 지성을 잃어버린 데모'이며 '고향 마산에서 터져 나온 일이기에 더욱 분개'한 이은상에게 어떻게 4·19혁명기념탑에 새길 글을 의뢰할 수 있을까? 자기 입으로 성웅이라 칭송한 이승만을 무너트린 4·19, 스스로 북괴를 돕는 이적 행위라 힐난한 4·11의 연장선상에 놓인 4·19를 칭송하는 글을 이은상은 어떻게 쓸 수 있을까?

광화문광장에 4·19기념탑을

《친일인명사전》에 오른 조각가 김경승이 만들고 어용 문인 이은상이 글을 쓴 4·19혁명기념탑은 원래 광화문에 세울 계획이었다. 시위대가 모이는 중심이 될지 모른다는 염려 때문에 수유리로 밀려났다. 최석태 미술평론가는 〈김경승 평론〉에서 이런 주장을 했다. "5·16 세력이 4·19를 짓밟지 않았나? 그것을 가리려고 성역화한 것 아닌가? 4·19탑에는 정신이 송두리째 빠져 있다. …… 4·19탑은 철거돼야 한다. 아니 독립기념관으로 보내야 한다. 친일 작가들이 이렇게 만들었다는 증거로, 친일 유물로."

넓은 공간이 필요한 묘역이라면 몰라도 기념탑은 광화문 앞이 제격이다. 역사의 현장 광화문에 새 4·19혁명기념탑을 세우자.

찾을 곳

4·19민주묘지 서울특별시 강북구 수유동 580-1. **고려대학교 4·18기념 부조** 서울특별시 성북구 안암로 145(본관과 중앙광장 사이 왼쪽).

민족은 없고 반공만 있던 어느 대통령

"노동자에게 조국이란 없다. …… 만국의 노동자여 단결하라." 민족이나 조국보다 계급과 이념이 더 중요하다는, 《공산당 선언》의 한 문구가 생각났다. 이승만이 살다가 지금은 이승만대통령기념관으로 바뀐 이화장에 갔다. 문이 굳게 닫혀 있었다. 큰 키를 이용해 담장 안을 들여다보니 낡은 동상이 눈에 들어왔다. 공산주의라면 치를 떨 대표 반공주의자 이승만 동상을 보고 왜 《공산당 선언》이 떠오른 걸까?

언덕에서 내려다본 이화장 정원에 이승만 동상이 서 있다.

"나에게 민족이란 없다. …… 만국의 반공주의자들이여 단결하라!" 이승만을 한마디로 요약하려다가 떠오른 문구였다. 이승만은 반공을 명분으로 독립운동가를 고문한 노덕술 등 친일 경찰들을 중용해 김원봉 같은 좌파들을 때려잡았고, 친일파를 처단하려 만든 반민특위를 해체시켰다(이 책 83장 참조). 이승만에게 선악을 가르는 최고이자 유일한 기준은 반공이었고, 반공이라는 이념이 민족 위에, 아니 다른 모든 가치 위에 있었다. 그런 점에서 이승만은 카를 마르크스를 닮았다(좌파들은 《공산당 선언》을 모독하는 짓이라고 분노할 수 있겠다). 사실 반공도 이승만의 최고 가치는 아니었다. 바로 권력욕이었다.

반공 뒤에 감춘 권력욕

박정희하고 함께 한국 현대사에서 가장 논쟁적인 인물인 이승만은 1875년 황해도 평산군에서 몰락한 양반집 막내로 태어났다. 서당을 다니며 공부해 과거를 보지만 낙방했다. 1895년 미국 선교사들이 세운 배재학당에 스무 살 늦깎이로 들어가면서 인생이 바뀌었다. 출세의 기반이 된 미국과 기독교를 만난 덕분이었다.

서재필이 한 강의를 듣고 감복한 이승만은 독립협회에 참여했고, 1899년 박영효 세력이 벌인 고종 폐위 운동에 연루돼 투옥됐다. 비슷한 시기에 벌어진 동학농민혁명을 이승만은 어떻게 바라봤을까? 이승만은 그때 이미 성년이었고, 동학농민혁명이 진압되고 나서 4년 뒤에 왕정 폐지와 공화정을 주장하다가 감옥에 갔다. 김구는 낡은 봉건체제를 혁파하는 한편 일본에 맞서려 한 동학농민혁명에 앞장섰지만, 이승만은 동학을 도적이라는 뜻에서 '동비東匪'라 불렀다. "생각해보면, 다리가 떨립니다. 더구나 작년 이래로 동비의 여당餘黨이 뱀처럼 서리고 지렁이처럼 뭉쳐 산으로 들어가 …… 깃발을 들어 충의를 칭했습니다"(유영익, 《이승만 연구》, 일조각, 31쪽). 이승만의 반민중성과 보수성을 보여 주는 이 구절을 읽는 나도 다리가 떨렸다.

영어와 성경을 공부해 죄수와 간수에게 기독교를 전파하던 이승만은 영어를 잘하고 미국에 인맥이 있다는 이유로 민영환이 주선해 5년 반 만에 특별 사면됐다. 곧바로 조선이 보전되도록 요청하는 임무를 띠고 1904년에 미국을 방문했다. 임무에는 실패하지만 선교사들이 도운 덕분에 1910년 프린스턴 대학교에서 정치학 박사 학위를 받았다. 귀국한 이승만은 서울기독청년회YMCA 총무로 취임해서 선교 활동을 했다. 국권피탈 뒤 일제가 탄압을 시작하자 1년 뒤 감리교 총회에 참석한다는 핑계를 대고 미국으로 탈출했다. 그 뒤 1945년 해방이 될 때까지 이승만은 주로 미국에 머물렀다. 다른 많은 독립운동가들처럼 일제에 체포돼 고문을 당하거나 투옥되는 고통을 겪지 않았다.

이 시기에 이승만이 보인 행적은 논쟁적이다. 미국 신문에 일본이 조선을 근대화한다는 글을 싣고, 하와이에서 무장 독립운동을 준비하던 박용만을 미국 정부에 밀고하고, 교포들이 기부한 독립운동 자금으로 미국 여성들하고 호화 생활을 즐겼다. 1919년 임시 정부의 초대 집정관 총재(대통령)로 선임되지만 유엔에 위임 통치를 청원하려 한 일과 미국에 머무르며 업무를 등한시한 직무 태만 등으로 탄핵됐다. 화난 이승만은 미주 지역에서 보내던 재정을 끊었고, 가장 큰 자금원이 사라진 임시 정부는 존재감이 크게 약해졌다.

1945년 해방이 되자 이승만은 도쿄에서 더글러스 맥아더를 만나서 맥아더 전용기를 타고 함께 귀국했다. 이미 70세로 유력 독립운동가 중에서 가장 나이가 많았고, 미군이 도착하기 전에 여운형이 주도해 선포한 조선인민공화국도 주석으로 추대하려 할 정도로 명성을 누렸다. 그렇지만 일제 강점기 민족해방운동을 주도한 좌파가 정국을 장

1948년 7월 20일에 제헌 국회에서 초대 대통령으로 선출돼 같은 달 24일에 중앙청에서 취임사를 하는 이승만 (이승만기념관 전시 자료).

악한 만큼 권력을 잡기는 쉽지 않았다. 결국 이승만은 가짜 뉴스에 바탕한 반탁 운동을 펼쳐 승기를 잡은 뒤 미국과 노덕술 같은 친일 경찰들 도움을 받아 권력을 잡았다 (이 책 81장, 82장 참조).

1948년 7월 20일에 국회가 뽑는 간선제 대통령으로 선출된 이승만은 자기의 권력 기반인 친일 경찰들을 처벌하려 하자 반민특위를 와해시켰다. 여순 사건 때 민간인을 대량 학살했고, 이 일을 빌미로 국가보안법을 제정해 '국보법 시대'를 열었다. 1950년 제2대 국회의원 선거(5 · 30 선거)에서 남북 협상파가 약진하는 등 위기에 몰리지만 한국전쟁 덕으로 살아났다. 한국전쟁 때는 20만 명에 가까운 국민보도연맹 가입자를 북한에 협력할지 모른다는 이유로 처형했다. 비리 때문에 12만 명이 굶어 죽고 얼어 죽은 국민방위군 사건을 공산주의자들의 음모라 우기고 산청 · 함양 · 거창 민간인 학살 사건을 저지른 범인들을 애국자라며 옹호했다. 안하무인격 국정 운영에 반발해 국회가 내각제 개헌을 추진하자 1952년 5월 부산 정치 파동을 일으켜 직선제 개헌을 관철한 뒤 대통령에 재선했다.

1954년 11월 27일에는 찬성표가 개헌에 필요한 3분의 2에 한 표가 모자란데도 '사사오입'이라는 논리로 3선 연임 개헌안을 관철시켜 장기 집권에 들어갔다. 1956년 대통령 선거에서 조봉암이 선전하자 간첩으로 몰아 사법 살인을 했고, 1960년에는 여든다섯 나이에도 노욕을 버리지 못하고 4선을 하려 3·15 부정 선거를 저질러 4·19 혁명으로 쫓겨났다(해방 뒤 이승만 관련 사건은 이 책 2장, 3장, 16장, 35장, 37장, 38장, 56장, 84장, 85장, 86장 참조).

북한 덕분에 대접받는 '국부'

이승만이 쓴 전가의 보도가 '공산주의자들의 음모'였다. 정치적으로 불리한 일이 터지면 무조건 공산주의자들이 꾸민 음모로 몰아갔다. 반민특위, 국민방위군 사건, 조봉암 사법 살인 등 이승만은 권력욕을 채우고 극우 정권을 유지하려 너무 많은 사람을 죽였다. 광주 학살 주범 전두환이나 유신의 독재자 박정희도 따라올 수 없는 정도였다.

냉전적 보수 세력이 그런 이승만을 옹호할 때 꺼내드는 비장의 카드도 북한이다. 잘못이 많지만 이승만 (그리고 이승만이 집권할 수 있게 해준 미군정) 덕분에 대한민국이 존재하고 우리가 북한처럼 살지 않는다는 주장이다. 이런 주장은 사회적 현상을 판단할 때 과정의 정당성은 무시하는 결과론일 뿐이다(이 책 81장 참조).

미군정과 이승만이 아니라 민중이 바라는 길을 갔으면 우리는 정말 북한처럼 됐을까? 많은 한국인들이 바란 대로 통일이 되든 어쩔 수 없이 분단이 되든 미군정과 이승만이 아니면 우리도 북한처럼 살 수밖에 없었다는 주장은 억지다. 북한도 세습 독재 체제로 가지 않았을 가능성이 크며, 우리도 극우적 길을 걷지 않았을 개연성이 높다. 설사 이승만 덕분에 북한처럼 살지 않게 됐다고 해도 문제는 남는다. 바로 '자주적 결정'을 할 권리다. 한 국가의 주권자인 국민은 다수 의견에 따라 국가가 나아갈 길을 선택할 권리가 있다. 자기를 민족의 구세주로 여기며 자기만 옳다고 믿는 한 사람이 우매한 국민을 위한다는 명분을 내세워서 절대다수의 뜻을 거스른 채 외세의 힘을 빌려 제멋대로 한 국가의 진로를 결정할 수는 없다.

마지막으로, 이승만 덕분에 지금같이 잘살게 됐으니 감사해야 한다는 말은, 고향을 떠나 노예로 끌려간 덕에 미국에서 그나마 자유를 누리고 잘살고 있으니 아프리카계 미국인들이 백인 노예상은 물론 동족을 노예로 팔아넘긴 악덕 추장에게 감사해야 한다는 소리나 마찬가지다(이 책 81장 참조).

반공을 빌미로 반대파를 죽인 대통령

강원도 고성군 화진포는 바다를 끼고 절경이 펼쳐진 곳이다. 그곳에 이승만 별장이 있다. 4·19 혁명과 5·16 쿠데타를 거치며 폐허가 된 이곳을 1990년대 말에 전시관으로 복원했다. 대통령 별장인 청남대에는 역대 대통령 동상이 서 있다. 한복 입은 이승만 동상 앞에 서니 해방된 조국에서 친일 고문 경찰 노덕술에 시달리다가 북으로 넘어간 김원봉, 고문받고 처형된 광주학생독립운동의 주역 장재성 등 좌파

청남대에 있는 이승만 동상. 이승만은 국민방위군 사건을 공산주의자의 음모로 몰아갔다.

독립운동가들 얼굴이 떠올랐다. 제주 4·3 등 미군정기에 벌어진 사건은 빼더라도 여순 사건 희생자, 보도연맹 가입자, 산청·함양·거창 희생자 등 이승만 정권이 한국전쟁에 관련해 학살한 민간인들, 국민방위군 사건 때 굶어 죽고 얼어 죽은 젊은이들, 조봉암과 김약수 등 사법 살인한 정치인들, 부정 선거에 항의한다며 목숨을 빼앗은 186명의 얼굴이 주마등처럼 지나갔다. 이승만은 너무 많은 사람을 죽였다.

찾을 곳

이화장 서울특별시 종로구 이화장1길 32. **이승만 별장** 강원도 고성군 현내면 이승만별장길 33. **청남대** 충청북도 청주시 상당구 문의면 청남대길 646.

우리 동네 공원은 역사 전쟁의 현장

"자, 이제 작전을 시작합시다."

1961년 5월 16일 새벽, 서울시 영등포구 문래동에 자리한 6관구 지하 벙커. 별 두 개짜리 모자를 쓴 깡마르고 눈매가 날카로운 군인이 자기 앞에 모인 장교들에게 결연하게 말했다. 한국 현대사를 근본적으로 바꾼 사건이자 군사 독재가 한국 사회를 30년 넘게 지배하게 만든 5·16 쿠데타가 시작됐다.

이 지하 벙커는 쿠데타 지휘 본부였다. 쿠데타를 주도한 박정희 2군 부사령관은 1년 전까지 서울을 방어하는 6관구 사령관을 지내 이곳을 잘 알았다. 김포에서 온 해병대와 공수특전단 등 2500여 명은 한강대교에서 가벼운 총격전을 벌인 뒤 한강을 건너 육군본부와 주요 시설을 장악했다. 피로 얻은 민주주의가 1년 만에 무너졌다.

1961년 5월 16일, 6관구를 출발해 중앙청에 도착한 박정희.

동네 공원으로 바뀐 5·16의 발상지

6관구 지하 벙커는 1985년 6관구

박정희 흉상 밑에는 '5·16혁명 발상지'
라는 문구를 새겨놓았다.

의 후신인 수도경비사령부가 이전하면서 문래근린공원으로 바뀌었다. 지하철 2호선 문래역에서 내려 5분 정도 걸어가면 된다. 가벼운 차림으로 산책 나온 시민들은 이곳에 얽힌 사연을 잘 모를 듯하다. 고등학교 시절 이 근처에 산 나도 들은 적이 없다. 공원 맨 구석에 자리한 지하 벙커는 아무 표시 없이 입구가 굳게 닫힌 채 운동 기구들에 둘러싸여 있다.

지하 벙커에서 조금 가면 낯선 복장을 한 낯익은 얼굴이 보인다. 별 둘 달린 군모를 쓰고 어깨에 별 둘 달린 군복을 입은 박정희 흉상이다. 5·16 쿠데타 때 박정희를 본뜬 모습인데, 밑에는 '五·一六革命發祥地'라고 새겨져 있다. 오른쪽에 초록색 새마을기

5·16 쿠데타에서 지휘 본부 구실을 한 6관구 지하 벙커.

가 꽂혀 있고 왼쪽에 태극기가 펄럭이는 이 흉상의 뒷면에는 오랜 세월 닳고 닳아 읽기가 쉽지 않은 글자들이 보인다.

뿌리 깊은 나무는 바람에 아니 흔들리나니
차마 부정 불의 무능의 천지를 볼 수 없었다
나라를 구하라는 일편단심 침착 용단 과감
결연히 이곳에 칼을 뽑아
창공을 향하여 성화를 높이 들다
— 1966년 7월 7일

5·16 쿠데타 5년 뒤인 1966년에 만든 흉상을 올려다보니 몇 년 전 처음으로 수면 내시경 검사를 받은 일이 생각났다. 마취에서 깨니 거의 20년 동안 몸이 아플 때면 찾아가는 동네 의사가 심상치 않은 얼굴을 하고 있었다. 나는 최대한 동요를 가라앉히려 노력했다.

"그래, 위암 몇 기예요?"

"몇 기가 아니라, 교수님, 왜 박정희 욕을 그렇게 하세요?"

마취 상태에서 '박정희 개새끼' 같은 욕을 계속 한 모양이었다. 대학 시절 잡혀가 고문당하고 감옥 가고 학교도 잘렸다지만, 수십 년 지난 지금도 박정희를 증오하는 마음이 남아 있었다. 놀랍기도 하고 부끄럽기도 했다.

역사 전쟁은 진행 중

이곳은 내 잠재의식처럼 '역사 전쟁'이 벌어지는 치열한 현장이다. 2000년 민족문제연구소 회원 등이 '한목숨 다해 충성함'이라는 충성 혈서까지 써서 만주국 육군군관학교에 입학하고 일본군 장교로 복무한 박정희의 친일 경력을 문제 삼아 이 흉상에 욱일기를 씌운 뒤 밧줄로 묶어 쓰러트려 가져가려다가 징역 1년 6개월 형을 받았다. 영등포구청은 철거 과정에서 코 부분이 훼손된 흉상을 다시 설치했고, 2006년 '박정희대통령정신문화선양회'가 코를 복원했다.

2016년 12월에는 조형 예술가 최황이 이 흉상에 빨간색 스프레이를 뿌리고 좌대에 '철거하라'고 쓴 뒤 에스엔에스에 이런 글을 올렸다. "박정희는 일왕에게 충성을 다짐하고 만주군에 합류한 친일 군인이었고, 쿠데타를 통해 정권을 장악했으며, 경제 발전을 빌미로 수많은 비민주적인 행위와 법치를 훼손한 인물이다. 또 한국 사회에 '빨갱이'라는 낙인 효과를 만들어낸 악인이다." 법원은 여론 청원 등 다른 절차를 밟아야 한다며 100만 원 벌금형을 선고했다.

연이은 수난 탓인지 흉상 주변에는 철제 울타리가 있었다. '경고 — 박정희 대통령 흉상과 지하벙커에 대하여 손괴(파괴)하는 자는 이유 여하를 불문하고 민·형사 처벌함을 경고함'이라는 경고문과 '그립습니다 우리의 영웅이시여!!' 라고 쓴 화환도 보였다.

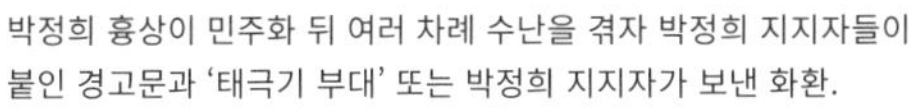
박정희 흉상이 민주화 뒤 여러 차례 수난을 겪자 박정희 지지자들이 붙인 경고문과 '태극기 부대' 또는 박정희 지지자가 보낸 화환.

총으로 일어선 자, 총으로 쓰러진 자

여러 생각이 스쳐갔다. 박정희는 다른 젊은이들이 목숨을 걸고 독립운동을 할 때 일왕에 충성을 맹세하고 독립군을 때려잡은 친일 군인에, 민주 정부와 민주 세력을 짓밟은 독재자일 뿐일까? 박정희 흉상은 철거해야 할까? 부끄러운 역사를 보여주는 유적으로 보존해야 할까? 아니면 박정희는 보수 세력이 칭송하듯 수천 년 이어진 가난에서 민족을 구한 '구국의 영웅'일까? 두 극단 사이에는 박정희가 경제 발전에 어느 정도 공이 있지만 과오가 더 크다는 '공3과7'론부터 과오도 있지만 공이 더 크다는 '공7과3'론까지 다양한 시각이 있다. 이승만과 박정희는 한국 현대사에서 가장 논쟁적인 인물이 틀림없다.

결국 이 문제는 두 가지 질문에 좌우될 수밖에 없다. 첫째, 한국의 경제 발전이 과연 박정희 덕분이었을까? 둘째, 경제 발전이 박정희 덕분이라면 그 성과는 박정희의 부정적 측면을 넘어설 정도로 긍정적이었을까?(이 책 45장 참조) 어떤 답을 하든 박정희는 하나는 확실히 보여줬다. '총으로 일어선 자, 총으로 쓰러진다'는 교훈 말이다. 박정희는 부인 육영수를 총에 잃었고, 자기 자신도 최측근의 총에 쓰러졌다.

덧글

마산의 역사 전쟁

박정희와 5·16을 둘러싼 '역사 전쟁'은 여러 곳에서 계속되고 있다. 창원시 마산회원구 회원천에 가면 임진왜란 때부터 이곳을 지킨 500년 거목을 만난다. '방자한 세력이 재앙을 부르는 것을 우리 군대가 나서서 위무도 당당하게 혁명을 성공시켰다.' 느티나무 밑에는 생뚱맞게도 '5·16군사혁명기념비'가 버티고 있다. 5·16 쿠데타가 일어나고 두 달 뒤인 1961년 8월에 쿠데타에 가담한 사단장이 자란 집안에서 세운 비

창원시 회원천 둔치에 있는 5·16군사혁명기념비.
민주화 뒤 시민단체들이 철거해 개천에 버린 비를 주민들이 다시 세웠다(임영일 제공).

석이다. 박정희와 유신 체제를 끝장낸 부마 항쟁 20주년을 맞은 1999년, 시민단체 열린사회희망연대가 유신 철폐에 온몸을 불태운 민주의 고장 마산에 유신 잔재가 남아 있는 현실이 수치스럽다면서 이 비를 철거해 천변에 버렸다. 그러자 보수 성향 주민들이 나서서 원래 자리에 다시 세웠다. 비석 옆에는 동민을 대표한 보존회장 이름으로 이 비석을 다시 세운 이유를 적어놓았는데, 닳아서 읽기가 쉽지 않다. '…… 광명의 역사든 오욕의 역사든 …… 보존하여 역사의 반면교사로 나라 발전의 디딤돌로 삼아야 한다는 의미에서 …… 다시 세운다.'

찾을 곳

문래근린공원 서울특별시 영등포구 문래동 3가 66. **회원천** 경상남도 창원시 마산회원구 회원동.

89. 종로 | 평화시장

아름다운 청년 전태일의 못 다 이룬 꿈

"근로기준법을 준수하라! 우리는 기계가 아니다! 일요일은 쉬게 하라! 노동자들을 혹사하지 마라!"

1970년 11월 13일 오후 1시 30분 무렵, 청계천 평화시장 앞길에서 한 젊은이가 불길에 휩싸여 단말마처럼 고함을 지르고 쓰러졌다. '아름다운 청년 전태일'의 신화가 탄생하는 순간이었다.

아름다운 청년이 꾼 아름다운 꿈

대구시 명덕역 근처 명덕초등학교 옆에는 다 찌그러진 작은 집이 하나 있다. 전태일이 살던 곳이다. 대구 지역 시민사회 인사들이 시민 모금 운동을 벌여 이 집을 사들인 뒤 기념관으로 꾸몄다(전태일 생가는 개발에 밀려 사라졌다). 전태일은 태어날 때부터 짧은 삶을 마감할 때까지 가난에 맞서 싸웠다. 네 살 때 아버지가 사업에 실패해 다른 가족들이 부산으로 내려가는 바람에 어머니 이소선 여사하고 함께 판잣집을 짓고 지냈고, 7살 때에는 서울에 와 천막촌에 살았다. 또 사업이 망한 아버지가 술로 밤을 지새우고 어머니는 몸져눕자 졸지에 가장이 된 열두 살 전태일은 신문팔이와 구두닦이 등을 해 생계를 벌었다.

'내 인생에서 가장 행복했던 시절.' 가족들이 다시 대구로 내려오면

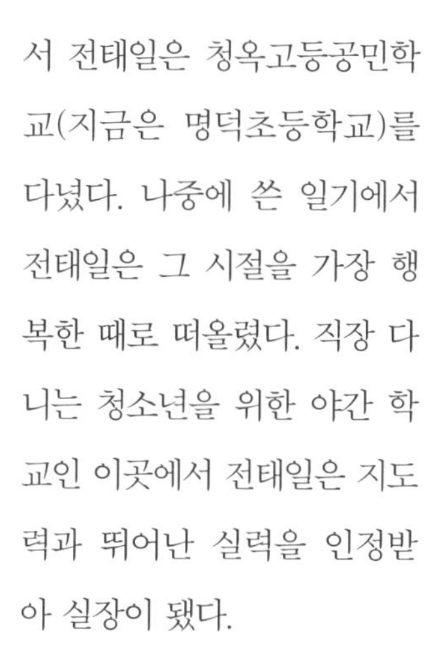

서 전태일은 청옥고등공민학교(지금은 명덕초등학교)를 다녔다. 나중에 쓴 일기에서 전태일은 그 시절을 가장 행복한 때로 떠올렸다. 직장 다니는 청소년을 위한 야간 학교인 이곳에서 전태일은 지도력과 뛰어난 실력을 인정받아 실장이 됐다.

대구에 있는 전태일 열사 옛집. 대구 지역 시민사회 인사들이 사들여 기념관으로 꾸몄다.

행복은 오래가지 않았다. 서울로 식모살이를 떠난 어머니를 따라 열일곱 전태일도 막내를 업고 올라갔다. 전태일은 공부하고 싶은 마음을 접어둔 채 서울역 등에서 노숙을 하면서 구두닦이, 껌팔이, 리어카 밀기 등 갖가지 일을 했다. 1년 뒤인 1965년에 판잣집이지만 전세방을 마련하고 평화시장 봉제 노동자로 첫발을 내딛었다.

희망에 차 시작한 노동자 생활은 곧 환멸로 다가왔다. 업주와 재단사가 결탁해 어린 여성 노동자(시다)들을 착취하는 모습을 본 전태일은 자기가 나서서 현실을 고치기로 마음먹었다. 재봉사를 그만두고 월급이 훨씬 적은 재단사 보조가 된 전태일은 '상습 범법자'였다. 점심을 굶는 시다들이 불쌍해 차비를 털어 점심을 사주고는 청계천에서 도봉산까지 걸어서 퇴근하다가 통행금지(밤 12시부터 새벽 4시까지 통행을 금지한 조치로, 전두환 정부 들어 폐지됐다)에 걸려 거의 날마다 경찰서에 잡혀갔다.

전태일은 새로운 꿈을 꾸기 시작했다. 자본가가 돼 자기 이름을 딴 '태일피복'을 만들고 싶었다. 부자가 되려는 생각은 아니었다. 세금 제대로 내고, 근로기준법 잘 지키고, 임금과 복지 혜택 제대로 주면서도 사업할 수 있다는 사실을 증명하려는 작정이었다. 자본금을 마련하려고 안구를 기증할 결심까지 했다.

전태일의 삶은 1968년 우연히 근로기준법을 알면서 바뀌었다. 근로기준법 해설서를 사 밤새워 공부하면서 노동조합을 만들기로 결심했다. 근로기준법도 모른 채 착취당한 노동자들이 이제 바보처럼 살다가 죽지는 않겠다는 뜻에서 '바보회'를 조직했다. 청계천 피복 노동자 실태 조사도 벌였다. 조사 결과를 보면 시다들은 평균 15살의 소녀로, 환기 시설 하나 없고 일어나기도 힘든 좁고 먼지 가득한 공장에서 일요일도 쉬지 않고 하루 14시간씩 일했다. 살인적인 저임금(시간당 70원)에 시달렸고, 대부분 직업병을 앓았다. 근로기준법을 어긴 만큼 전태일은 관계 부처에 계속 진정하고 고발했다. 절절한 호소는 철저히 외면당했고, 기업주들은 전태일과 바보회를 빨갱이로 몰았다.

1970년 11월 13일, 부당한 현실을 고발하는 근로기준법 화형식을 준비했다. '우리는 재봉틀이 아니다'나 '일주일에 한 번만이라도 햇볕을' 같은 구호, 그리고 '우리도 인간임을 인정해주십시오'라는 대통령에게 보내는 메시지도 준비했다. 오전에 평화시장 앞에서 피켓 시위를 시작하지만 경찰에 피켓을 빼앗기고 화형식도 무산됐다. 절망한 전태일은 이런 현실을 바꾸려면 자기 생명을 던질 수밖에 없다고 생각했고, 그날 오후 이런 결심을 실행에 옮겼다.

'지금 이 순간의 나'

전태일의 분신은 여러 면에서 중요하다. 첫째, 수출 주도형 산업화에 바탕한 '한강의 기적' 뒤에 숨겨진 장시간 저임금 노동 착취의 현실이다. 청계천 피복 노동자 실태 조사가 잘 보여주듯 한강의 기적은 이런 노동자들의 피와 땀과 눈물, 카를 마르크스가 쓴 표현을 빌리면 '완

전태일이 근로감독관에게 쓴 고발장(전태일기념관 전시 자료).

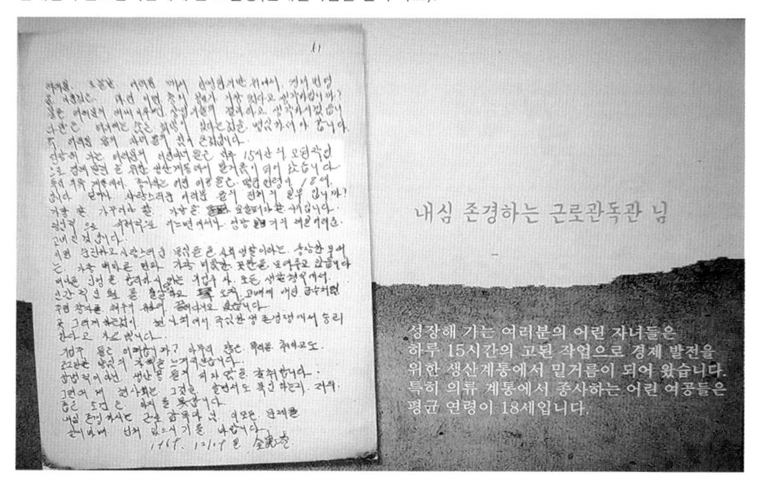

만한 학살' 덕분에 가능했다.

둘째, 전태일이 분신한 이유, 분신을 하면서 외친 요구에 주목해야 한다. 전태일이 내건 요구는 '노동 해방'도 아니고 '사회주의 혁명'도 아니었다. '근로기준법을 준수하라'였다. 이미 있는 법을 지키라는 호소를 하려고 분신이라는 극단적 선택을 할 수밖에 없는 현실이 문제였다. 전태일이 분신한 뒤에도 근로기준법을 지키지 않는 현실은 여전하다. 전태일은 근로기준법을 어기고 인간을 돈벌이 도구로 취급하는 자본가를 고발하지만, 진짜 고발 대상은 자본가가 아니었다. 전태일이 쓴 탄원서는 동대문구청, 서울시 근로감독관실, 노동청, 대통령에게 모두 외면당했다. 근로기준법 준수를 감시해야 하는 처지인데도 전태일이 외친 요구를 묵살하고 자본가의 이익만 지키려 골몰한 노동 감독 기관과 박정희 정부, 결국 대한민국이라는 국가가 문제였다.

셋째, 전태일의 분신은 일제 강점기가 시작되면서 생겨나 해방 정국에 만개하고 한국전쟁 뒤 사라진, 4·19 혁명으로 되살아나나 싶다가 5·16 쿠데타에 짓밟힌 자주적 노동운동의 부활을 뜻한다. 한국전

'근로기준법을 준수하라'고 외치는 전태일의 글(전태일기념관 전시 자료).

근로 기준법 을 준수하라!
우리는 재봉틀이 아니다!

1970년 수기에서

쟁 뒤 노동운동은 노동자가 아니라 기업과 정부를 대변하는 관제, 그리고 어용 노동운동이었다. 전태일 덕분에 다시 타오른 자주적 노동운동은 아들이 남긴 뜻을 따라 '노동자의 어머니'가 된 이소선과 청계피복, 동일방직, YH무역 여성 노동자로 이어져, 1980년 사북을 거쳐 1987년 노동자 대투쟁으로 발전하고, 이제 민주노총으로 자리잡았다.

넷째, 전태일의 분신은 한국 민주화 운동의 중요한 특징인 분신이나 투신 같은 자기희생, 또는 '자기 폭력'을 연 첫 단추다. 많은 나라에서 민주화 투쟁은 군부 독재 같은 극한적 상황에 맞서서 테러 등 폭력적 형태를 띠었다. 분단과 극단적 반공주의라는 조건 아래에 놓인 한국은 테러가 아니라 자기희생에 의존했다. 1960년대 베트남에서도 친프랑스와 친가톨릭 정책을 펼치는 극우 정부에 저항해 승려들이 연이어 분신했다. 한국에서 이런 흐름을 시작한 사람이 전태일이다.

"태일아, 잘 있었지?"

"예, 어서 오십시오."

모란공원묘지에 가면 '노동해방'이라고 쓴 붉은 머리띠를 두른 전태일을 만날 수 있다. 연배로 따지면 선배이지만 얼마 전 바로 옆에 입주한 '새까만 후배' 백기완 선생하고 정겨운 담소를 나누는 듯하다.

청계천에서도 전태일을 만날 수 있다. 건물 전면에 빼곡하게 전태일이 쓴 일기를 새긴 '아름다운 청년 전태일기념관'에는 전태일 관련 자료가 많다. 기념관에서 동대문 쪽으로 걸어가면 평화시장이 나온다. 아름다운 청년이 복개된 청계천 다리 위에 동상으로 되살아나 우리를 맞는다. 동상 근처 보도블록에는 내 이름 '손호철'이 새겨져 있다. 민주화를 위한 전국교수협의회 의장단이 전태일 기념사업에 큰돈을 내놓은 일을 기념한 판이다. 김진균, 송기숙, 김세균, 최갑수 등 선후배 의장들, 그리고 여러 노동조합과 사회단체의 이름도 눈에 띄었다. 동상을 올려다보니 전태일의 마지막 목소리가 들리는 듯하다.

> 친구여, 나를 아는 모든 나여, 나를 모르는 모든 나여,
> 부탁이 있네, 나를, 지금 이 순간의 나를 영원히 잊지 말아주게.

전태일이 부탁한 대로 나는 '그 순간의 전태일'을 잊지 않겠다. 우리 모두 아름다운 청년이 자기 헌신을 한 순간을 영원히 잊지 말자.

전태일이 일한 청계천 평화시장 근처를 바쁘게 오가는 사람들.

새로운 바보회와 새로운 전태일들

'전태일 기억'이라는 이름 아래 전태일이 제도화, 의례화, 화석화, 상업화될까 봐 걱정이다. 전태일을 잊지 않으려면 동상과 기념관을 세우기보다는 한 청년을 분신으로 이끈 비인간적 현실을 바꿔야 한다.

한국은 오이시디 최고의 산재 발생국이며, 1997년 아이엠에프 위기 뒤에 전면화된 시장 만능 신자유주의 때문에 많은 노동자가 비정규직으로 전락해 고통받는 나라다. 우리 시대의 청계천 시다인 비정규직을 위해 '새로운 바보회'를 만들고 전태일 정신으로 함께 싸워야 한다. 아니 전태일을 넘어서야 한다. 어느 노동운동가가 지적한 대로 비정규직이 도움을 받는 대상을 넘어서 스스로 주체화되고 전태일을 넘어서는 '21세기의 전태일'이 돼야 한다. '새로운 전태일들'이 필요하다.

찾을 곳

아름다운청년 전태일기념관 서울특별시 종로구 청계천로 105. **전태일 동상** 서울특별시 종로구 종로5가 411-1. **전태일 묘지** 경기도 남양주시 화도읍 경춘로2110번길 8-102 모란공원묘지. **전태일열사 옛집** 대구광역시 중구 남산로8길 25-16.

전태일다리 위에 오늘도 서 있는 전태일. 누군가 꽃을 건넸다.

90. 중구 | 장충체육관

99.9퍼센트 독재자는 미니스커트를 싫어해

〈Z〉. 그리스 출신 영화감독 코스타 가브라스가 1969년에 그리스 인권운동가 암살을 소재로 만든 영화다. 이듬해에 아카데미 외국어영화상과 편집상을 받았다. 영화 끝부분에는 1967년에 쿠데타로 집권한 군부가 정한 금지 목록이 나온다. 그중 눈길을 끄는 단어가 있었다. 미니스커트다. 미국 유학 시절 이 영화를 보다가 무릎을 쳤다.

"어쩌면 군사독재는 이렇게 똑같을까!"

전체주의에 가까운 권위주의 체제

박정희가 1972년 유신을 선포하면서 시작된 유신 시대는 한국 현대사에서 가장 어두운 시기였다. 유신 시대 하면 무엇이 가장 먼저 떠오를까? 군화발도, 중앙정보부 지하실도 아니다. '자'다.

박정희 정부는 1973년 장발과 미니스커트를 단속할 수 있게 경범죄를 개정했다. 머리카락과 치마 길이까지 법으로 규정해 처벌했다. 경찰이 자를 들고 다니며 귀를 덮는 머리와 무릎 위 17센티미터에 못 미치는 미니스커트를 단속했다. 1973년에만 1만 2870명이 장발 단속에 걸려 머리를 깎았다. 이제는 극우 논객이 된 한 유명 교수는 명동에서 장발 단속에 걸려 머리를 깎은 뒤 분노해 반정부 운동에 뛰어들

장발과 미니스커트 길이를 단속하는 모습(민주화운동기념관 전시 자료).

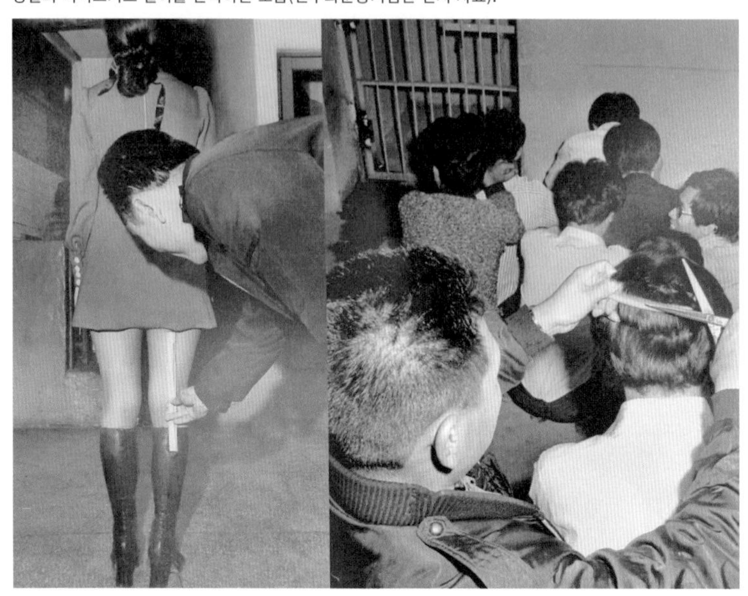

기도 했다. 명동파출소 앞에는 '미니스커트·장발 단속 등 국가의 통제와 청년들의 자유가 충돌하던 현장'이라는 표지판이 설치돼 있다.

유신 시대 하면 반상회도 떠오른다. '반'은 일제가 한국인을 조직하고 통제하려 만든 최말단 조직이다. 박정희 정부는 의무 참석해야 하는 반상회를 정기 소집해 주민을 통제하고 정책을 홍보했다. 1976년 5월 31일 오후 6시에 전국에 걸쳐 처음 반상회가 열렸다. 671만 가구마다 한 명씩 참석하게 했는데, 526만 명이 25만 5000곳에 모여 참석률 78.4퍼센트를 기록했다. 박정희 정부는 매달 1일을 새마을의 날로 정하고 그 전날 저녁에 반상회를 열었는데, 공무원이 와 출석을 점검하고 불참자에게 벌금도 물렸다. 반상회는 북한의 '5호

장발과 미니스커트 단속의 중심지이던 명동파출소 앞에 관련 동판이 설치돼 있다.

감시제'처럼 주민들이 서로 감시하게 하고 시국 관련 수배자를 색출하는 데 이용되기도 했다.

비민주적 정부는 권위주의와 전체주의로 구분한다. 권위주의는 여느 군사 독재처럼 국민을 탈정치화한다. 반면 전체주의는 파시즘이나 옛 사회주의 체제, 북한처럼 마르크스레닌주의나 주체사상 같은 공식 통치 이데올로기(반공 같은 부정적 이데올로기가 아니라 적극적 이데올로기)를 활용해 국민을 의식화하고 정치화해서 동원하며, 사적 영역을 아예 허용하지 않거나 허용하더라도 그 영역까지 침투해 통제한다. 이런 기준으로 볼 때 이승만, 박정희, 전두환으로 이어진 독재는 기본적으로 권위주의 체제이지만, 국가가 반상회를 강제하고 머리카락과 치마 길이 같은 개인의 취향까지 통제한 유신은 전체주의 체제에 가깝다.

체육관 선거와 유신의 추억

"재적 2359명, 찬성 2357표, 무효 2표, 찬성 99.9퍼센트로 박정희 대통령이 제8대 대통령으로 당선되었음을 선포합니다."

장충단공원 옆 장충체육관에 갔다. 1972년 12월 23일, 이곳에서 제8대 대통령 선거를 치렀다. 유신 헌법에 따라 통일주체국민회의 대의원 2359명이 모두 참석해 단일 후보 박정희를 대통령으로 뽑았다. 유신의 또 다른 상징인 '체육관 선거'였다. 99.9퍼센트 지지라니, 북한하고 별로 다르지 않은 사실상의 전체주의 체제였다.

"아니 이게 진짜란 말이야?"

1971년 5월, 제8대 국회의원 총선거 결과를 보고받은 박정희는 분노와 경악이 뒤섞인 비명을 질렀다. 공화당이 승리는 했지만 득표율(48.8%)은 야당 신민당(44.4%)하고 별 차이가 없었다. 특히 정치적 장충체육관에서 통일주체국민회의 대의원들이 박정희를 대통령으로 뽑고 있다(중앙선관위 사이버 선거역사관 자료).

기반인 대구는 5석 중 4석을 야당에 빼앗겼다. 국회의장 이효상 등 측근이 다 떨어진 탓이었다(이 책 34장 참조). 1961년 5·16 쿠데타로 권력을 잡은 박정희는 민정 이양 약속을 어겨 미국의 경고를 받은 뒤 공화당을 창당해 1963년 대통령에 당선했다. 1967년에 재선하지만 4년 중임제가 문제였다. 야당과 여당 내부의 내각제 지지 세력 등이 반대하는데도 3선 개헌을 강행해 1971년에 3선에 성공했다. 총선 결과 정권을 유지하기 어렵다고 판단한 박정희는 영구 집권을 노려 다음해 10월 17일에 10월 유신을 단행했다.

'체육관 선거'의 현장인 장충체육관.

메이지 유신에서 빌려온 이름부터 친일 파시즘의 분위기가 물씬 풍기는 유신 헌법은 1972년 10월 17일 19시를 기해 국회를 해산하고 정당과 정치 활동 등을 중지시키며, 10월 27일까지 헌법 개정안을 공고해 1개월 안에 국민투표에 부친다는 내용이었다. 타이완의 영구 집권 총통제를 모델로 삼은 유신 헌법은 대통령 직선제를 통일주체국민회의에서 뽑는 간선제로 바꾸고, 대통령 임기를 6년으로 하되 연임 제한을 없애고, 국회의원의 3분의 1을 대통령이 임명하고(유정회), 대통령이 헌법을 일시 정지시킬 수 있는 긴급조치권은 물론 대통령이 국회 해산권과 법관 임명권을 가지는 내용이었다. 한마디로 평생 동안 박정희 혼자 제멋대로 나라를 좌지우지할 수 있는 '현대판 왕정 체제'였다. 유신 헌법은 국민투표에서 80퍼센트 투표에 73퍼센트 찬성으로 통과됐다. 그렇지만 찬반 토론을 금지한데다가 언론이 통제된 상황에서 폭넓은 관권 선거가 자행된 만큼 진정한 민심하고는 거리가 멀었다.

한대수의 〈물 좀 주소〉와 〈행복의 나라로〉, 이장희의 〈그건 너〉, 조영남의 〈불 꺼진 창〉, 이금희의 〈키다리 미스터 김〉. 모두 유신 시대 금지곡이었다. 〈물 좀 주소〉는 물고문을 연상하게 해서, 〈행복의 나라로〉는 지금은 행복하지 않다는 말로 들려서, 〈그건 너〉는 불신 풍조를 조장해서, 〈불 꺼진 창〉은 불을 끄고 있어서, 〈키다리 미스터 김〉은 키 작은 대통령의 심기를 불편하게 해서 금지곡이 됐다. 또한 수요일과 토요일을 분식의 날로 지정해 식당에서 쌀로 만든 음식을 팔지 못하게 했고, 평일에도 밥에 보리쌀 등을 25퍼센트 넘게 섞게 강제했다.

박정희는 유신 헌법에 따라 대통령에게 부여된 '긴급 조치 발동권'을 적극 활용했다. 유신 헌법에 관한 비판 자체를 금지하고 유언비어 유포를 처벌하는 내용 등을 담은 긴급 조치를 9호까지 발표해서 국민들의 삶을 통제했다. 그 과정에서 이른바 '긴조'(긴급 조치) 세대가 탄생했다. 전시가 아닌데도 비상군법회의가 긴급 조치 관련 재판을 맡아 589명을 기소했다. 특히 반유신 학생운동인 민청학련에 관련된 긴급 조치 4호는 인혁당 재건위 사건을 조작해 사법 살인을 저지르는 도구로 쓰이면서 국내외의 거센 비판을 받았다.

박정희 없는 박정희 시대 살아가기?

유신 체제는 부마 항쟁 대응 방안을 둘러싸고 벌어진 갈등 속에 김재규 중앙정보부 부장이 박정희를 암살하면서 끝났다. 그러나 12·12 쿠데타와 5·18 학살을 거치며 권력을 장악한 전두환은 '박정희 없는 유신 헌법'에 따라 잠실종합운동장 실내체육관에서 열린 체육관 선거에서 99.4퍼센트의 지지를 받아 7년 임기 대통령에 당선했다(이 책 39장, 93장 참조).

요즘 박정희를 존경하는 보수 청년들이 나타났다. 짧은 치마를 입으면 유치장에 끌려가고, 머리가 길면 바리캉으로 밀고, 좋아하는 노래는 금지곡이 되고, 수요일과 토요일은 분식만 사 먹을 수 있고, 매달 한 번씩 반상회에 참석해야 한다면, 이 청년들은 어떻게 반응할까?

덧글

10월 유신의 흔적들

'벚꽃의 도시' 진해에는 부끄러운 역사의 흔적이 남아 있다. 중원로터리 진해문화원 옆 아이세상 장난감도서관 앞에는 젊은 해군 등이 유신 헌법 책을 들고 하늘을 향해 주먹을 뻗은 모습을 조각한 '10월유신 기념탑'이 서 있다. 1973년 초에 세운 탑이다. 진해에서 마산을 거쳐 고성으로 넘어가는 옛 도로를 가다 보면 동진고개가 나온다. 이곳은 '유신동산'이다. 기념석에는 이런 문구가 남아 있다. '조국의 무궁

한 발전과 평화적 남북통일을 기원하면서 우리들은 삼가 여기에 동산을 세우노라. 1977년 12월 19일 통일주체국민회의 마산 지역 대의원 백찬기 등.'

찾을 곳

장충체육관 서울특별시 중구 동호로 241 **명동파출소** 서울특별시 중구 명동길 30. **10월유신 기념탑** 경상남도 창원시 진해구 편백로39 진해문화원. **유신동산** 경상남도 창원시 마산합포구 진동면 공원묘원로 134 창원공원묘원 입구.

진해문화원 앞 '10월유신 기념탑.' '10월 유신'이라는 글자가 아직도 남아 있는 현실이 부끄럽다.

벌집 살며 칼잠 잔 여공들의 피, 땀, 눈물

한강의 기적 하면 대부분 박정희를 떠올린다. 나는 박정희가 아니라 구로공단의 '여공'들과 그 여성 노동자들이 산 '벌집'이 생각난다. 한강의 기적을 일군 진짜 주역은 남들 학교 다닐 나이에 가족을 책임지기 위해, 그리고 자기 꿈을 좇아 서울에 와 '공순이'로 천대받고 좁디좁은 골방에서 지내며 저임금 장시간 노동에 시달린 여성 노동자들이다.

'노동력 70%, 기계 30%'

"허허벌판을 불도저를 밀어붙인다고 수출 공단이 되겠느냐고 의심한 사람들도 많았지만 우리는 결국 해냈다." 1967년 초 박정희는 구로공단 안에 자리한 한국수출공단본부 광장에서 열린 한국수출산업공업단지 준공식에서 말했다. 구로공단은 '한국수출산업공단'이 정식 명칭이다. 이제는 고층 빌딩이 즐비한 '디지털밸리'로 바뀌었지만, 구로공단은 서울을, 아니 한국을 대표한 공단이었다.

구로공단은 입지 조건이 뛰어나 폭발적인 인기를 끌었다. 1공단이 완성되자 입주하려는 업체가 줄을 이어 가까운 가리봉동 일대에 2공단과 3공단을 지었다. 섬유, 봉제, 전자 등 노동 집약형 산업이 주요 업종으로, 값싼 노동력을 바탕으로 1971년에 수출 1억 달러를 달성했

여성 노동자들이 봉제 작업을 하는 모습
(서울역사박물관 전시 자료).

다. 수출 100억 달러를 달성 한 1977년에는 그중 11억 달러를 구로공단에서 수출했다. 그래서 만든 곳이 '수출의 다리'다. 구로공단에서 영등포로 넘어가는 언덕에 자리한 고가 도로 밑에는 '수출의 다리' 표지판이 달려 있다. 구로공단에서 생산한 물건들은 이 다리를 거쳐 해외로 팔려 나갔다.

이런 성과 뒤에는 어린 여성 노동자들의 땀과 눈물이 숨겨져 있다. '노동력 70%, 기계 30%'라는 표어가 나올 정도로 구로공단이 지닌 경쟁력의 핵심은 값싼 노동력이었다. 1967년 2460명이던 노동자는 1978년 말에는 11만 4000명으로 43배나 늘어났다. 불을 찾아 모이는 불나비처럼 꿈을 좇아 모여들었다. 1970년대 초반에 한 조사에 따르면

구로공단에서 만든 제품들을 싣고 나간 '수출의 다리'는 그대로 남아 있다.

구로공단에서 일한 노동자는 대부분 여성이었으며, 이 여성 노동자의 50퍼센트는 10대이고 20퍼센트가 20대였다. 중학교를 다녀야 할 10대 초반도 많았다. 학력은 충격적이다. 문맹이 20퍼센트, 초등학교 중퇴가 15퍼센트, 초등학교 졸업이 51퍼센트로, 중학교 문도 못 밟은 어린 저학력 노동자가 86퍼센트나 됐다. 중졸이 8퍼센트, 고졸 이상은 3퍼센트였다.

> 저는 미싱사를 했는데요. 먼지가 너무 많으니 여름에 에어컨은 물론 선풍기도 틀지 못했습니다. 2시간만 일하면 온 몸이 젖고 실 먼지로 뒤덮였습니다. …… 12, 13살 난 시다들이 많았는데 대형 다리미를 다뤘습니다. 어리광 부릴 나이에 산업체 특별 학교가 끝나면 쉬지도 못하고 기숙사에서 옷 갈아입고 프레스로 카라를 고열에 넣고 빼내는 일을 했습니다. 잠깐만 졸면 손을 넣었다가 빼지 못해 손이 오징어처럼 눌리는 것을 자주 봤습니다.

서울대학교에 다니다가 구로공단에 위장 취업해 노동운동을 한 심상정 의원이 쓴 글이다. 정부와 공단은 노사 관계를 효율적으로 관리할 방편으로 산업체 부설 학교를 세웠다. 많은 노동자가 힘든 노동을 끝마친 저녁이 되면 가난 때문에 포기한 공부를 하고 싶어 정부가 지원하고 공장에서 운영하는 산업체 특별 학교에 갔다. 여공들은 오전 8시부터 오후 5시까지 공장에서 일한 뒤, 파김치가 된 몸으로 야간 학교로 달려가 6시부터 11시까지 5시간 수업을 하고, 집에 와 다시 숙제를 했다. 그렇게 하루 평균 6시간을 잤다.

벌집 살며 칼잠 잔 '여공'들

몸을 웅크리고 먼지를 마시면서 살인적 노동을 견뎌야 하던 소규모 봉제 공장 모습 (서울역사박물관 전시 자료).

공장 밖에 사는 노동자들의 삶도 비참했다. 공단은 독신 여성 노동자 기숙사나 생활관을 지으라고 권고하지만 기업은 수요를 다 충족할 수 없었다. 일만 해야 하는 일벌 수만 마리는 자기 몸만 겨우 누이는 2평 남짓한 공간에 둥지를 틀었고, 구로동 벌집촌은 '조국 근대화'를 이끈 어린 일벌들이 다닥다닥 붙어 사는 동네였다. 저임금으로는 방값을 감당할 수 없어 대개 세 명이 단칸방에 같이 살았는데, 쇠로 만든 틀에 비닐을 씌운 비키니장 하나 놓고 모로 누워 칼잠을 잤다.

> 사랑하는 하나님, 안녕하세요. 저는 구로동에 사는 용욱이에요. 구로초등학교 3학년이고요. 우리는 벌집에 살아요. 한 울타리에 55가구가 사는데요. 방벽에 1, 2, 3, 4 …… 번호가 써 있어요. 화장실은 동네 화장실을 쓰는데요. 아침에는 길게 줄을 서서 기다려야 해요. 줄을 설 때마다 저는 22번 방에 사는 순희가 부끄러워 못 본 척하거나 참았다가 학교 화장실을 가요.

가산디지털단지역에서 가까운 주택가에는 벌집을 재현한 구로공단 노동자생활체험관이 있다. 체험관에 전시된 어느 소년이 쓴 일기를 노동자생활체험관에 재현한 벌집의 단칸방 내부.

보고 한 층 밑으로 내려갔다. 영화 〈별들의 고향〉(1974) 포스터가 어린 여공들이 품은 꿈을 대변하는 듯했다.

구로공단에서 일한 여공들이 언제나 운명에 순응하지는 않았다. 《여공 1970, 그녀들의 反역사》에서 김원은 여성 노동을 둘러싼 지배적 담론을 비판했다. 1987년 노동자 대투쟁 뒤에 전면화된 남성 노동운동에 대비해 여성 노동은 '낮은 의식'과 '경제주의'를 특징으로 하며 '높은 차원의 연대를 가로막는 장애물'로 작용한다는 해석이 지배적이었다. 이런 해석은 '단기 고용 여성 노동자가 지니는 한계'라는 남성 중심적 오류에 바탕했는데, 노동자 대투쟁을 거치며 뒤늦게 만개한 노동운동은 동일방직, 박정희 정부가 몰락하는 단초가 된 YH무역, 구로 동맹 파업 등 여성 노동자들이 주도한 투쟁 덕분에 일어날 수 있었다.

1980년대 들어 구로공단에서는 어용 노조에 맞선 민주노조운동이 서서히 타올랐다. 1984년 6월 대우어패럴과 선일섬유에서 노동자들이 노동조합을 결성했다. 1985년 6월 전두환 정부는 민주노조운동의 싹을 자르려고 대우어패럴 노조의 위원장, 사무국장, 여성부장을 구속했다. 선일섬유, 효성물산, 가리봉전자 등 1983년부터 생겨난 민주 노조들은 이런 각개 격파에 위기의식을 느꼈고, 대우어패럴 노조 지도부 석방, 노동운동 블랙리스트 철폐, 노동권 보장 등을 요구하며 동맹 파업에 들어갔다. 구로 동맹 파업의 한가운데에 심상정이 있었다. 전두환 정부는 대우어패럴에 구사대를 투입해 44명을 구속하고 1000여

명을 해고했다. 심상정은 그 뒤 10년을 도망 다녔다.

구로 동맹 파업은 한국전쟁이 끝나고 처음 일어난 동맹 파업으로, 한국 사회에 큰 영향을 미쳤다. 심상정은 환경관리기사 등 각종 자격증을 딴 뒤 위장 취업해 한일도루코 노동조합 위원장을 지낸 김문수 등하고 함께 1985년에 서울노동운동연합(서노련)을 결성했다. 서노련은 전두환이 1980년 국보위를 거쳐 법제화한 기업별 노조의 한계를 넘어서려는 시도였고, 노동운동이 1987년 노동자 대투쟁을 거치며 전국노동조합협의회(전노협)와 민주노총으로 발전하는 징검다리가 됐다('학생운동 출신 노동운동가', 곧 '학출'의 전설이자 '운동권 황태자'로 불린 김문수는 현실 사회주의가 몰락한 뒤 보수 정당에 들어가 극우로 변신했다).

여공이 사라진 자리에 들어선 '구디 등대'

구로공단은 1988년에 수출액 40억 달러를 넘겨 전성기를 누리지만, 노동 집약형 경공업이 빠르게 경쟁력을 잃으면서 1999년에는 수출액이 15억 달러로 떨어졌다. 노동자도 4만 2000명 수준으로 줄었다. 구로공단을 디지털 산업 단지로 조성하기로 한 정부는 다양한 정책적 지원을 제공하는 한편 이름도 서울디지털산업단지로 바꿨다. 많은 노동력이 필요한 생산형 공장도 디지털 콘텐츠, 소프트웨어, 게임, 애니메이션 등 지식 기반 산업에 알맞은 아파트형 공장으로 변신했다.

빌딩 숲 속에서 구로공단의 옛 모습을 찾아볼 수 있는 곳은 많지 않다. 그중 하나가 서울디지털산업단지 바로 옆에 자리한 신영와코루다. 20세기를 떠오르게 하는 단층 건물을 보니 이곳을 지나간 많은 여공들의 피, 땀, 눈물이 떠올랐다. 김민기가 부른 〈강변에서〉가 들려오는 듯했다.

서산에 붉은 해 걸리고/ 강변에 앉아서 쉬노라면/ 낯익은 얼굴이 하나 둘/ 집으로 돌아온다/ 늘어진 어깨마다/ 퀭한 두 눈마다/ 빨간 노을이 물들면/ 왠지 맘이 설레인다/ 강 건너 공장의 굴뚝엔/ 시커먼 연기가 펴오르고/ 순이네 뎅그런 굴뚝엔/ 파란 실오라기 펴오른다/ 바람은 어두워가고/ 별들은 춤추는데/ 건너 공장에 나간/ 순이는 왜 안 돌아오는 걸까

찾을 곳

구로공단 노동자생활체험관 서울특별시 금천구 벚꽃로44길 17. **서울디지털국가산업단지** 서울특별시 금천구 가산디지털1로 99(신영와코루). **수출의 다리** 서울특별시 금천구 가산동.

고층 빌딩 숲으로 변한 구로공단에 얼마 남지 않은 옛 공단의 자취.

92. 중구 | 중앙정보부

대한민국에서 제일 높은 산, 남산

"야, 인마, 대한민국에서 제일 높은 산이 어디야?"

"한라산이요."

"이 새끼, 너 서울대 정치학과 맞아? 한라산은 무슨! 남산이지."

남산 중턱에 서울유스호스텔이라는 큰 건물이 있다. 땀을 뻘뻘 흘리며 남산을 올라 그 앞에 서자 1970년대 초 중앙정보부에 끌려간 날이 떠올랐다. 이곳은 옛 중앙정보부 본관이었다. 조사관이 한 말이 맞았다. 중앙정보부는 무소불위의 최고 권력 기관이니 대한민국에서 가장 높은 산은 한라산이 아니라 남산이었다. '남산'이라는 은어로 통한 중앙정보부는 남성을 여성으로 만드는 일 빼고 뭐든 할 수 있는 곳이었다. '남산에서 나왔다'고 하면 모두 벌벌 떨었다.

서울유스호스텔로 바뀐 옛 중앙정보부 본관.

무소불위의 최고 권력 기관

국가정보원으로 이름을 바꾸고 강남으로 옮긴 중앙

정보부는 쿠데타로 권력을 잡은 박정희 정부가 미국 중앙정보부CIA를 모델로 만든 정보기관으로, 영문 명칭도 'KCIA'였다. '음지에서 일하며 양지를 지향한다'는 모토대로 이름 없이 묵묵히 일하면서 안보에 적지 않은 기여를 했다. 그러나 해외 활동만 하게 규정된 시아이에이하고 다르게 중앙정보부는 국내외 활동을 모두 했으며, 국가 안보보다는 정권 안보, 정확히 말해 박정희 안보에 더 많은 노력을 기울였다. 박정희의 사설 정보기관이라 해도 지나친 말이 아니었다.

그런 과정에서 정치인, 언론인, 재야인사, 학생운동 지도자들이 중앙정보부에 끌려가 고문을 당했다. 인혁당 재건위 사건 등 조작 간첩도 여럿 만들어졌다(이 책 33장 참조). 1973년 유럽 간첩단 사건에 관련해 조사받다가 시신으로 발견된 서울대학교 법대 최종길 교수가 대표적이다. 정부는 최 교수가 간첩 혐의를 시인한 뒤 투신자살했다고 밝혔지만, 가족들과 인권 단체들은 고문을 받아 숨진 듯하다고 주장했다. 1971년에는 공화당 중앙위원회 의장 김성곤이 트레이드마크인 콧수염을 몽땅 뽑히는 등 야당이 낸 내무부 장관 해임안에 동조한 여당 의원들이 줄줄이 끌려와 곤욕을 치렀다.

중앙정보부는 출발부터 본래 목적에서 거리가 멀었다. 박정희 정부의 권력 기반인 공화당을 창당하는 데 필요한 정치 자금을 마련하려 만든 위장 증권 회사를 통한 주가 조작 사건, 외화를 벌어들인다는 핑계로 지은 워커힐 호텔을 통한 횡령 사건, 일본에서 자동차를 불법 수입한 새나라자동차 사건, 빠칭코 불법 수입 사건 등 4대 의혹 사건이 터지는 바람에 초대 중앙정보부장 김종필은 자리를 내놓고 일본으로 외유를 떠났다.

불법 활동은 국내에 그치지 않았다. 동베를린 북한 대사관을 방문한 혐의로 윤이상과 이응로 등 유럽에서 활동하는 예술인과 지식인들을 납치한 동백림 사건, 일본에서 반정부 활동을 하던 김대중을 불법 체포한 김대중 납치 사건, 중앙정보부장을 지내다가 권력에서 밀려나자 미국으로 도주해 박정희를 비판한 김형욱을 파리로 유인해 살해한 김형욱 사건 등 중앙정보부는 불법 해외 공작도 서슴지 않았다.

소리로 기억하는 공포

유스호스텔로 바뀐 본관 쪽에서 왼쪽으로 돌아 남산으로 향하는 언덕길을 올라가면 터널이 나온다. '소릿길 터널'이다. 버튼을 누르면 철문 소리, 타자기 소리, 물 흐르는 소리, 발자국 소리 등 중앙정보부를 상징하는 소리들이 울려 퍼진다.

"야, 인마, 이 유인물 니가 만들었지?"

"제가 안 만들었는데요."

"그럼 안 만들었다는 증거를 대!"

"아니 어떻게 안 했다는 증거를 댑니까?"

"누가 했는지 불면 네가 안 했다는 것이 증명되는 거고, 그렇지 못하면 네가 한 거야!"

이제는 많이 없어졌지만 나는 중앙정보부에 끌려가 조사받고 나온

조작 간첩을 만든 대공수사국으로 가는 터널.
지금은 '소릿길 터널'로 이름을 바꾸었다.

대공수사국은 서울시 남산별관으로 바뀌었지만,
건물 뒤로 가면 지하 취조실로 가는 계단이 남아 있다.

뒤 슬리퍼 소리 공포증에 시달렸다. 조사 결과를 가지고 나간 조사관이 돌아오기를 기다리는 시간이 가장 고통스러웠다. 조사관이 내는 슬리퍼 소리가 가까워지면 내 진술이 시험을 통과해 훈방될까, 아니면 다시 고통스러운 고문과 심문의 시간이 시작될까 가슴을 졸였다.

잊고 있던 슬리퍼 소리 공포증을 되살린 소릿길 터널은 간첩 피의자를 조사한 제5별관 대공수사국으로 들어가는 도로로, 예전에는 터널 끝에 이중 철문을 달아 외부에서 완전히 차단했다. 눈을 가린 피의자들은 철문이 꽝 하고 닫히는 소리를 들으며 지옥으로 들어가는 공포를 느꼈다. 대공수사국은 서울특별시 중부공원녹지사업소로 바뀌었지만, 건물 뒤로 돌아가면 지옥행 계단이 나온다. 이곳까지 차를 타고 온 피의자들은 곧바로 지하 조사실로 끌려가 다른 곳은 안마라 해도 될 정도로 혹독한 고문을 받으며 간첩으로 '제조'됐다.

터널을 나와 다시 본관 쪽으로 내려와 6국으로 향했다. 정치인과 학생운동 지도자 등 민주화 운동 관계자들을 감시, 사찰, 취조한 곳으로, 조사 대상을 인격체가 아니라 살덩이 다루듯 고문해 살이 터져 나간다 해서 '육肉국'으로 불렸다. 6국으로 가려고 본관 앞을 지나는데 본관 건너편에 굳게 닫힌 문이 보였다. 안내판을 보니 6별관이었다. 6별관은 본관에서 지하로 연결된 곳으로, 지하 3층까지 마련된 취조실에서 정치인과 언론인 중 '악질'을 조사하고 고문했다.

6별관을 지나 조금 내려가면 서울

'악질' 정치인과 언론인을 끌고 가 고문한 지하실 6별관은 문이 굳게 닫힌 채 안내판만 서 있었다.

민주 인사들이 가장 많이 잡혀가 조사받은 6국은 철거됐고,
6국을 기억한다는 뜻에서 '기억6'이라는건물이 들어섰다.

소방재난본부와 남산예장공원이 나온다. 남산예장공원에는 특이하게 생긴 붉은 건물이 있다. 지상 3층에 지하 2층짜리 6국 건물을 철거하고 세운 '기억6'이다. 6국을 기억한다는 의미를 담은 '기억6'은 유일하게 남은 옛 중앙정보부 시설이다. 이곳 지하에 6국의 조사실 한 곳을 재현해놓았다. 아무 장식도 없는 회색 콘크리트 벽으로 둘러싸인 좁은 조사실에는 밝은 백열등 아래 하얀 책상, 조사관이 앉는 조금 고급스러운 의자, 피의자가 앉는 딱딱한 의자만 덜렁 놓여 있다. 이곳에서 조사받은 기억이 되살아나고, 대학 동기 김효순을 비롯해 민청학련 관련자들 얼굴도 떠올랐다. 옛 중정 요원이 털어놓는 넋

'기억6'에 재현해놓은 중앙정보부 취조실.

두리 형식으로 중앙정보부가 저지른 인권 침해 등에 관한 자기변명을 녹음해서 들려주는데, '의심의 과학화'라는 표현이 재미있었다. 의심의 과학화란 현실에서는 빨간색을 많이 쓰는 화가에게 빨갱이 낙인을 덮어씌우는 '의심의 황당화'였고, 그 탓에 무고한 사람들이 숱하게 희생됐다.

아직도 끝나지 않은 과거 청산

역사적 아이러니는 박정희가 자기만을 위한 권력 기관인 중앙정보부 부장 김재규의 총탄에 목숨을 잃은 사실이었다. 중앙정보부는 박정희 암살에 연루된 원죄 때문에 전두환 시절에 힘이 크게 약해지고 이름도 국가안전기획부(안기부)로 바뀌었다. 그 뒤 남산에서 강남으로 이전하는데, 김대중 정부 들어 다시 국가정보원(국정원)이 됐다. 노무현 정부 때는 '국가정보원 과거사건 진실규명을 통한 발전위원회'를 만들어 자기 개혁을 하려 노력하지만, 이명박 정부와 박근혜 정부 시절에도 민간인 사찰과 정치 개입을 폭넓게 저지른 사실이 밝혀졌다.

문재인 정부는 국정원이 정치에 개입하는 관행을 근본적으로 막고 이미지를 쇄신하려 또다시 대외안보정보원으로 이름을 바꾸려 했다. 2020년 12월, 이름은 유지하는 대신 57년 만에 국가정보원법을 개정해 대공 수사권을 경찰에 이관하고(3년 유예) 정치에 관여할 염려가 있는 정보를 수집하거나 분석하는 조직을 설치하지 못하게 했다.

남산을 내려오는 발걸음이 무거웠다. 현대사의 중요한 현장을 제대로 보전하지 못한 때문이었다. 서울시가 통신 시설 등 안보에 직접 관련된 시설을 파괴한 상황은 이해할 수 있지만 주요 건물을 유스호스텔이나 시청 별관 등으로 쓰고 6국과 6별관 등을 해체한 조치는 역사의식이 없는 행동이었다. 김근태가 고문을 당하고 박종철이 목숨을 잃은 남영동 대공분실을 민주인권기념관으로 만든 사례에 견줘 잘못된 결정이었다.

찾을 곳

서울유스호스텔 서울특별시 중구 퇴계로26가길 6. **서울특별시청 남산청사** 서울특별시 중구 삼일대로231(소릿길 터널). **기억6** 서울특별시 중구 주자동 5-22 남산예장공원.

93. 종로 I 삼청동

푸르고 서늘한 서울의 봄, 삼청교육대와 녹화 사업

'한국의 권력을 쥐고 있는 파워 엘리트가 누구인지 찾고 그 이유를 밝혀라.' 미국 유학 시절 '정치권력론' 시간에 교수가 내준 학기 과제였다. 여러 문헌을 뒤지면서 알아낸 가장 보편적인 방법은 '지위법'이다. 정계는 국회의원 이상, 관료는 차관급 이상, 경제계는 10대 기업 이사 이상, 문화계와 교육계는 종합 대학 학장 이상 등 특정 지위에 있는 사람을 찾아낸다. 언론에서 흔히 쓰는 방법으로, 그중 영남 출신이 몇 명이고 명문대 출신이 얼마나 되는지 분석한다. 지위법은 김영삼 정부의 김현철이나 박근혜 정부의 최순실 같은 '비선 실세'가 빠지는 문제가 있다. 이 단점을 보완하는 방법이 '명성법'이다. 누가 권력을 갖고 있다고 생각하는지를 여론 주도층에게 물어보는 식이다.

정보 흐름을 추적하는 '네트워크 분석'도 있다. 중요 정보가 누구에게 흘러가는지를 분석하는 방법이다. 정보는 최고의 권력이기 때문이다. 10 · 26에서 12 · 12, 그리고 5 · 18로 이어진 1979년 말과 1980년 봄 사이 최고 권력자는 최규하 대통령 권한 대행이었지만, 중요 정보는 군 정보기관인 보안사령부 사령관 전두환에게 흘러갔다. 전두환은 보안사 사령관으로, 나아가 육사 출신 정치 군인 모임인 하나회 회장으로 정보를 독점한 덕분에 권력을 잡을 수 있었다.

궁정동을 뒤흔든 총성과 '서울의 봄'

"비가 오면 생각나는 그 사람/ 언제나 말이 없던 그 사람/ 사랑의 괴로움을 몰래 감추고/ 떠난 사람 못 잊어서 울던 그 사람."

1979년 10월 26일, 가수 심수봉은 청와대 근처에 자리한 중앙정보부 안가에서 박정희 대통령, 차지철 경호실장, 김계원 비서실장, 김재규 중앙정보부장, 박정희의 시중을 드는 22살 여성 심재순 앞에서 노래를 부르고 있었다. 이야기는 얼마 전 터진 부마 항쟁으로 이어졌다. 박정희와 차지철이 강경론을 펼쳤다. 잠깐 자리를 비운 김재규가 권총을 챙겨 와 두 사람을 쐈다. 박정희는 심재순의 품에 안겨 숨을 거뒀다. 김재규는 중앙정보부로 가려다가 다른 건물에 있던 정승화 육군 참모총장이 한 제안을 받아들여 육군본부로 이동했다.

김재규는 박정희의 시신을 챙기지 않았다. 김계원 비서실장이 삼청동 입구에 자리한 국군서울지구병원으로 시신을 가져가 당직 군의관에게 사망 여부를 확인하라고 지시했다. 이 병원은 보안사령부 영내에

김재규가 박정희를 사살한 궁정동 안가는 무궁화동산으로 바뀌었다.

있었다. 당직 사관을 통해 박정희가 사망한 사실을 안 전두환은 육군본부로 이동한 김재규를 체포했다. 박정희 암살이라는 정보를 전두환이 쥐면서 1980년의 비극은 시작됐다. 김재규가 박정희 시신을 챙겨 이동했다면, 육군본부가 아니라 중앙정보부로 이동했다면, 광주 학살을 피할 수도 있었다.

이제는 단골 시위 장소가 된 청와대 앞 광장 왼쪽에 무궁화동산이 있다. 이곳은 김재규가 상황을 잘못 판단하는 바람에 비극으로 끝난 10·26 거사가 벌어진 현장이다. 김영삼 대통령은 1993년 청와대로 들어가자마자 박정희가 여성들을 불러들여 술 마시며 논 안가를 없애라고 지시했다. 겨울이라 꽃은 피어 있지 않았지만, '야수의 심정으로 유신의 심장을 쏜' 김재규, 김재규의 지시를 따른 수행 비서 박홍주 대령, 박정희의 여인들을 고르는 채홍사 구실을 한 중앙정보부 의전과장 박선호 등 10·26 때문에 사형당한 이들이 떠올랐다.

전두환이 권력을 잡고 광주 학살을 일으킬 수 있게 해준 보안사

보안사는 국립현대미술관 서울관으로 바뀌었다.

(지금은 국군기무사령부)가 있던 자리에는 국립현대미술관 서울관이 들어섰다. 전두환은 보안사의 정보력에 기초해 1979년 12·12 쿠데타를 일으켜 군을 장악하고, 1980년 4월 14일 중앙정보부 부장 서리를 겸임해 행정부를 장악하고, 1980년 5월 18일 광주 학살을 저질러 시민사회를 굴복시킨 뒤 권력을 장악했다. 이 과정에서도 정보력과 하나회라는 인적 네트워크가 결정적이었다.

계엄 사령관에 오른 정승화가 주도한 군 지휘관 회의에서 다수 참석자들은 박정희 정부 때 군이 정치화된 폐해를 실감한 만큼 정치적 중립을 지키기로 결의했다. 정승화는 정치적 야심을 염려해 전두환을 한직인 동해경비사령부 사령관으로 보내기로 결심했다. 하나회 출신들은 전두환이 지방으로 쫓겨나기 전에 거사를 치르기로 결심했다.

대통령 권한 대행 최규하가 문제였다. 전두환은 정승화가 김재규를 육군본부로 유인해 사태를 수습하는 데 결정적으로 기여한 사람이라고 수사 결과를 발표한 뒤에도 더 조사할 게 있다며 체포 명령을 내려달라 했지만, 최규하는 이런 요구를 여러 번 거부했다. 결국 전두환은 12·12 쿠데타를 일으켜 상관인 정승화를 체포하고 군을 장악했다. 장태완 수도경비사령부 사령관과 정병주 특수전사령부 사령관 등이 저항하지만 하나회에 속한 부하들에 밀려 무력화됐고, 정병주 사령관 체포에 저항한 김오랑 소령은 사살됐다.

자유 대한의 강제 수용소, 삼청교육대

"요즘 사람들은 잘 모르지만, 당시 북괴가 노리고 있었기 때문에 군이 나올 수밖에 없었어."

1996년 김영삼 정부가 12·12를 군사 쿠데타로 규정하고 전두환과 노태우를 구속해 한국 사회가 충격에 빠진 때 서강대학교에 특강을 하러 온 어느 원로 정치학자는 전두환과 노태우를 옹호했다. 노태우 밑에서 고위직을 지낸 '노태우맨'다운 발언이었다.

"그러니 노태우 같은 개새끼는 총살시켜야지요!"

"아니, 손 교수, 그게 무슨 소리야?"

"아니, 그동안 그놈들, 항상 북괴의 위협 운운하면서 시위하는 학생들 잡아가고 국민들 억압했잖아요. 그런데 노태우 개새끼는 자기들 권력 잡겠다고 북한 쳐들어오라며 최전방 비우고 9사단 병력을 끌고 나왔으니 총살시켜야지요. 이런 반역자가 어디 있어요? 그리고 대한민국 지키겠다고 군에 왔다가 이 자식들 사병私兵으로 아군에게 총을 쏜 군인들은 뭐예요? 박정희는 최소한 5·16 때 이런 짓은 안 했어요."

"전방에 미군이 있었으니 그대로 북한이 못 내려오지."

그 정치학자는 어쩔 줄 몰라 했다. 쿠데타 세력들은 권력을 잡으려고 최전방 부대를 '사병'처럼 부렸다. 부드러운 이미지 덕분에 전두환보다 덜 나쁘다고 평가받는 노태우는 전두환 못지않은 '반역자'였다.

전두환과 신군부가 저지른 악행은 5·18 학살을 비롯해 한둘이 아니지만, 두 가지를 잊지 말아야 한다. 삼청교육대와 녹화 사업이다. 삼청교육대는 이 사안을 관장한 국보위(국가보위비상대책위) 산하 사회정화분과위원회 사무실이 삼청동 옛 중앙교육연수원에 있어서 붙은 이름이다. 신군부는 폭력배 등 2만 명을 잡아다가 군부대에서 4주간 순화 교육을 시키기로 결정했다. 5·16 쿠데타 때 만든 국토건설단을 본뜨고 사회악을 일소한다는 명분을 내세웠다. 경찰서마다 할당량을 채우거나 초과 달성해 실적을 올리려고 평범한 시민을 마구잡이로 잡아들인 통에 모두 4만 명이 끌려갔다. 정작 조폭 등은 뒷돈 주고 빠지고 힘없는 사람이 대부분이었다. 동네에서 10원짜리 고스톱을 치던 여성들, 이제 민주주의를 해야 한다고 말한 예비역 장군, 노동조합 간부들이었다. 고등학교별로 두세 명을 할당해서 교사들이 새마을 교육을 받고 오라며 학생들을 보낸 탓에 4분의 1이 미성년자였다.

삼청교육대는 목봉 체조 등 살인적 훈련과 구타에 시달렸고, 1년에서 5년까지 강제 노역에 동원된 사례도 많았다. 사회주의 국가의 전유물이라 배운 강제 노동 수용소가 1980년대 '자유 대한'에 있었다. 반인권적인 삼청교육대 때문에 500명이 죽고 2300명이 다쳤다. 2004년 '삼청교육 피해자의 명예회복 및 보상에 관한 법률'이 뒤늦게 제정됐고, 2018년 대법원도 삼청교육대가 위헌이자 무효라고 판결했다.

전두환, 녹화 사업, 1192명

세운상가를 따라 북쪽으로 가다가 퇴계로를 만나는 곳에 진양프라자라는 낡은 빌딩이 있다. 보안사가 녹화 사업을 벌인 현장이다. 녹화 사업 하면 식목일과 나무 심기를 떠올리겠지만, 실상은 전혀 달랐다.

"우리의 영혼을 죽이고자 우리를 협박하고 우리를 고문했던 당신

사회정화위가 있던 삼청동 옛 중앙교육연수원 건물.

들, 우리에게 밀고자가 되기를 강요했던 당신들로부터 우리는 살아남았다. …… 우리는 결코 당신들을 용서하지 않는다."

2019년 12월, 서울시 서대문구 연희동 전두환 집 앞에서 머리가 희끗희끗한 사람들이 선언문을 읽기 시작했다. 녹화 사업 피해자들이 진상 규명을 하라고 요구하는 자리였다.

전두환 정부는 정권에 비판적인 남성 대학생들을 강제로 징집했다. 강제 징집은 박정희 때도 있던 일이라 새롭지 않았지만, 문제는 녹화 사업이었다. 녹화 사업이란 회유, 협박, 고문을 수단으로 학생운동 참여자들을 전향하게 하는 한편 학생운동 관련 정보를 수집하라고 강요하는 프로그램이었다. 1984년 국회에서 문제가 돼 폐지됐지만, 선도 공작으로 이름을 바꿔 1989년까지 계속됐다. 국방부 과거사진상규명위원회가 한 조사에 따르면 선도 공작을 뺀 녹화 사업 피해자는 1192명이다. 프락치를 강요하는 과정에서 연세대학교 학생 정성희 등 9명이 의문사를 했다. 제대한 뒤 스스로 목숨을 끊거나 트라우마에

녹화 사업이라는 이름으로 학생운동 프락치 공작을 주도한 보안사 분실이 있던 진양프라자.

시달린 사람도 적지 않다. 전두환이 남긴 비극은 너무도 컸다.

찾을 곳

무궁화동산 서울특별시 종로구 궁정동 55-5. **국립현대미술관 서울관(옛 보안사)** 서울특별시 종로구 삼청로 30. **옛 중앙교육연수원** 서울특별시 종로구 삼청동 25-1. **진양프라자** 서울특별시 중구 퇴계로 217.

94. 서대문 | 서대문형무소

독립운동과 민주화 운동을 이어준 역사의 학교

"너 몇 학년이야?"

"2학년인데요."

"야, 이 새끼, 너 1학년 때 뭐로 왔어?"

이제는 역사관으로 바뀐 서대문형무소 감방 앞에 서자, 50여 년 전 대학교 2학년 때 이곳에 잡혀와 처음 나눈 대화가 떠올랐다. 벌벌 떨며 감방에 들어간 나는 최고참인 감방장이 묻는 말에 사실대로 대답했다. 그런데 살벌한 얼굴로 되물어 어안이 벙벙했다. 몇 학년이냐는 말은 전과 몇 범이냐는 은어였다. 2학년이라 하니 전과 2범으로 생각한 모양이었다. 5범은 석사 과정, 7범은 박사 과정이었다.

자유와 평화를 위한 80년

'자유와 평화를 위한 80년.' 서대문형무소의 80년 역사를 설명하는 한마디다. 서대문형무소는 특별한 감옥이다. 일제 강점기에는 독립투사들이 으레 거치는 곳이었고, 해방 뒤에는 민주화 운동가들이 반드시 거쳐야 하는 '학교'였다. 일제는 의병 운동이 거세지면서 감방이 모자라자 1908년에 서대문형무소를 지었다. 1987년 서울구치소가 경기도 의왕시로 옮길 때까지 80년 동안 많은 독립운동가와 민주 투사들이 이곳에 들어왔다. 서대문형무소의 역사는 독립운동사와 민주화 운동사에 다름 아니며, 이곳은 독립운동과 민주화 운동을 공부하려면 한 번은 들러야 하는 살아 있는 역사 교육의 현장이다.

건물은 대부분 철거했지만, 망루와 보안과 청사를 비롯해 몇몇 옥사, 한센병사, 사형장 등은 남겨 역사관으로 쓰고 있다. 일제는 사상범이 늘어난 1930년대에 형무소 규모를 30배나 늘렸다. 처음에는 2000명대이던 수용 인원도 3·1 운동 뒤에는 1만 명 수준으로 늘었고, 일제 강점기 말에는 2만 명을 넘어섰다. 수용자가 빠르게 늘어나자 감시하기 쉽게 간수가 가운데에 있고 감방을 부채꼴 모양으로 배치한 원형 감옥(파놉티콘) 형태로 옥사를 지었다.

역사관에는 이곳을 거친 독립투사들이 잘 정리돼 있다. 이곳에서 순국한 이강년과 허위 같은 의병장, 의열단의 이재명 의사와 강우규 의사, 유관순과 손병희, 한용운 등 3·1운동 민족 대표 33인을 비롯해, 1920년대에는 간도 15만 원 군자금 강탈 사건의 한상호, 망우리 우편

서대문형무소역사관으로 바뀐 서대문형무소.

수송차 습격 의거의 이선구, 조선공산당의 박헌영, 1930년대에는 조선공산당 재건을 도모한 경성트로이카의 이재유, 이현상, 김삼룡 등이다. 심훈, 김광섭, 한용운 등 문학가와 김구, 안창호, 김동삼, 양기탁, 김원봉, 김성숙, 여운형 등이 와신상담을 한 곳이기도 하다. 역사관에는 일제가 쓴 고문 도구 등도 재현해놓았다. 해방 뒤에는 진보당의 조봉암, 민족일보의 조용수, 인혁당 재건위 사건의 서도원과 도예종, 박정희를 쏘려다가 육영수를 저격한 문세광, 박정희를 암살한 김재규 중앙정보부장 등이 이곳에서 형장의 이슬로 사라졌다. 동백림 사건의 윤이상과 이응로, 지학순 주교, 박형규 목사 등도 이곳을 거쳤다.

50년 만에 서대문형무소에서 만난 나

"아니 이게 누구야!"

역사관에서 '해방 후 민주화운동' 부분을 보던 나는 깜짝 놀랐다. 동백림 사건 공판 사진 바로 밑에 걸린 사진에서 키 크고 깡마른 청

서대문형무소에 갇힌 독립운동가와 민주 투사들의 수용 카드로 만든 벽.

년이 보였다. 바로 나왔다. 그 많은 민주화 운동 관련 자료 중에서 하필 내 사진이 걸린 이유는 모르지만, 정말 반가웠다.

“지난 대선은 부정 선거이니 총선을 보이콧해야 합니다.”

역사관에는 1971년 대선 대학생 선거 참관인단으로 부정 선거에 항의하다가 서대문형무소에 투옥된 내 사진이 걸려 있었다.

박정희와 김대중이 대결한 1971년 대통령 선거에서 관권 선거를 감시하는 대학생 선거 참관인단으로 참여한 나는 많은 부정 선거 사례를 목격했다. 야당인 신민당 당사를 찾아간 학생 대표들은 김홍일 당수를 만나 총선 보이콧에 관해 화기애애한 분위기에서 이야기하고 나왔는데, 박정희 정부는 이 만남을 신민당사 난입 사건으로 규정하고 선거법 위반과 정당법 위반 혐의로 기소했다. 사법부의 독립성이 아직 살아 있고 담당 판사가 강단진 사람이라 무죄 판결을 받고 출옥하는 장면이었다.

옥사에 들어가 감방을 돌아보니 50년 전 기억이 새록새록 살아났다. 한글의 자음과 모음의 순서로 벽을 두드려 다른 방에 있는 죄수하고 ‘통방’(통신)을 하는 ‘타벽 통보법’도 오랜만에 해봤다. 12동에는 빛을 막아 밤낮을 알 수 없게 해 고통을 주는 ‘먹방’이라는 징벌방도 있었다. 먹방을 보면 인간이 다른 인간에게 고통을 주려고 얼마나 머리를 쓰는지를 실감하게 된다.

서대문형무소에서 꼭 들러야 하는 곳은 여옥사, 특히 8호 감방이다. 유관순 등 3·1 운동 때문에 잡혀온 여성 독립운동가들이 3·1 운동 1주년이 된 1920년 3월 1일에 만세 투쟁을 벌인 곳이다. 1920년대에는 우파 여성운동과 사회주의 계열 여성운동이 통합한 근우회 사건 관련자들이 들어왔고, 1929년에 광주학생독립운동이 일어난 뒤 허정숙이 잡혀왔다(이 책 14장 참조). 1930~1940년대에는 일제가 착취를 강화하면서 총파업, 산전 산후 휴가 보장, 수유 시간 보장, 남녀 동일 노동 동일 임금 보장 투쟁을 벌이고 정신대 등 국가총동원법에 저항한 많은 여성이 식민 지배와 남성 지배라는 이중적 수탈과 억압에 맞서 몸부림치다가 끌려왔다.

밖으로 나가자 언덕 위에 한센병 환자들을 수용한 병동이 보였고, 조금 더 가니 커다란 원형 판이 설치돼 있었다. 이곳에서 사형된 사람들 이름을 새긴 추모 조형물이었다. 유관순과 김동삼이 눈에 띄었다.

감사합니다. 편안히 잠드십시오

그리 멀지 않은 곳에 사형장이 있었다. 낡은 사각형 벽돌 건물 안 천장에는 교수형에 쓴 밧줄이 매달려 있어 보는 이를 섬뜩하게 한다. 사형장 뒤쪽에는 고문을 한 흔적이 많거나 사형 집행 사실이 알려지면

형장의 이슬로 사라진 사형수들의 이름을 써 넣은 기념물.

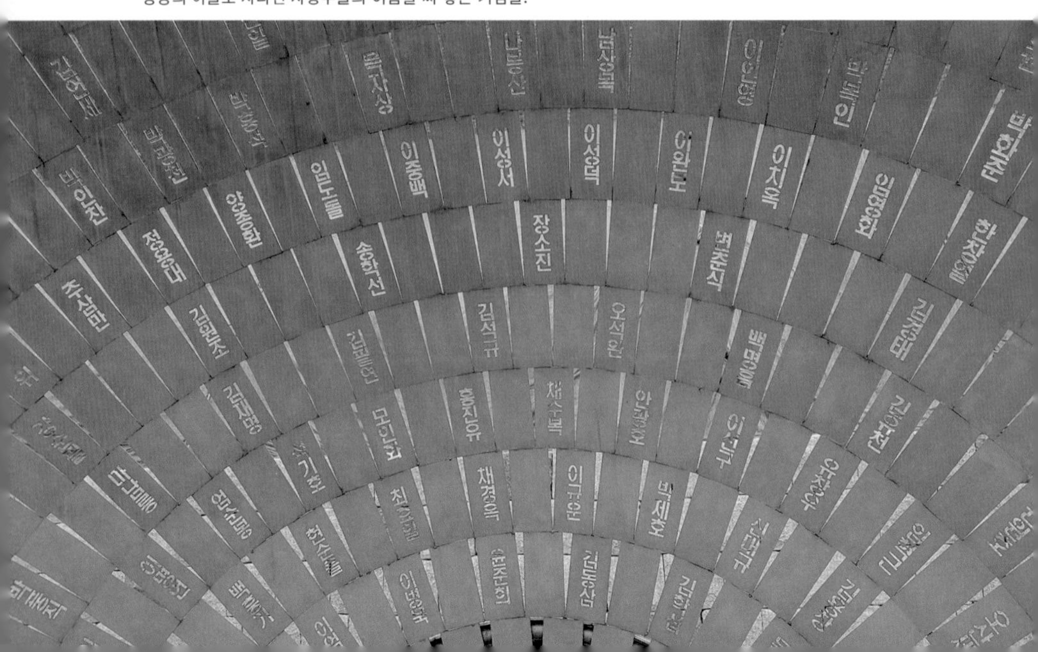

문제가 될 사형수의 시신을 몰래 빼돌린 시구문이 있다. 고문 사실을 감추려고 철관에 넣어 봉인한 뒤 돌려준 6·10 만세 사건의 주범 권오설의 시신, 장의차를 통째로 끌어가 강제로 화장한 인혁당 재건위 사형수들의 시신은 이곳을 거쳐 나오지 않았을까.

1916년에 사형장을 만들면서 일제는 사형장 앞과 사형장 안에 미루나무를 한 그루씩 심었다. 사형장 안 미루나무는 사형수들의 한이 서린 탓인지 늦자라다가 말라 죽고 사형장 밖 미루나무는 아직도 살아 있다. 사형장으로 끌려가는 사형수들이 이 나무를 잡고 울어서 '통곡의 나무'로 불린다. 일제 강점기에는 조국 독립을 위해 몸부림친 독립투사들의 마지막을 지켜보고, 해방 뒤에는 변혁 운동과 민주주의 투쟁을 하다가 목숨을 잃은 운동가들의 최후를 함께한 역사의 증인인 셈이다.

찾을 곳

서대문형무소역사관 서울특별시 서대문구 통일로 251.

서대문형무소 사형장. 미루나무가 역사의 증인으로 남아 있다.

95. 중구 | 명동성당

민주화 운동의 결절점, 6월 항쟁의 빛과 그림자

"책상을 탁 하고 치니 억하고 죽었다." 국민이 직접 대통령을 뽑는 직선제 개헌을 하라는 요구가 거세게 분출하던 1987년 1월 16일, 강민창 치안본부장은 서울대학교 학생 박종철이 경찰에서 조사받다가 사망한 경위를 이렇게 설명했다.

한국 현대사를 둘로 나누는 한 군데를 고른다면 당연히 1987년이다. 1948년 정부 수립부터 따져서 (1960년 4·19 혁명 뒤의 짧은 민주화 시기를 빼면) 그 앞은 '독재 시대'이고 그 뒤는 '민주화 시대'다. 이런 결정적 분기점을 만든 사건은 1987년 6월에 벌어진 6월 항쟁이고, 6월 항쟁의 기폭제는 박종철 고문치사와 은폐 사건이다.

박종철과 이한열, 6월 항쟁의 도화선

숙대입구역에서 삼각지 쪽으로 조금 내려가면 지하 도로를 지나자마자 오른쪽 골목에 회색 건물이 나타난다. '민주인권기념관'이라는 팻말이 붙어 있지만, 그전에는 악명 높은 남영동 치안본부 대공분실이었다. 김근태 의원이 고문 기술자 이근안에게 전기 고문을 당하면서 너무 고통스러워 '살아 있음을 원망'한 곳이고, 박종철이 물고문을 받다가 질식사한 509호 조사실이 보존된 곳이다.

민주인권기념관이 된 남영동 대공분실. 박종철은 취조실 욕조에서 물고문을 받다 질식사했다.

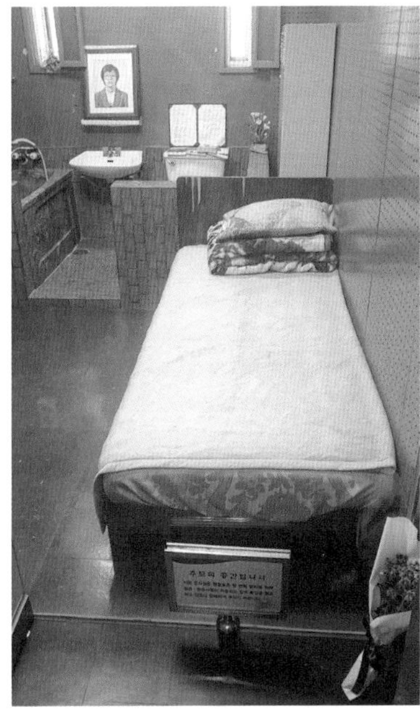

연세대학교 교정에는 경찰이 쏜 최루탄에 맞아 숨진 이한열 열사를 동료가 부축하는 조형물이 설치돼 있다.

전두환 정부는 직선제 개헌을 요구하는 야당과 재야를 힘 빠지게 하는 공안 탄압을 준비하고 있었다. 1986년 10월에 일어난 건대 항쟁을 금강산댐을 활용해 잘 넘긴 뒤(이 책 67장 참조), 또다시 여론을 조작할 공안 사건을 꾸미려고 운동권 학생 박종운을 찾고 있었다. 서울대학교 언어학과 3학년 박종철을 체포한 경찰은 수배자 박종운의 행방을 추궁하다가 고문치사 사건을 저질렀다(박종철이 목숨 걸고 보호한 박종운은 보수 정당에 들어가 국회의원에 세 번 출마하시만 매번 떨어졌다). 경찰은 탁 치니 억 하더라는 코미디 같은 해명을 하면서 박종철 고문치사 사건을 은폐하려다가 여론의 역풍을 불렀다.

6월 항쟁을 일으킨 또 다른 기폭제는 연세대학교 학생 이한열 사망 사건이다. 신민당과 재야 민주화 운동 세력은 6월 10일에 '박종철 고문 살인 은폐 규탄 및 호헌 철폐 국민대회'를 열기로 했다. 연세대학교 학생들은 그 전날 학교에서 출정식을 연 뒤 교문 밖으로 나가 시위를 벌였다. 이 시위에 참가한 경영학과 2학년 이한열은 경찰에 쫓겨 학교 안으로 돌아가다가 규정을 어기고 직격으로 쏜 최루탄에 맞았다. 도서관학과 2학년 이종창이 피 흘리는 이한열을 끌어안아 가까스로 구출했다. 이한열은 세브란스병원으로 옮겨 치료를 받다가 7월 5일 끝내 세상을 떠났다.

거리를 가득 메운 시민들

이 두 사건이 기폭제가 되지만, 6월 항쟁은 오랜 민주화 운동이 축적된 결과다. 박정희는 4·19 혁명이 낳은 민주 정부를 쿠데타로 전복하고 권력을 장악했다. 그렇지만 민주주의는 침묵하지 않았다. 지금은 감옥에 간 이명박 전 대통령도 참여한 한-일 회담 반대 시위(1964년)를 시작으로 3선 개헌 반대 투쟁(1969년), 군사 교육 반대 투쟁(1971년), 민청학련 사건(1974년), 부마 항쟁(1979년) 등을 거치며 민주화 운동은 박정희 정부를 무너트렸다. 그렇게 맞은 1980년 '서울의 봄'은 양 김 분열, 낙관론에 기초한 '시위 자제론', 학생운동 지도자들의 전략적 판단 오류에 따른 '서울역 회군' 등이 겹치면서 5·18이라는 비극 속에 전두환의 집권과 민주화 운동의 패배로 귀결됐다.

민주화 운동은 광주의 피를 먹고 비약적으로 성장했다. 한국전쟁이 터지면서 함께 사라진 진보 운동이 복원됐고, 반미운동이 나타났다. 핵심은 유신이 시작되면서 사라진 직선제를 되살리라는 요구였다. 이제 대통령을 체육관에서 뽑는 코미디는 끝내자는 말이었다. 1980년에 전두환이 정치권에서 몰아낸 김영삼과 김대중 등 민주화 세력이 신한민주당(신민당)을 창당해 1985년 2·12 총선에서 좋은 성과를 거두자 직선제 개헌 투쟁은 급물살을 탔다. 민주화 운동 세력은 민주헌법쟁취국민운동본부를 꾸려 투쟁에 들어갔고, 신민당은 '직선제 개헌을 위한 1천만 인 서명 운동'을 펼쳤다. 전두환은 1987년 봄 유신 헌법을 이어받은 5공화국 헌법을 유지하겠다는 4·13 호헌 조치로 대응했다. 전국경제인연합회(전경련) 등 경제 단체들과 한국노총도 4·13 호헌 조치를 지지하는 성명을 발표했다.

시민들이 보인 반응은 달랐다. 1980년 봄에는 불안한 정국이 이어지면서 수출도 줄고 외채 도입마저 끊겨 경제가 어려워지자 평범한 시민들은 시위에 참여하지 않았다. 강한 지도자가 나와 시위를 진압해주기를 바라는 사람도 많았다. 1987년은 달랐다. 시민 의식이 성장하고 경제도 호황이라 경제 위기를 걱정할 필요가 없었다. 학생뿐 아니라 평범한 시민도 거리로 달려 나왔다. 명동과 시청은 점심시간이 되면 사무직 노동자를 뜻하는 '넥타이 부대'로 가득했다.

6월 10일, 여당인 민정당은 전당 대회를 열어 노태우를 대통령 후

'박종철군 고문살인 조작 은폐 규탄 및 호헌 철폐 국민대회'가 열린 1987년 6월 10일 명동성당(민주인권기념관 전시 자료).

보로 선출했다. 같은 시간에 경찰은 '박종철군 고문살인 조작 은폐 규탄 및 호헌 철폐 국민대회'를 열기로 한 명동성당을 봉쇄했다. 당황한 국민운동본부에 대한성공회 서울주교좌성당이 사제관을 대회 장소로 제공했다. 덕수궁 옆 대한성공회 서울주교좌성당 사제관 앞에 자리한 '유월민주항쟁진원지' 표지석이 이런 역사를 증언하고 있다. 마침내 6월 항쟁이 막을 올렸다. 불어난 시위대는 신세계 앞 로터리를 점령하지만 곧 경찰에 밀려 명동성당으로 들어갔다. 공권력이 마음대로 진입할 수 없는 명동성당은 시위대 600여 명을 받아준 피난처였다. 일주일 동안 이어진 명동성당 투쟁이 시작됐다. 대학생들이 명동 일대에서 날마다 시위를 벌였고, 근처에서 일하는 사무직 노동자들도 시위 대열에 합류하기 시작했다.

6월 18일 '최루탄 추방 국민대회'에 150만 명, 6월 26일 '민주헌법 쟁취 국민평화대행진'에 180만 명이 참여하면서 학생들이 이끌던 시위

대한성공회 서울주교좌성당 사제관 앞에 자리한 '유월민주항쟁진원지' 표지석.

6월 항쟁 기념물 ① 부산광역시 중구 중구로71 가톨릭센터 앞 ② 광주광역시 동구 금남로 3가20-2 금남로공원 ③ 경기도 성남시 수정구 태평동 7288-6 산체스커피 앞 ④ 충청북도 청주시 상당구 무심동로 336번길 119 ⑤ 인천광역시 부평구 광장로 16 부평역 1번 출구 광장 ⑥ 충청남도 천안시 동남구 신부동 815 신부공원 ⑦ 울산광역시 중구 시계탑거리20 뉴코아아울렛 울산성남점 앞 ⑧ 강원도 원주시 원일로139 원주시보건소 앞 ⑨ 대전광역시 중앙로 145 중앙로역 1번 출구 앞 ⑩ 경상남도 창원시 마산합포구 창동거리길 ⑪ 대구광역시 중구 동성로2가 대구백화점 정문 앞 광장 ⑫ 제주특별자치도 서귀포시 중앙로62번길 18. ⑬ 전라남도 목포시 평화로82 평화광장

는 시민 항쟁으로 발전했다. 시위 방식도 과격해져 파출소와 경찰서, 민정당사가 불탔다. 6월 항쟁에 관련된 '화이트칼라 신화'는 과장된 이야기다. 사무직에 견줘 공장을 떠나기 힘든 블루칼라 노동자들도 공단 지역을 중심으로, 그리고 퇴근 뒤에 시위에 많이 참여했다. 연이은 시위에 모두 500만 명 정도가 참여했다. 시위가 시민 항쟁으로 발전하자 전두환은 6월 29일에 직선제 개헌을 수용하고 김대중을 사면 복권한다는 '6 · 29 선언'을 발표했다.

6월 항쟁이 성공한 또 다른 원인은 미국이다. 1980년 봄 군 작전권을 쥐고 있던 미국은 신군부가 왜곡한 정보에 넘어가 5 · 18을 공산주의자들이 일으킨 폭동으로 판단하고 진압을 승인했다. 이런 결정은 반미 불모지 한국에 걷잡을 수 없는 반미운동의 태풍을 불러일으켰다. 또다시 군을 지지하면 반미운동이 더욱 거세질 수 있다고 염려한 미국은 강경 대응을 자제했다. 1987년에 한국에 근무한 어느 한국계 시아이에이 요원은 전두환이 6월 19일에 계엄령을 선포하기로 결정하고 군 동원령을 내리지만 미국이 탱크로 부대 정문을 가로막아 출동을 저지한 일이 있다고 증언했다. 제임스 릴리 주한 미국 대사도 로널드 레이건 미국 대통령이 보낸 친서를 들고 전두환을 면담했고, 그 뒤 전두환이 계엄령을 철회한 일을 회고했다. 6 · 29 선언도 주한 미국 대사관이 어느 검사에게 정국을 수습하는 데 필요한 조치를 적어달라고 해서 전두환과 노태우를 설득한 결과라는 주장도 있다.

반쪽 승리, 6월 항쟁의 그림자

6월 항쟁은 직선제 개헌과 민주화를 가져오지만 아쉬움도 남겼다. 김대중과 김영삼이 분열하는 바람에 민주적 정권 교체에 실패한 때문이었다. 김영삼의 지지 기반이던 부산시 광복동 가톨릭센터 앞에는 6월 항쟁 때 벌인 농성 투쟁을 기념하는 조각이 서 있다. 김대중의 지지 기반인 광주시 금남로공원에도 6월 항쟁 기념물이 우뚝 서 있다. 전국 곳곳에 있는 6월 항쟁 기념물 보면서 양 김 분열이 불러온 심각한 부작용이 생각났다.

첫째, 민주화를 짧으면 5년, 길게 보면 10년 지연시켰다. 둘째, 둘만 분열하는 데 그치지 않고 민주화 운동 진영 전체가 분열해 서로 적대하게 됐다. 셋째, 양 김이 힘을 합쳐 반민주 세력에 맞서 싸우는 대신에 각각 군사 독재 세력의 후예들하고 손잡고 다른 한쪽을 죽이는 방향으로 흐르면서 김종필 같은 군사 독재 세력이 캐스팅 보트를 쥐었다. 김영삼의 3당 합당과 김대중의 디제이피DJP 연합 말이다. 넷째, 국민적 허무주의다. 피 흘려 일군 직선제를 양 김이 '대통령병' 때문에 노태우에게 상납한 결과였다. 다섯째, 지역주의가 전면화됐다. 박정희와 전두환이 지역주의를 조장했지만, 1985년 2월 12일 제12대 총선 때 대구에서 야당이 민정당을 득표율에서 앞섰고(이 책 34장 참조), 6월 항쟁 때는 대구를 포함해 전국에서 일제히 직선제 개헌을 외쳤다. 양 김이 손잡으면 1987년 대선은 지역 간 대립이 아니라 민주(노태우) 대 반민주(김대중과 김영삼)의 대결이 될 수 있었다. 그런데 양 김이 분열하면서 대구-경북(노태우) 대 호남(김대중) 대 부산-경남(김영삼)이 대립하면서 지역주의가 전면화됐다. 6월 항쟁은 '반쪽짜리 승리'였다.

찾을 곳

명동대성당 서울특별시 중구 명동길 74. **대한성공회 서울주교좌성당** 서울특별시 중구 세종대로21길 15. **민주인권기념관** 서울특별시 용산구 한강대로71길 37. **이한열기념관** 서울특별시 마포구 신촌로 12나길 26.

96. 마포 | 서강대학교

'한국판 드레퓌스' 강기훈 유서 대필 조작 사건

"지금 우리 사회에는 죽음을 선동하는 어둠의 세력이 있다." 경기도 이천시에 자리한 민주화운동기념공원에 가 김기설 열사의 묘 앞에 섰다. 1991년 5월 8일 박홍 서강대학교 총장이 기자들 앞에서 성경 위에 손을 올린 채 충격적인 말을 하는 장면이 떠올랐다. 존경받는 신부이자 대학교 총장이 성경까지 들고 나와 한 말은 꽤 설득력이 있었고, 온 나라가 시끄러워졌다. 민주화 시대의 대표적인 마녀 사냥이자 '한국판 드레퓌스 사건'으로 불리는 '강기훈 유서 대필 조작 사건'은 이렇게 시작했다.

1987년 6월 항쟁을 거치며 '체육관 대통령'이라는 유신 헌법의 유제를 폐기하고 국민이 대통령을 직접 뽑는 직선제 개헌을 쟁취했다. 기쁨은 오래가지 못했다. 김영삼과 김대중이 분열하면서 12 · 12 쿠데타와 5 · 18 학살의 주범인 노태우가 대통령이 됐다. 이어진 총선에서는 서로 다른 지역에 기반을 둔 4당이 경쟁하면서 지역주의가 깊어지지만, 지역주의 덕분에 '여소야대' 국회가 출현했다. 억눌린 민주화 요구가 곳곳에서 분출했고, 1989년에는 문익환 목사가 허가 없이 북한을 방문했다. 1990년 2월 9일, 위기감을 느낀 노태우는 제2 야당인 통일민주당 김영삼과 제3 야당인 신민주공화당 김종필을 회유해 3당

김기설 열사와 강경대 열사 묘.

합당을 단행했다. 정국 주도권을 쥔 노태우는 민주화 운동에 강력한 공권력으로 대응하는 등 공안 정국으로 나아갔다.

분신 정국과 '죽음의 굿판'

공안 정국은 '1991년 분신 정국'을 불러왔다. 김기설 열사의 묘에서 조금 걸어가면 이 분신 정국의 출발점이 된 강경대 열사의 묘가 있다. 1991년 4월 26일, '학원자주 완전승리와 총학생회장 구출을 위한 결의대회'를 마치고 시위를 벌이던 명지대학교 경제학과 1학년 강경대가 경찰 폭력에 사망했다. 집회와 시위가 이어졌고, 분노한 대학생 등이 연이은 분신으로 저항했다. "죽을 일이 있으면 우리가 대신 죽겠다. 목숨을 아끼지 않는 젊은이들의 순수한 열정은 충분히 이해되지만 새날이 올 때까지 살아서 싸우는 것만이 진정한 투쟁의 길이다." 민주화 운동 희생자 가족들이 모인 유가협이 학생들에게 자제해달라고 절절히 호소했지만, 5월 25일 '노태우 정권 퇴진을 위한 제3차 범국민대회'에 참가해 시위를 벌어다가 경찰의 토끼 몰이식 진압에 떠밀려 성균관대학교 불문과 3학년 김귀정이 압사했다.

노태우 정부는 위기에 몰렸다. 뭔가 반전이 필요했다. 그전까지 민주주의를 외치던 김지하 시인이 5월 5일 《조선일보》에 〈죽음의 굿판을 집어치우라〉는 칼럼을 실었다. 많은 이들을 죽음으로 내몬 공안 통치에는 침묵하면서도 얼치기 생명 사상을 내세워 운동권을 질타했다. 사흘 뒤, 또다시 분신 사건이 일어났다. 전국민족민주운동연합(전민련) 사회부장 김기설이 서강대학교 본관 5층에서 분신한 뒤 투신해 세상을 떠났다.

많은 사람이 충격에 빠져 있는 사이에 갑자기 박홍 총장이 등장했다. 박 총장 밑에서 일한 어느 보직 교수는 한술 더 떠 김기설의 죽음은 우연한 사건이 아니라 여러 사람이 일사불란한 계획을 세워 저지른 짓이라고 말했다. 보수 언론들은 잇달은 죽음이 계획된 음모이며 분신 순번이 정해져 있다고 주장했다. 분신은 잘못된 선택이지만 '순수한 동기'에서 결행한 자기희생이라는 측면이 있는데도 보수 언론과 노태우 정부는 '죽음을 선동하는 어둠의 세력'이 기획한 음모로 몰아갔다.

"단순하게 변혁운동의 도화선이 되고자 함이 아닙니다. 역사의 이정표가 되고자 함은 더욱이 아닙니다. 아름답고 맑은 현실과는 다르게, 슬프게, 아프게 살아가는 이 땅의 민중을 위해 무엇을 해야 할까 하는 고민 속에 얻은 결론이겠지요. 노태우 정권은 퇴진해야 합니다.

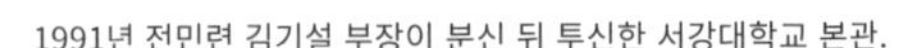
1991년 전민련 김기설 부장이 분신 뒤 투신한 서강대학교 본관.

민자당은 해체되어야 합니다." 김기설이 두 장짜리 유서에 쓴 내용이다. 공안 당국은 이 유서에 주목했다. 김기설의 동료인 전민련 총무부장 강기훈이 붙잡혔다. 직접 증거가 없는데도 국립과학수사연구소(국과수)가 주관한 (조작 의혹을 받는) 필적 감정에 근거해 강기훈을 유서를 대필한 당사자로 지목한 검찰은 자살 방조와 국가보안법 위반 혐의로 기소했다. 보수 언론들은 검찰이 발표한 내용을 대서특필했다. 노태우 정권에 비판적이던 여론은 민주화 운동이 부도덕하다는 쪽으로 완전히 반전됐다.

사법 공동체가 만든 블랙 코미디

강기훈은 '독재 정권의 주구'나 다름없는 사법부에서 징역 3년에 자격정지 1년 6개월을 선고받고 꼬박 3년 동안 감옥살이를 했다. 〈1991년, 봄〉이라는 다큐멘터리를 만든 권경원 감독이 말한 대로 강기훈 유서 대필 조작 사건은 경찰, 검찰, 법원이라는 '사법 공동체가 만든 블랙 코미디'였다. 문제는 여기에서 끝나지 않았다. 강기훈은 감옥에서 나온 뒤에도 20년 넘게 '운동을 위해 친구를 죽게 만든 부도덕한 인간'이라는 낙인을 안고 살았다.

박홍 신부의 마녀 사냥은 김기설 분신 사건에서 끝나지 않았다. 1994년 농산물 시장 개방과 우루과이 라운드 비준에 항의하는 시위가 격렬해지자 시위 배후에 주사파가 있고 주사파 배후는 김정일이라는 말을 해 또다시 공안 정국을 유도했다. 증거를 대라는 항의가 빗발치자 고해 성사에서 들은 내용이라고 변명해 비판받았다.

2015년 5월 14일, 대법원은 유서 대필 사건에 관련해 강기훈에게 무죄를 확정했다. 한 성직자가 한 청년의 꽃 같은 청춘을 짓밟았고, 정의는 자그마치 24년이 지나 청년이 나이 오십을 넘긴 뒤에야 뒤늦게 실현됐다. 얼마 뒤 서강대학교 민주동문회가 성명을 발표했다.

> 박홍 총장은 당시 '운동권이 조직적으로 분신을 사주하고 있다'고 했고, 서강대 총무처장 윤여덕은 '이번 변사 사건은 우연한 자살 행위가 아니라 사전에 일사불란한 계획을 수립하여 여러 사람이 합동하여 저지른 엄청난 것으로 판단됩니다'라고 주장했다. …… 십계명에 '네 이웃에 대하여 거짓 증거하지 말라'는 계율이 있음을 그는 잘 알고 있을 것이다. 박홍 전 총장과 서강대에게 '우리는 요구한다.' …… 더 늦기 전에 거짓을 참회하고 국민들에게 사과하라. 이것만이 서강대 동문들과 재학생들의 불명예를 씻고 역사를 바로 세울 유일한 길이다.

박 전 총장과 서강대는 결국 사과하지 않았다. 또한 무죄 판결이 확정된 뒤에도 담당 검사인 강신욱과 신상규, 필적 감정을 한 김형영 전 국과수 문서감정실장이 사과를 하지 않자, 강기훈은 국가와 이 세 명을 상대로 손해 배상 소송을 냈다. 재판부가 추상적인 국가 책임은 받아들이면서도 개인적인 손해 배상 책임은 인정하지 않자 강기훈은 2018년에 대법원에 상고했다. 강기훈은 간암 수술을 세 번이나 하며 힘겹게 투병하고 있지만, 대법원은 여전히 감감 무소식이다.

사필귀정, 인과응보

강신욱 검사는 그 뒤 대법관을 지냈고, 유서 대필 사건을 조작한 수사팀에 소속돼 강압 수사 논란에 휘말린 곽상도 검사는 박근혜 정부 청와대 민정수석을 거쳐 국회의원을 지냈다. 2017년에 발족한 검찰과거사위원회가 이 사건을 사과하라고 권고해 문무일 검찰총장이 다른 사건들하고 함께 포괄적 사과를 한 일, 사건이 벌어진 때 법무부 장관

오른쪽이 김기설의 유서이고 왼쪽이 강기훈의 필체다. 언뜻 봐도 다르다. 검찰은 강기훈이 김기설의 유서를 대신 쓴 사람이라고 조작했다(민주화운동기념사업회 자료).

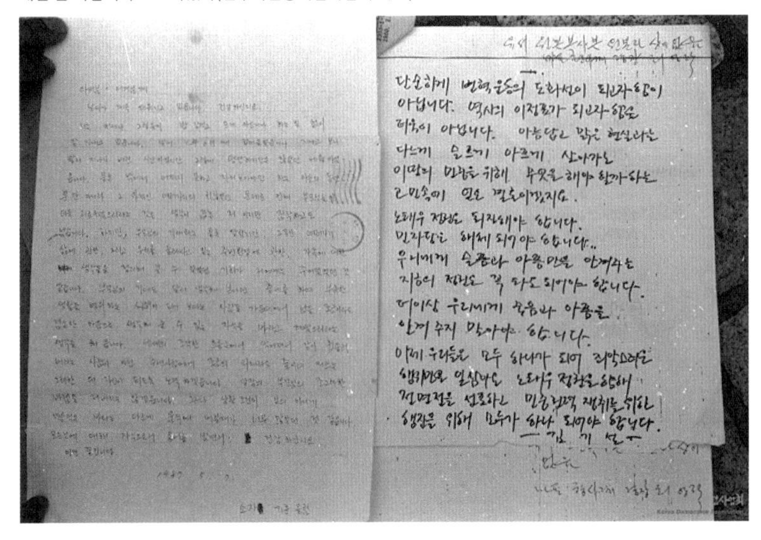
단순하게 변혁운동의 도화선이 되고자 함이
아닙니다. 역사의 이정표가 되고자 함은
더욱이 아닙니다. 아름답고 맑은 현실과는
다르게 슬프게 아프게 살아가는
이땅의 민중을 위해 무엇을 해야 할까 하는
고민속에 얻은 결론이겠지요.
노태우 정권은 퇴진해야 합니다.
민자당은 해체되어야 합니다..
우리에게 슬픔과 아픔만을 안겨주는
지금의 정권은 꼭 타도되어야 합니다.
더이상 우리에게 죽음과 아픔을
안겨주지 말아야 합니다.
이제 우리들은 모두 하나가 되어 죄악으로의
행위만을 일삼는 노태우 정권을 향해
전면전을 선포하고 민중권력 쟁취를 위한
행진을 위해 모두가 하나 되어야 합니다.
— 김 기 설 —

이던 김기춘이 감옥에 들어간 일이 그나마 위안이 된다. 강기훈 유서 대필 조작 사건은 내가 몸담은 서강대학교에서 벌어져 더 마음이 아프다. 비록 내가 부임하기 전이지만, 강기훈 씨를 비롯해 이 사건 때문에 고통받은 모든 사람들에게 나라도 대신 사과드린다.

천주교는 한국 사회가 민주화되는 데 기여했다. 그렇지만 무고한 한 인간을 고통으로 몰아가고 민주화 운동을 탄압하는 부도덕한 독재 정권을 도왔다. 서강대학교 본관을 올려다보다가 신축민란('이재수의 난')을 기려 세운 대정 삼의사비가 떠올랐다(이 책 1장 참조). '여기 세우는 이 비는 종교가 무릇 본연의 역할을 저버리고 권세를 등에 업었을 때 그 폐단이 어떠한가를 보여주는 교훈적 표석이 될 것이다.'

찾을 곳

서강대학교 서울특별시 마포구 백범로 35. **민주화운동기념공원** 경기도 이천시 모가면 공원로 30.

사태와 항쟁 사이, 몰락한 학생운동

"나는 대학 시절에 감옥을 가기 시작해 평생 운동권으로 살았습니다. 그리고 여기 오기 전 한국 정부의 한국대학총학생회연합(한총련) 탄압에 관해, 아마도 국내에서 가장 비판적인 글을 발표했습니다. 그렇지만 당신들이 한국 정부의 한총련 탄압을 규탄하는 것은 경우에 맞지 않습니다."

김일성 주석 '조문 파동'으로 남북 관계가 얼어붙은 1996년 8월, 중국 베이징에서 열린 남북한 정치학자 모임에서 나는 이렇게 말했다.

'사태'와 '항쟁' 사이 외면받은 학생운동

이 모임이 열리기 직전인 1996년 8월 13일부터 8월 20일까지 '연세 대첩'이라고 불리는 '연대 사태'가 벌어졌다. 한총련이 연세대학교에서 '북미 평화협정 체결', '주한 미군 철수', '연방제 통일' 등을 내걸고 범민족대회를 열었는데, 진압하려는 경찰에 맞서 대치하는 과정에서 종합관이 불타고 단일 사건으로 최대 규모인 5848명이 연행됐다.

미국 일리노이 주에 스코키라는 홀로코스트 생존자 도시가 있다. 극우 단체 큐클럭스클랜KKK이 이곳에서 집회를 연다고 신청하자 시 당국이 거부했는데, 연방 대법원은 사상과 집회의 자유를 이유로 허가했다. 나는 스코키 사례를 들어 한총련을 탄압한 국가의 행위는 잘못이라는 글을 발표한 뒤 베이징행 비행기를 탔다.

북한 학자들은 회의 내내 연대 사태를 들먹이며 남한 파쇼 도당이 애국적 학생들을 탄압한다고 비판했다. 내로라하는 보수 학자들도 아무 반론을 제기하지 않았다. 결국 내가 나서자 북한 학자들이 벌떼처럼 덤벼들었다. 한바탕 폭풍이 가라앉은 뒤 나는 말했다.

"나는 한총련을 탄압한 한국 정부를 비판했지만, 한총련 사태를 자랑스럽게 생각합니다."

"무슨 개소리!"

북한 학자들이 다시 난리가 났다.

"나는 한총련 탄압에 매우 비판적이지만, 이렇게 탄압해야만 하는 자율적인 학생운동 조직이 있다는 점에서 이번 사태가, 대한민국이, 매우 자랑스럽습니다. 당신들은 탄압하려야 탄압할 자주적 조직이 없지 않습니까? 나는 남북 간 민간 교류를 안 믿습니다. 당신들은 민간

'연대 사태' 때 학생들이 갇히고 내부가 전부 불에 탄 옛 종합관. 폐쇄돼 있다가 리모델링해 교육과학관이 됐다.

이란 아예 존재하지 않지 않습니까? 당신들이 나름 여러 장점이 있지만, 한총련 탄압 비판 같은 촌극은 중단해야 합니다."

북한 학자들은 아무런 반론을 펴지 못했다.

연세대학교 옛 종합관(지금은 교육과학관)과 과학관 앞에 섰다. 1996년 여름, 바로 이곳에서 대학생 2만 명이 공권력에 맞서 끼니를 굶어가며 일주일 동안 '영웅적' 투쟁을 펼쳤다. 역설적으로 연대 사태는 한국 사회에 큰 영향을 끼쳤고, 존경과 사랑을 받던 학생운동이 몰락하는 계기가 됐다. 자위적 측면이 강한 폭력이었지만, 대부분 또래인 전투 경찰이 1000여 명 부상하고 1명이 죽었다. 폭력 사태가 텔레비전으로 생생하게 중계되면서 학생운동이 외면받기 시작했다.

영욕의 70년, 한국 학생운동 약사

한국인 여학생을 일본인 학생들이 성희롱하면서 시작된 1929년 광주학생독립운동은 근대적 학생운동의 출발점이다. 학생운동은 극우인 이승만 정부 아래에서 다들 침묵할 때 결연히 일어났다. 4·19 혁명 이래 학생운동은 민주화를 이끈 핵심 동력이었다. 박정희 정부에 들어서도 이런 흐름은 한-일 국교 정상화 반대 시위(6·3 사태), 3선 개헌 반대 투쟁, 민청학련, 부마 항쟁으로 이어졌다. 학생운동은 1980년 서울의 봄과 5·18, 1987년 6월 항쟁 등 민주화로 나아가는 고비마다 한국 사회에 중요한 기여를 했다. 젊은 열정과 순수성을 특징으로 한 학생운동은 억압적 독재에 맞선 저항의 중심이었다. 전세계에서 '학생의 날'이 있는 나라가 한국과 폴란드뿐이라는 사실도 한국 현대사에서 학생운동이 지닌 의미를 잘 보여준다.

민주화뿐 아니라 한국전쟁 뒤에 사라진 진보 운동이 빠르게 복원되는 데에도 학생운동은 핵심적인 구실을 했다. 군 작전권을 쥔 미국이 광주 학살을 일으킨 '진짜 주범'이라고 보고 부산 미국 문화원 방화 사건을 시작으로 서울 미국 문화원 점거 농성, 양키 용병 군사 교육 반대 분신 등 반미운동을 펼쳤다. 이른바 '자주파', 곧 '엔엘National Liberation·NL'이 운동권에서 주류가 되고, 민족 문제보다는 계급 혁명을 강조한 소수파는 '평등파', 곧 '피디People's Democracy·PD'로 이어진다. 자주파를 중심으로 한 학생운동은 1987년 6월 항쟁에 적극 참여해 직선제 개헌을 얻어내고, 그 여세를 몰아 1987년 8월에 전국 조직인 전국대학생대표자협의회(전대협)를 결성했다. 전대협은 1989년 정부 허가를 받지 않고 북한에서 열린 세계청년학생축전에 임수경을 대표로 파견해 충격을 줬다. 이인영, 우상호, 임종석 등 민주당 핵심에 자리한 586 정치인들이 바로 전대협 의장단 출신이다.

'구국의 강철 대오' 전대협은 1993년 '생활 · 학문 · 투쟁의 공동체' 한총련으로 전환했다. 한총련은 10만 명을 동원할 수 있는 전대협의 대중 노선을 버리고 소수 정예를 중심으로 한 급진주의로 나아갔다. 대중적 지도자로 부상한 의장단보다 뒤에서 조정하는 핵심 활동가 그룹의 입김이 강해졌고, 강경 자주파인 주체사상파가 한총련을 장악했다(주체사상은 1986년 김영환이 쓴 《강철서신》에서 처음 소개됐다. 김영환은 1991년에 반잠수정을 타고 북한에 가 조선노동당에 입당했다. 2차 방북 때는 김일성 주석을 직접 만났지만, 그 뒤 전향해 뉴라이트가 됐다). 한총련을 장악한 주사파는 온건 자주파와 평등파를 몰아내고 강경 노선으로 방향을 틀었다. 그 결과가 바로 연대 사태와 학생운동의 고립이다. 연대 사태가 끝난 뒤에도 한총련은 자기 성찰과 혁신에 노력하기보다는 평범한 선반공을 프락치로 몰아 고문하고 살해(이석 치사 사건)하는 등 도덕적 타락의 길을 걸었고, 1998년에는 대법원 판결을 거쳐 이적 단체로 규정됐다.

전국에서 모인 대학생들이 1993년 고려대학교에서 한총련 출범식을 연 뒤 거리로 나와 연희로터리에서 경찰에 맞서 대치하고 있다(민주화운동기념관 전시 자료).

주사파 내부의 혁신파를 중심으로 한총련을 대체한 '21세기 한국대학생연합'(한대련)을 결성하지만 흐름을 되돌리기에는 역부족이었다. 게다가 통합진보당이 몰락하는 결정적 계기가 된 비례대표 후보 당내 부정 선거에 관련된 2012년 5월 중앙위원회 폭력 사태에서 한대련이 중요한 구실을 한 사실이 밝혀지면서 추락 속도가 더 빨라졌다.

학생운동의 '지나친' 몰락

한국 현대사를 이끈 학생운동은 이렇게 사라지고 마는 걸까. 그나마 전대협 출신 586 정치인들이 아직도 막강한 힘을 발휘하는 반면 한총련이나 한대련 출신 정치인은 별로 없다. 학생운동은 이제 존재를 확인할 수 없을 정도로 힘이 약해졌다. 세 가지 이유를 들 수 있겠다.

첫째, 강경 자주파가 쏜 자살골이다. 3대 세습 등 너무 문제 많은 주체사상을 신봉하면서 강경 노선을 추구하니 대중의 바다에서 고립될 수밖에 없다. 그러나 다른 이유들도 살펴봐야 한다.

둘째, 학생운동의 몰락은 '비정상의 정상화'다. 학생운동이 사회운동의 중심이 되는 상황 자체가 비정상이다. 광주학생독립운동 등 역사적 전통이 강하기 때문이라고 생각하는데, 잘못된 주장이다. 해방과 한국전쟁을 거치면서 사회운동의 중심이 돼야 할 노동운동과 농민운동 같은 계급 운동이 사라진 탓에 학생운동이 중심에 자리하게 됐다. 1987년을 기점으로 계급 운동이 성장하면서 학생운동은 별 볼 일이 없어졌다. 다시 말해, 계급 운동의 소멸이라는 한국적 특수성 속에서 태생적 한계를 지닌 학생운동이 중심에 자리하던 '비정상'은 계급 운동이 성장하면서 '정상화'됐다.

셋째, 1997년 아이엠에프 경제 위기다. 무한 경쟁의 신자유주의 사회로 바뀌면서 '스펙 전쟁'이 시작됐고, 학생들은 공통된 가치 아래 모이기보다는 동료를 경쟁 상대로 여기게 됐다. 권력을 독점하고 타락한 586들 때문에 대학생, 특히 남성 대학생들이 보수화되기도 했다.

옛 종합관을 떠나 이한열 열사 기념물 앞으로 갔다. '지나친 몰락'은 가슴 아프지만, 한국 학생운동이 민주화에 기여한 공로를 결코 잊어서는 안 된다는 생각도 들었다. 학생운동은 정말 끝난 걸까? 21세기에 맞는 새로운 학생운동은 어떤 모습일까?

찾을 곳

연세대학교 교육과학관(옛 종합관) 서울특별시 서대문구 연세로 50.

새로운 권력 기관인가, 권력의 감시자인가

'참여연대 정부.' 문재인 정부에 붙은 별명이다. 조국(전 청와대 민정수석, 전 법무부 장관), 장하성(전 청와대 정책실장, 전 주중 대사), 김상조(전 청와대 정책실장) 등 참여연대 출신이 중요한 자리에 여럿 들어간 탓이다. 문재인 정부가 출범하고 1년이 지난 2018년 《중앙일보》가 한 조사에 따르면 청와대와 행정부에 들어간 참여연대 출신 인사는 62명이었다.

'시민'이 중심 되는 시민'운동'

대학로에서 낙산공원 쪽으로 들어가면 주택가 골목 입구에 작은 표지판이 보인다. 화살표하고 함께 '경실련'이라는 글자가 쓰여 있다. 골목 안으로 들어가자 '국내 최초 시민단체'인 경제정의실천시민연합(경실련)이 나타났다. 시민단체와 시민운동이란 무엇이며, 언제 어떻게 나타나 한국 사회의 새로운 권력 기관이 됐을까?

《땅, 투기의 대상인가 삶의 터전인가》. 김태동 성균관대학교 교수가 1990년에 낸 책이다. 부동산 광풍과 엘에치 사태로 난리 난 지금처럼 1980년대 말에도 부동산이 폭등하고 투기와 불로 소득이 심각한 사회 문제였다. 1989년, 김태동 교수 등은 불로 소득을 봉쇄하고 경제

대학로 뒤편에 자리한 경실련 사무실.

정의를 실현하려는 평화적 시민운동을 펼친다며 경실련을 만들었다. 와이엠시에이 등 넓은 의미의 시민단체는 그전에도 있었지만, '시민운동'만을 목표로 하는 좁은 의미의 시민단체는 경실련이 처음이었다.

경실련이 출범한 배경에는 부동산 투기 말고도 민주화 운동이 분화하는 변화도 깔려 있었다. 1970년대에 본격 시작된 민주화 운동은 1980년 광주 학살을 거치며 진보 운동이 복원되면서 진보적이고 변혁적인 노동운동 등 기층 민중에 기반한 '민중 운동'과 자유주의적(리버럴) '중산층 민주화 운동'이 연대하는 형태를 띠었다. 1987년 6월 항쟁 뒤 직선제 개헌이 되고 '7·8·9 노동자 대투쟁'이 벌어지면서 민주화 운동은 분화됐다. 중산층은 노동자들이 벌인 전투적 투쟁에 비판적인 반응을 보였고, 경실련으로 대표되는 시민운동은 이런 반응이 가져온 결과였다.

시민운동이란 무엇인가? 노동운동, 농민운동, 빈민운동처럼 계급이나 민중을 중심으로 하는 전통적 '민중운동'하고 다르게 1980년대 말에 등장한 '시민이 중심이 되는 운동'이다. 키워드는 '시민'이다. 이를테면 민주노총이 내건 취지에 동의하더라도 노동자가 아니면 민주노총 성원이 될 수 없지만 시민운동은 누구나 참여할 수 있다. 조희연 서울특별시 교육청 교육감이 사회학자 시절 민중운동과 시민운동의 차이를 중심으로 내린 정의에 따르면, 시민운동이란 민중운동에 대립되는

반환경 후보 낙선 운동을 펼치는 환경운동연합
(환경운동연합 제공).

중산층 운동이고, 급진적 이념이 아니라 온건하고 합리적인 이념에 기초하며, 체제 타파적이 아니라 체제 내 개혁 운동이고, 민중 중심이 아니라 시민 중심 운동이며, 제도 외적 수단이 아니라 제도적 수단에 의존하는 운동이다.

초기 시민운동은 주류 언론의 지원을 받으면서 민중운동에 대립한 채 비판적 태도를 유지했다. 1994년에는 경실련에 견줘 '진보적인' 참여연대가 출범했다. 박원순과 조희연이 중심이 된 참여연대는 1998년부터 정부 지원을 안 받고 회비와 후원금으로 운영하는 진짜 시민단체로 자리잡았고, 2020년을 기준으로 회원이 1만 5000여 명에 이른다.

1990년대 들어 시민단체가 폭발하기 시작했다. 참여연대처럼 여러 분야를 다루는 종합적 시민단체뿐 아니라 한국여성단체연합(이 단체는 1987년 창립했다) 같은 여성 단체, 인권운동사랑방 같은 인권 단체, 환경운동연합 같은 환경 단체, 문화연대 같은 문화 단체, 언론개혁시민연대 같은 언론 단체들이 만들어지거나 본격적으로 활동을 시작했다. 지역에 기반한 시민단체들도 나타났다. 2001년에는 시민단체 사이의 협력과 조율, 공동 투쟁을 위해 500여 개 시민단체가 시민사회단체연대회의를 꾸렸다. 2008년 미국산 쇠고기 수입 반대 촛불 집회, 2016년 박근혜 탄핵 촛불 집회 등에서 시민운동과 민중운동 사이에 제한적 연대도 시도됐다.

시민운동의 위기, 시민운동 명망가들의 위기

시민단체에 관한 잘못된 통념이 있다. 시민단체와 시민운동은 개혁적이고 진보적이라는 편견이다. 뉴라이트 운동이나 태극기부대도 시민단체다. 극우 인종주의자들인 큐클럭스클랜도 마찬가지다. 처음에는 시민운동 하면 으레 개혁적이고 진보적이었다. 분단 뒤 수십 년이 지나는 동안 권력을 독점한 보수 세력은 굳이 시민단체를 만들 필요가 없었다. 반공 단체 같은 곳이 있었지만, 정부 예산에 기대거나 정부가 영향력을 행사하는 '관변 단체'였다.

보수적 시민단체는 김대중 정부가 들어선 뒤, 특히 2000년 남북 정상회담 뒤 빠르게 늘어났다. '좌파'에 권력을 빼앗긴데다가 전향적 대북 정책까지 펼쳐지자 위기의식을 느낀 보수 세력은 바른사회시민회의, 시대정신, 뉴라이트전국연합, 대한민국어버이연합 등을 만들었다(국제적 기준으로 보면 김대중 정부와 노무현 정부는 '좌파'가 아니라 '진보progressive'는커녕 미국 민주당하고 비슷한 '리버럴'이었다).

시민단체와 시민운동은 한국 사회에 많이 기여했지만, 끊임없이 구설수에 올랐다. 요즘 들어 정도가 더욱 심해졌는데, 시민단체를 이끄는 사람들이 정부에 많이 들어가면서 시민운동을 지탱하는 핵심 가치인 '중립성' 또는 '비정파성'이 문제가 된 탓이었다. '참여연대 정부'라는 비아냥이 나오기 전에도 경실련은 이미 김영삼 정부 초기에 정성철, 안병영, 이수성 등이 정부에 들어가 '정치 단체'라는 비판에 휩싸였고, 정계에 건너가는 통로로 시민단체를 활용하는 이들도 늘어났다. 이명박 정부와 박근혜 정부 때는 뉴라이트 시민단체 출신들이 줄지어 정부에 들어갔다.

얼마 전에는 김경율 참여연대 공동집행위원장이 '조국 사태'에 관련해 성명을 발표하자는 제안이 묵살된 상황을 밝힌 뒤 참여연대를

시민운동이 모두 진보적이지는 않다는 현실을 보여주는
‘극우 시민단체’들의 태극기 집회(프레시안 제공).

탈퇴하기도 했다(참여연대는 잘못된 행동이라는 견해를 밝혔다). 대표적인 시민운동 출신 정치인인 박원순 전 서울시 시장이 성희롱 추문에 관련해 스스로 목숨을 끊는 비극도 벌어졌다. 여성운동 출신인 남인순 의원이 피해자를 ‘피해 호소인’으로 부르는가 하면 한국여성단체연합 상임대표하고 함께 고발이 접수된 사실을 박 전 시장에게 알려준 사실도 드러났다.

많은 시민단체가 정부 지원에 기대는 현실도 문제다. 블랙리스트와 화이트리스트를 만든 박근혜 정부 시기가 대표적이다. 재정 지원을 끊는 방식으로 반대 성향 단체들을 탄압하는 한편 뉴라이트 단체에는 자금을 지원해 관제 시위를 사주했다. 새 정권이 들어서면 성향이 비슷한 시민단체에는 집중 지원을 하고 반대 성향 단체에는 지원을 끊거나 줄이는 통에 시민단체들도 특정 정치 세력을 지지할 수밖에 없다는 비판도 나왔다.

시민단체 임원도 전관예우 금지?

청와대에서 그리 멀리 않은 골목에 5층짜리 작은 빌딩이 있다. ‘대한민국 제5부’라는 말을 듣는 참여연대다. 한때 참여사회연구소 이사로 활동하면서 열심히 드나든 곳을 오랜만에 찾았다. ‘세상을 바꾸는 시민의 힘 참여연대’라는 로고는 변함이 없었다.

시민운동은 한국 사회가 발전하는 데 많이 기여했지만, 화이트리스트부터 조국 사태와 박원순 사태에 이르는 사건들이 보여주듯 문제도 많았다. 정치적 중립성과 권력 감시 기능을 되살려야 하고, 구성원의 정계 진출 같은 풀어야 할 숙제도 여럿 있다. 시민단체 출신이 정치에 뛰어들어 시민운동을 하면서 얻은 지식을 정치 발전에 활용하는 일은 필요하지만, 시민운동이 지닌 공신력을 훼손하는 등 부작용도 만만치 않다. 퇴직 공직자 취업 제한처럼 시민운동 관계자들도 일정 기간이 지나야 정계에 진출할 수 있게 자체 규정('시민단체 임원 전관예우' 금지 규정)이라도 만들어야 할까?

찾을 곳

참여연대 서울특별시 종로구 자하문로9길 16. **경실련** 서울특별시 종로구 동숭3길 26-9.

경실련하고 함께 진보적 시민단체로 출범한 참여연대.

99. 영등포 | 이태영

가정과 사회에서 여성들 제자리 찾기

'세대주입니까?' 코로나19 지원금 신청서를 작성하는데 엉뚱한 질문이 나왔다. 21세기 한국 사회에는 아직도 봉건적 가부장제와 비민주적 가족 제도의 잔재가 굳건하다.

'개인적인 것이 정치적이다The Personal is Political.' 기성 질서에 반기를 든 '68 혁명'과 반전운동의 열기 속에 미국 페미니스트 캐럴 해니시가 쓴 에세이의 제목이다. 우리는 정치란 정부나 선거 같은 '공적' 세계에 관련되며 가정 등 '사적' 영역은 비정치적이라고 여겼다. 이 문구는 이런 통념을 갈기갈기 찢어버렸다.

가정은 밥을 짓고 설거지를 하는 문제부터 텔레비전 채널을 선택하는 문제까지 권력 관계로 가득하다. '일상성의 정치'의 일부인 '가정의 정치'다. 어느 집에 가든 채널 선택권을 보고 권력 관계를 알 수 있다. 모든 정치적 갈등이 그러하듯, 이런 권력 투쟁은 격해지면 접시가 날아다니는 '무장 투쟁'으로 발전하게 된다.

하늘과 땅이 뒤집힌 2005년

해방 뒤 한국 현대사를 둘로 나눈다면 언제를 기준으로 해야 할까? 1987년 민주화를 기준으로 해야 한다고 생각하는 사람들이 많을 듯

가부장적인 가족법 개정 등 가정 민주화 운동의 중심 구실을 한 한국가정법률사무소.

하다. 그러나 현대사를 넘어 한국사는, 적어도 조선 시대 이후의 한국사는 2005년을 기준으로 나눠야 할지도 모른다. 2005년에 무슨 일이 있었을까? 전세계에서 한국에만 남아 있던 호주제, 곧 가족이 부계 혈통을 바탕으로 한 호주를 단위로 구성된다고 보는 제도가 가족법이 개정되면서 폐지됐다. 또한 무조건 아버지 성을 따르던 방식도 아버지 성을 원칙으로 하되 원하면 어머니 성도 따를 수 있게 개정했다. 인구의 절반인 여성의 시각에서 보면, 역사는 2005년 이전과 2005년 이후로 나눌 수도 있다.

여의도순복음교회 바로 옆에 가면 한국가정법률상담소가 있다. 한국 최초 여성 법률가 이태영이 시작한 여성법률상담소가 가정법률상담소를 거쳐 1976년에 이름을 바꾼 곳으로, 비민주적이고 가부장적인 가족법 개정 운동의 산실이자 '가정 민주화 운동'의 중심이었다.

이화여자대학교를 나온 이태영은 결혼한 뒤 서른세 살이 된 1946년에 서울대학교 법대에 다시 입학했고, 1952년에 사법고시에 합격했다. 첫 여성 합격자였다. 판사를 지원하지만 이승만은 임명을 거부했다. 김병로 대법원장이 간청해도 여성인데다가 유력 야당 정치인 정일형의 부인이라며 거부했다. 어쩔 수 없이 변호사로 개업한 이태영은 여성들이 털어놓는 억울한 사정을 듣고 가족법 개정에 나섰다. 헌법에 남녀평등을 규정하고 있지만 하위법인 가족법에는 호주제뿐 아니라 남녀 차별 규정이 곳곳에 도사린 채였다. 이태영은 1952년부터 기독교여자청년회YWCA, 대한부인회, 대한여자청년회, 여성문제연구원 등하고 함께 가족법 개정 운동을 시작했으며, 1956년 여성법률상담소를 만들어 호주제와 동성동본 결혼 금지 폐지 등을 내걸고 본격적인 가족법 개정 운동을 펼쳤다.

반세기 걸린 호주제 폐지

1952년 가족법 개정 운동을 시작해 2005년에 호주제가 사라질 때까지 반세기가 넘는 시간이 걸렸다. 한국가정법률상담소는 가족법 개정 운동뿐 아니라 법률 지식이 부족한 여성과 청소년, 어린이를 돕는 한편 가정 폭력과 아동 학대가 범죄라는 사실을 알렸다. 1963년에 가정법원이 생기는 데도 크게 기여했다.

가족법을 고치는 과정에서 여성은 어려서는 아버지를 따르고, 결혼해서는 남편을 따르고, 늙어서는 아들을 따르라는 '삼종지도三從之道' 같은 유교 전통이 심각한 걸림돌로 작용했다. 김병로 대법원장도 이태영이 가족법 개정안을 들고 찾아가자 호통을 쳤다. "다른 여자들은 불평 없이 잘사는데, 법 좀 배웠다고 건방지게 법을 고치라고 나서느냐!"

1957년에 정일형 의원 등이 여성들 처지를 반영한 민법 개정안을 내지만, 유림들 모임인 유도회가 가족법 개정은 오랜 미풍양속을 해치고 가정에 혼란만 일으킨다며 결사반대를 하면서 무산됐다.

1972년 박정희가 유신을 선포했다. 유신 헌법에 따라 국회의원의 3분의 1을 대통령이 임명할 수 있게 된 결과 여성 국회의원이 12명으로 늘어났다. 좋은 기회라고 본 여성계는 1973년 '범여성가족법개정촉진 이태영 소장이 가족법 개정 운동을 하고 있다 (한국가정법률상담소 제공).

한국가정법률상담소가 1984년에 만든 호주제 폐지 홍보물.

회'를 꾸리고 이태영을 비롯한 여러 전문가가 자문을 해 가족법 344개 조항에서 81개 조항을 고치고 19개 조항을 새로 넣은 개정안을 국회에 냈다. 유림들도 '가족법개정저지범국민협의회'를 만들어 강력하게 대응했고, 결국 부분 개정에 그쳤다.

1983년 유엔 여성차별철폐협약을 국회에서 비준하는 절차를 앞두고 이 협약에 어긋나는 성차별적 가족법을 개정하려 시도하지만 무산됐으며, 1986년 개정안도 유림 5000여 명이 몰려와 반대 시위를 하면서 실패했다. 1987년에 민주화가 되면서 여성 단체들은 다시 한 번 힘을 모았고, 1989년에 드디어 가족법이 크게 개정됐다. 호주제는 유지하되 호주의 권리와 의무를 삭제하고, 이혼 배우자의 재산 분할 청구권을 신설하고, 부모가 친권을 공동으로 행사하되 서로 합의하지 못할 때는 가정법원이 결정하고, 이혼 부부도 자녀를 평등하게 면접할 수 있고, 아들, 딸, 기혼, 미혼에 차이 없이 균등하게 재산을 상속하게 했다. 1997년에는 부모 성 같이 쓰기 운동이 시작됐고, 헌법재판소가 동성동본 결혼 금지 규정에 헌법 불합치 결정을 내렸다. 이런 노력 끝

여성 단체들이 2003년 국회 앞에서 호주제 폐지를 요구하는 시위를 하고 있다. 호주제는 결국 2년 뒤 폐지된다(한국여성단체연합 제공).

에 마침내 2005년 호주제가 폐지되고 어머니 성을 쓸 수 있게 됐으며, 동성동본 결혼도 허용됐다.

아직 굳건한 차별의 벽

"가족법이 개정되었습니다. 오백 년 묵은 차별의 벽이 무너졌습니다. 주위의 많은 분들이 축하한다고 말해옵니다. 그러나 나는 그렇게 생각하지 않습니다. 여성이 새로운 것을 얻은 것은 아무것도 없습니다. 다만 '제자리'를 찾았을 따름입니다." 1989년 제3차 가정법 개정 뒤 소감을 묻는 기자에게 이태영은 이렇게 말했다.

이태영을 비롯한 여러 사람이 노력한 덕분에 호주제가 폐지되는 등 변화가 일어났지만, 아직도 갈 길은 멀다. 아버지, 어머니, 아들, 딸이 입후보해 공약을 내걸고 유세를 해 투표로 가장을 뽑는 시대는 언제 올까? 2001년 네덜란드를 시작으로 미국과 대부분의 서유럽 국가들, 남아프리카공화국과 아르헨티나, 브라질에 이어서 2019년에 타이완이 허용한 동성 결혼을 한국은 언제 허용할 수 있을까?

찾을 곳

한국가정법률상담소 서울특별시 영등포구 국회대로76가길 14.

100. 영등포 | 민주노동당

여의도에서 시작해 킨텍스에 끝난 어떤 실험

'심장에 새겨 세우며.' 민주화 운동의 '국립묘지'인 모란공원에 있는 노회찬 전 의원 묘비에는 고인의 친구 장석 시인이 쓴 글을 새겨놓았다. 노 전 의원은 1987년을 계기로 부활한 진보 정당 운동의 핵심 기획자이면서 주역이었다.

'새는 좌우의 날개로 난다'고 리영희 선생은 말했다. 정치도 진보와 보수라는 두 날개를 갖춰야 균형 있게 발전한다. 해방과 분단을 거치며 진보 정당 없는 극우 반공 사회가 된 한국에서도 노회찬처럼 일생을 걸고 진보 정당을 부활시키려 고군분투한 이들이 있었다.

대중적 진보 정당, 의회에 진출하다

여기에서 우리는 '진보'의 의미를 명확히 해야 한다. 김대중, 노무현, 문재인 정부를 '진보', 아니 '좌파'로 믿는 사람들은 진보 정당이 없었다는 말을 이해하지 못할 테니 말이다. 민주당 같은 이른바 '민주 야당'은 이승만에 대립한 한민당에 뿌리를 둔 '개혁적 보수 정당'일 뿐이다. 한국의 정당 정치는 자유당, 공화당, 민정당, 한나라당, 새누리당, 국민의힘으로 이어진 (극우) 보수 정당과 한민당에서 더불어민주당으로 이어진 자유주의 정당이 경쟁하는 보수 양당 구도였다.

한국의 진보 정당은 크게 네 시기로 나뉜다. 1기는 일제 강점기에 활동한 조선공산당 등 좌파 정당들인데, 미군정과 이승만 정부에 압살됐다. 2기는 1956년에 창당한 진보당으로, 이승만이 조봉암을 사법 살인하면서 사라졌다. 3기는 4·19 혁명 시기다. 사회대중당을 비롯한 여러 진보 정당이 창당해 국회에 진출했지만 5·16 쿠데타에 짓밟혔다. 4기는 1987년 민주화 뒤 민중의당을 시작으로 민중당, 국민승리21을 거쳐 민주노동당으로 이어진 새로운 움직임이다.

그전의 흐름이 한국은 일제 강점기와 해방 정국을 거치며 식민지이자 봉건적 수탈 체제가 지배적인 사회라는 식민지반봉건사회론에 기댄 반면, 4기는 1960~1970년대 산업화에 따라 '상당히 발달한 자본주의'와 성장한 노동운동 등을 기반으로 했다. 민주노총, 전국농민회총연맹(전농), 전국빈민연합(전빈련) 등 대중 조직이 당의 뿌리 구실을 한다는 점도 특징이었다. 진보적 지식인 집단을 벗어나 대중적 기반을 갖춘 셈이었다. 반공주의와 지역주의에 떠밀려 어려움을 겪던 진보 정당 운동은 2001년 7월 19일 헌법재판소가 1인 1표제를 위헌으로 판결하면서 기회를 맞는다. 그동안 1인 1표제는 거대 정당이 비례대표 의석을 배분하는 근거였다. 이 판결 덕분에 지지 후보뿐 아니라 지지 정당을 찍는 정당 명부식 비례대표제가 도입되면서 진보 정당에 던지는 표는 사표 처지를 벗어났고, 노동조합도 정치 활동을 할 수 있게 됐다.

2004년 17대 총선 때 민주노총이 만든 선거 포스터.

2004년, 진보 정당이 1960년 이후 40여 년 만에 원내에 진출했다. 17대 총선에서 권영길과 조승수가 창원과 울산에서 당선하고 비례 대표 1번 단병호 전 민주노총 위원장부터 8번 노회찬까지 당선하면서 민주노동당은 의원 10명을 보유한 제3당이 됐다.

축복을 가장한 저주

예상 밖의 빠른 성공은 '축복을 가장한 저주'였다. 제3당으로 제도 정치에 자리를 잡고 국고 보조금까지 받자 다수파가 패권주의를 발동했다. 한국 사회의 진보 운동은 오래전부터 북한 문제와 분단 문제를 둘러싸고 대립했다. 4·19 시기의 몇몇 진보 정당 움직임이나 통혁당 등에는 북한을 남한 혁명의 '민주 기지'로 보고 미 제국주의를 주적으로 삼는 '친북 반미' 흐름이 있었고, 조봉암의 진보당이나 사회대중당 등은 남한만의 독자 변혁을 강조하는 사회민주주의에 가까웠다.

1980년 5·18을 거치며 진보 운동이 부활하면서 이런 전통이 되살아났다. 학생운동과 사회운동의 다수파는 반미와 민족 문제를 강조하는 자주파, 곧 엔엘이었다. 주체사상을 추종하는 주사파도 나타났다. 반면 한국이 미국 등에 종속되기는 하지만 상당한 자율성을 갖고 있으며 계급 모순 등 우리 내부 문제가 중요하다는 평등파, 곧 피디는 소수파였다. 자주파는 '상대적 진보'인 김대중을 지지하는 '비판적 지지' 노선을 추구했다면, 평등파는 독자적인 진보 정당을 건설하는 데 앞장섰다.

'군자산 결의' 뒤 독자 정당 건설로 노선을 바꿔 뒤늦게 진보 정당에 참여한 자주파는 위장 전입 등을 통해 민주노동당을 장악했다. 노회찬이나 심상정 같은 대중 정치인이 없어 2선에 머물던 자주파는 2004년 총선 뒤 수적 우세를 무기로 패권주의를 드러냈다. 북한 핵을 자위권으로 옹호하는가 하면 당 내부 동향을 북한에 보고한 일심회 사건도 일으켰다. '진보 간판의 세대 교체'를 해야 하는 2007년 대선에서는 이미 두 차례 출마한 권영길이 '노욕'을 부려 자주파하고 연합해 후보로 나섰고, 생뚱맞은 '코리아연방'을 주요 공약으로 내걸면서 낮은 지지율을 기록했다.

이런 흐름은 평등파가 탈당해 진보신당을 만드는 분당 사태로 이어졌다. 이정희를 영입한 민주노동당은 2008년 총선에서 낙선한 뒤 진보신당을 탈당한 심상정, 노회찬, 조승수와 '진보'라고 보기 힘든 유시민의 국민참여당하고 통합해 통합진보당을 창당했다. 새로운 진보 정당 실험으로 기대를 모은 진보신당은 노회찬과 심상정이 탈당하면서 활동가 중심의 '정치 서클'로 전락했다. 제2의 통합으로 새로운 전기를 맞는 듯하던 통합진보당은 2012년 총선 비례 대표 후보를 뽑는 당내 경선에서 당권파가 부정 선거를 저지르고 킨텍스에서 열린 중앙위원회 때 폭력 사태까지 벌어지면서 종말을 고했다.

박근혜 정부는 통합진보당 당권파의 핵심인 '경기동부'의 실세 이석기를 내란 음모, 내란 선동, 국가보안법 위반 혐의로 구속했고, 대법원은 내란 선동을 유죄로 인정해 9년 형을 선고했다. 헌법재판소는 강성 자주파만 남은 통합진보당이 북한식 사회주의를 실현하려는 목적을 숨긴 채 내란을 논의하는 회합을 여는 활동 등을 한 위헌 정당이라며 해산 조치를 내렸다. 한 정당의 문제를 정치 시장에서 유권자가 투표를 통해 거르게 하지 않고 강제 해산한 과정은 민주주의 원칙을 파괴한 정치 탄압이었다.

'여의도에서 시작해 킨텍스에서 끝났다.' 역사는 4기 진보 정당 운동을 이렇게 평가할 수 있겠다. 원내에 진출한 2004년부터 분당한 2008년까지 민주노동당은 황금기를 누렸다. 민주노총과 전농 같은 대중 조직을 바탕으로 부유세 등 진보적 아이디어를 내걸어 바람을 일으켰다. 황금기 민주노동당이 당사로 쓴 여의도 한양빌딩 앞에 서자, 시민단체들이 펼친 낙선 운동에 맞서 인물이 아니라 50년 동안 삼겹살을 구워 새까맣게 탄 '불판'을 바꿔야 한다며 기염을 토한 노회찬의 기백이 그리워졌다.

'가자 민중의 바다로'를 구호로 삼아 원내 진출에 성공한 4기 진보 정당은 정파 대립, 다수파의 패권주의, 지나친 친북 노선, 당내 부정 선거와 폭력 사태로 얼룩졌다. 그 뒤 심상정과 노회찬, 국민참여당계, 온건 자주파인 인천연합 등이 모여 정의당을 창당했고, 여기에 국민모임, 노동정치연대, 진보결집이 다시 통합해 2020년 21대 총선에서 득표율 9.67퍼센트를 기록했다.

통합진보당이 해산된 뒤 경기동부 등 강성 자주파가 만든 민중당은 진보당으로 이름을 바꾸지만 낮은 지지율을 벗어나지 못하고 있다. 2022년 초에 합당한 노동당과 사회변혁노동자당은 급진적 활동가들이 모인 정치 서클일 뿐이다. 다른 군소 진보 정당들도 상황이 어렵기는 마찬가지다. 특히 녹색당 등은 연동형 비례대표제가 도입된 뒤

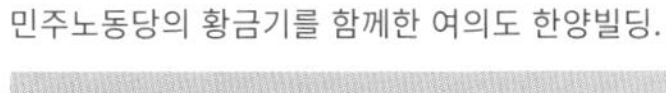
민주노동당의 황금기를 함께한 여의도 한양빌딩.

더불어민주당이 만든 위성 정당에 참여하는 문제를 둘러싸고 명분과 실리를 다 잃거나 실리만 얻으려다가 진보 정당의 정체성까지 잃었다.

변혁적이고, 진보적이고, 대중적인, 새로운 진보 정당?

새로운 진보 정당은 어디로 가야 할까? 킨텍스를 떠나며 나는 깊은 고민에 빠졌다. 다만 5기 진보 정당은 노동을 중심으로 한 전통 좌파(적색), 생태주의(녹색), 페미니즘(보라)이 모인 '적녹보 연합', 나아가 다양한 진보 운동을 잇는 '무지개 연합'에 기반해야 한다는 점만은 분명하다. 또한 거대 양당이 위성 정당을 만들면서 희극으로 끝난 독일식 연동형 비례대표제가 제대로 시행되고 사상의 자유를 옥죄는 국가보안법이 폐지돼야 소수자의 목소리를 대변하는 진보 정당이 제대로 자리잡을 수 있다. 민주주의라면 모든 사람의 한 표가 똑같이 한 표로 평가돼야 한다. 헌법재판소는 도시와 농촌 간의 인구 차이 때문에 표의 가치가 2배 넘게 차이 나는 현실은 위헌이라고 판정했지만, 현실에서는 양대 정당에 던지는 표는 소수 정당에 던지는 표의 7배로 계산된다. 변혁적이고, 진보적이고, 대중적인 새로운 진보정당은 불가능한 걸까?

심상정과 노회찬 등을 비롯해 비통진당 계열이 창당한 정의당.

찾을 곳

옛 민주노동당 당사 서울특별시 영등포구 국회대로70길 18 한양빌딩. **정의당 당사** 서울특별시 영등포구 국회대로70길 7 동아빌딩 5층.

101. 중구 | 민주노총

자주적 노동운동의 과거, 현재, 미래

'한국 예외주의와 노동운동의 때늦은 개화.' 영등포로터리 옛 민주노총 사무실 앞에서 내가 《먼슬리 리뷰Monthly Review》(1997년 7/8월호)에 쓴 글을 떠올렸다. 이 잡지는 알버트 아인슈타인이 〈왜 사회주의인가〉라는 창간사를 쓴 일로 유명하다.

한국 노동운동은 '한국 예외주의'와 '때늦은 개화'가 특징이다. 해방 정국에서 조선노동조합전국평의회가 미군정에 분쇄된 뒤 한국 노동운동은 어용 노조를 벗어나지 못했다. 직선제 개헌을 요구하는 목소리가 드높던 1987년에도 한국노총은 4·13 호헌 조치를 지지했다. 유럽 등에서 진보 정당과 노동운동이 2차 대전 뒤 황금기를 누린 '좋은 시절'에 한국 노동운동은 분단 상황에 갇혀 죽을 쑤고 있었다.

과거, 한국 예외주의와 때늦은 개화

한국 노동운동은 1970년대 전태일 열사 분신, 동일방직 여성 노동자 투쟁, YH무역 여성 노동자 투쟁 등을 거쳐 1987년 민주화 국면에서 노동자 대투쟁으로 폭발했다(이 책 43장 참조). 여기에도 '한국 예외주의'가 적용된다. 오랫동안 숨죽이던 한국 노동운동이 뒤늦게 개화하자 전세계 노동운동은 현실 사회주의 몰락과 시장 만능 신자유주의 속에서 죽을 쑤기 시작했다. 세계 노동운동이 퇴보할 때 한국만, 아니 한국, 남아공, 브라질의 노동운동만 뒤늦게 꽃을 피웠다.

"사회주의 망했으니 반성을 하라고 하는데, 반성할 것이 있어야 하지요? 사회주의는커녕 근로기준법 지키고 먹고 살 수 있는 생활급 달라고 싸우고 있는 것이 우리 노동운동의 현실인데." 1990년대 초 현실 사회주의가 몰락하자 몇몇 좌파 지식인들이 전향을 선언하고 보수 정당에 안겼다. 주류 미디어와 학계가 노동계에 급진성을 반성하라고 요구하자 단병호 전 민주노총 위원장은 이렇게 답했다.

좌파 지식인들이 사회주의라는 관념적 목표 아래 투쟁했다면, 노동운동은 절망적인 현실 속에서 임금 인상, 작업 조건 개선, 근로기준법 준수 등 '낮은 목표'를 들고 싸웠다. 다만 이런 요구를 억압하는 정부와 기업에 맞서 '전투적'으로 투쟁했다. 기본 생존권을 방어하려는 투쟁 방식의 전투성을 이념적 급진성으로 잘못 비판한 셈이었다. 한국 노동운동의 특징은 사회주의가 아니라 임금 인상 같은 경제적 이해관계를 전투적으로 추구하는 '전투적 조합주의'였다.

한국 노동운동은 사회주의 이념이 아니라 한국 자본주의의 현실 속에서 꽃을 피운 만큼 현실 사회주의가 몰락해도 계속 성장했다. 1987년 노동자 대투쟁으로 성장한 노동운동은 1990년 전노협을 결성했고, 정부의 복수 노조 금지 조항을 뚫고 현대그룹노동조합총연합(현총련)과 대우그룹노동조합협의회(대노협), 전국업종노동조합회의(업종회의) 등이 모여 1995년 전국민주노동조합총연맹, 곧 민주노총이 출범했다.

"한국의 노동 환경은 세계 최악이다."

"한국의 노동법은 빨갱이 법이라 기업을 할 수가 없다."

1990년대 중반, 노동운동가들은 입만 열면 앞의 말을 했고 자본가

정리 해고 등에 반대해 민주노총이 집회를 열고 있다(민주노총 제공).

들은 뒤의 말만 반복했다. 어떻게 같은 현실에 두고 이렇게 정반대로 말한 걸까? 노사 관계에는 집단적 노사 관계와 개별적 노사 관계가 있기 때문이다.

노동조합 결성, 단체 교섭, 파업 같은 집단행동에 관련된 집단적 노사 관계는 야만 자체였다. 제3자 개입 금지, 교원 노조 금지, 공무원 노조 금지라는 '3금禁'이 대표적이다. 반면 개별적 노사 관계는 노동자의 고용이나 해고에 관련된다. 기업인들은 한국이 경영상 이유에 따른 정리 해고가 자유로운 선진국하고 다르게 노동자를 마음대로 해고할 수 없다면서 빨갱이 법이라고 비판했다. 선진국은 복지 제도가 잘돼 있어 정리 해고가 되더라도 생계를 유지할 수 있지만 한국은 전혀 그렇지 않았다.

김영삼 정부는 정부, 한국노총, 민주노총, 경제 단체가 참여한 노동관계개혁위원회(노개위)를 구성해 복수 노조를 허용하고 집단적 노사 관계를 개혁하는 대신에 정리 해고를 도입하는 등 개별적 노사 관계를 개악하려 했다. 1996년 12월 16일 새벽에 정부와 신한국당은 노개정동 경향신문 빌딩에 자리한 민주노총.

위 합의안에서 집단적 노사 관계 부분을 뺀 개별적 노사 관계 개악안과 안기부법 개악안을 날치기로 통과시켰다. 노동법 날치기는 3206개 노조 359만7011명이 참여한 한국전쟁 이후 최대 규모 정치 총파업을 불러왔다. 김영삼 정부는 정리 해고 합법화를 취소하고 민주노총을 합법화했다.

기쁨은 오래가지 못했다. 노개위가 낸 안이 1997년 아이엠에프 경제위기, 김대중 정부와 노무현 정부를 거치며 관철됐다. 민주노총은 경제위기를 극복하기 위해 노동 시간 단축과 일자리 나누기를 실행하자고 제안했지만, 김대중 정부는 정부, 노동계, 경제계 대표들이 참여하는 노사정위원회를 만들어 정리 해고를 제도화하는 대신 교원 노조를 합법화했다(민주노총은 노사정위원회에 참여하지 않고 있다). 노무현 정부는 제3자 개입 금지 조항을 폐지하고 많은 제한을 달아 공무원 노조를 합법화하는 대신 파견 근로를 대폭 확대하는 등 신자유주의적 노사 관계를 전면화했다.

현재, 분열과 분할

민주노총은 신자유주의에 맞서 '노동자 계급의 정치 세력화'를 적극 추진했다. 그런 노력의 결과가 민주노동당이다. 민주노총은 2004년 총선에서 민주노동당이 원내에 진출해 제3당으로 자리잡는 데 중요한 구실을 했고, 비례 대표에 노동계를 참여시키는 등 일정한 지분도 행사했다. 그렇지만 그 뒤 진보 정당은 다수파인 자주파와 소수파인 평등파가 대립하면서 분열과 반목을 이어가고, 부정 선거와 폭력 사태를 일으켜 정당 해산을 당하더니, '조국 사태'와 성추행 사건을 거치며 대중적 지지를 잃었다(이 책 100장 참조).

진보 정당이 분열한 와중에 민주노총은 2010년 오랜 '영등포 시대'를 마감하고 '정동 시대'를 열었다. 그동안 민주노동당을 통한 노동자 정치 세력화라는 통일된 정치 방침을 유지하던 민주노총은 정파 갈등 속에서 새로운 정치 방침을 정하지 못했다. 이런 혼란은 노동 현장에서 실리적 조합주의가 강화되고 노동운동 지도자들이 기성 '보수' 정당, 정확히 말해 자유주의 정당에 들어가는 흐름으로 이어져 진보 정당의 지지 기반을 허물었다.

민주노총이 정치 세력화에 더해 중심 과제로 삼는 사업이 산별 노조다. 노동자와 노동운동이 개별 기업에 묶인 한계를 절감해 산별 노조를 건설하려 노력하지만 별 성과가 없다. 게다가 출신 지역, 성별, 개별 기업으로 나뉜 노동자들이 1997년 경제 위기를 거치며 정규직, 비정규직, 파견 노동자 등으로 더욱 잘게 쪼개졌다. 현대자동차 정규직 노동자들은 경제에 타격을 줄 전략적 힘이 있지만 생존을 건 절박함은 약하다면, 생존이 절박한 비정규직은 전략적 힘이 없다.

미래, 아직 오지 않은 위기에 맞서

민주노총은 한국을 대표하는 노동조합으로 성장했다. 2020년 말 기준 민주노총 조합원은 113만 4000명(25퍼센트 정도가 비정규직이다)이다. 양적으로 눈에 띄게 성장한 상황에서도 분열과 대립 속에서 노동운동이 나아갈 방향을 찾는 데 어려움을 겪고 있다. 고령화와 정년

2021년 131주년 세계노동절대회를 알리는 포스터.

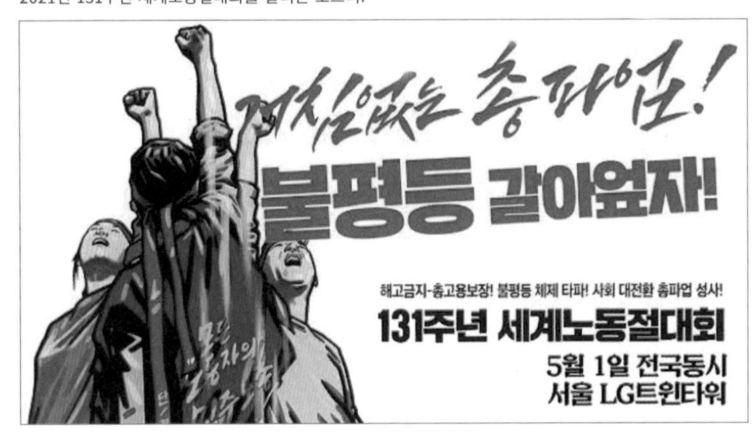

연장 문제를 둘러싼 세대 갈등, 인공 지능을 비롯한 4차 산업혁명에 따라 급증하는 플랫폼 노동자 등 민주노총 앞에 놓인 과제는 아찔하기만 하다. 자동차 산업을 비롯해 기후 위기에 따른 산업 구조 변화와 '미투 운동'으로 상징되는 젠더 혁명에도 미리미리 대응해야 한다.

노동운동을 바라보는 따가운 시선도 큰 문제다. 안토니오 그람시는 노동자 계급이 한 사회의 헤게모니를 잡으려면 국민들이 노동운동의 발전을 그 사회의 발전이라고 믿게 해야 한다고 주장했다. 자본주의가 유지되는 한 노동자 계급도 있을 수밖에 없고, 노동운동도 있을 수밖에 없다. 한국 노동운동도 국민들이 노동자 계급과 민주노총이 발전해야 대한민국이 발전한다고 생각하게 만들어야 하는 과제를 안고 있다.

찾을 곳

전국민주노동조합총연맹 서울특별시 중구 정동길 3 경향신문사 14층

102. 종로 | 촛불 집회

광장을 밝힌 촛불은 어디로

소설 《광장》은 1961년 4·19 혁명 직후에 나왔다. 최인훈은 남과 북을 대비시킨다. 남한은 개개인을 위한 사적 공간인 '밀실'이 넘쳐나면서도 모든 사람을 위한 공적 공간인 '광장'은 황폐한 곳인 반면, 북한은 모든 공간이 광장이며 사적 영역인 밀실은 거의 없는 곳으로 그렸다.

민주주의의 꽃, 시민들의 공간

소설 제목처럼, 고대 그리스의 아고라에서 유래한 광장은 민주주의의 꽃이자 시민들의 공간이다. 최인훈의 고발처럼, 이승만, 박정희, 전두환 독재 체제 아래에서 광장은 황폐한 불모의 공간이다. 다만 공권력이 삼엄하게 저지하는 사이에서도 게릴라처럼 광장이 생겨났다. 1960년 4월 19일 광화문에는 투쟁하는 시민들 덕분에 잠깐이지만 광장이 생겨나 이승만을 몰아냈다. 1980년 봄 서울역에는 민주화를 외치는 학생들이 모이면서 새로운 광장이 만들어지지만 지도부가 회군을 결정하는 바람에 신군부가 집권하지 못하게 막을 기회를 놓쳤다. 1987년 6월에는 명동성당 등 전국 곳곳에 광장이 만들어져 직선제 개헌과 민주화를 성취했다.

민주적 공간이 확대되고 집회와 시위가 자유로워지면서 광장이 풍

1980년 봄, 많은 대학생이 모여
광장 민주주의를 보여준 서울역광장.
광장을 가득 채운 에너지는
'서울역 회군'으로 무너지고 말았다.

1987년 민주화 뒤 민주주의의 광장으로
떠오른 시청 앞 광장은 코로나19가 닥치면서
평범한 잔디밭으로 바뀌었다.

성해지고 광장 민주주의가 자라나기 시작했다. 1987년 명동에서 시작된 광장 민주주의는 강경대 열사 사망과 분신 정국이 불러온 1991년 5월 투쟁 등 우여곡절을 거치며 촛불 집회로 발전했다.

"오, 필승 코리아!" 2002년 6월, 경기도 양주에서 미군 특수 장갑차에 깔려 신효순과 심미선이 세상을 떠났다. 2002년 11월, 미군이 사고를 낸 미군들에 무죄를 선고하자 시민들이 촛불을 들고 광장으로 달려 나왔다(이 책 75장 참조). 이름 없는 시민들이 인터넷을 매개 삼아 광장으로 나오는 촛불 집회의 신화가 시작됐다.

"그 밤에, 저는 청와대 뒷산에 올라가 끝없이 이어진 촛불을 바라보았습니다. 시위대의 함성과 함께 제가 오래전부터 즐겨 부르던 〈아침이슬〉 노랫소리를 들었습니다." 광장을 밝히는 촛불은 2004년 광

2017년 박근혜 탄핵 촛불 집회에서 세월호를 기억하자는 뜻을 담은 깃발이 나부끼고 있다.

화문에서 열린 노무현 탄핵 반대 촛불 집회를 거쳐 2008년 시청 앞에서 벌어진 미국산 소고기 수입 반대 촛불 집회로 발전했다. 이명박은 촛불 집회에 굴복해 항복을 선언했다.

"내가 춤출 수 없다면 혁명이 아니다." 20세기 초에 활약한 아나키스트 페미니스트 엠마 골드만이 한 말이다. 한국의 민주화 운동과 시위 문화는 운동권식 엄숙주의와 헌신주의에 바탕했다. 촛불과 광장 민주주의는 유아차를 끄는 젊은 엄마들이 참여하고 청년들이 춤추는 '즐거운 혁명'에 바탕했다. 몇몇 명망가와 특정 단체가 무대와 발언을 독점하는 '단상 권력'과 '운동 권력'을 벗어나 평범한 시민들이 마이크를 잡고 자기 목소리를 냈다.

촛불 집회는 한국 민주주의가 거둔 자랑스러운 성과다. 그러나 세계 민주주의 역사에서 유례없는 새로운 시민운동의 전형이라는 일방적 낙관론은 경계해야 한다. 코로나19 때문에 시청 앞 광장은 텅 비어 있었다. 2008년 봄 미국산 소고기 수입 반대 촛불 집회를 둘러싼 낙관적 분위기 속에서 내가 어느 신문에 쓴 글이 생각났다. "지나친 낙관론은 금물이다. 촛불이 '정치적으로 주체화'되지 않는다면 결국 일회성 촛불로 끝나고 말 것이다. 촛불은 계속될 수 없다. …… (이를테면 효순·미선 촛불과 노무현 탄핵 반대 촛불 집회가 있었지만) 이 촛불들은 정치적으로 주체화되지 못했고, 시간이 지나자 꺼졌다. 그리고 2007년 대선에서 이명박이 승리했다."

코로나19 이후, 텅 빈 광화문광장은 누가 차지할까.

염려한 대로 미국산 소고기 수입 반대 촛불은 꺼졌고, 2012년 대통령 선거에서 박근혜가 승리했다. 2014년 4월 16일 세월호 참사가 일어나자 진상 규명을 요구하고 희생자를 추모하는 촛불 집회와 광화문 농성이 이어졌다.

촛불과 광장 민주주의의 절정은 박근혜 탄핵 촛불 집회였다. 최순실 국정 농단 사건 뒤 2016년 말에 시작해 2017년 봄까지 계속된 박근혜 탄핵 촛불 집회는 광화문 등 전국 주요 도시에서 20회 열렸고, 연인원 1588만 명이 참여했다. 전체 인구의 30퍼센트가 넘는 숫자다.

박근혜 탄핵 촛불 집회도 자랑스러운 일만은 아니라는 점을 잊으면 안 된다. 광장 민주주의가 발전하고 거리 정치가 폭발하는 이유는 제도 정치가 제 기능을 못하고 있기 때문이다. 정치란 '다양한 사회적 갈등을 정당과 국회 등 제도 정치의 틀 안에서 평화적으로 조종하는 일'인데, 보수 양당이 지배하는 제도 정치가 사회적 갈등을 제대로 반영하지 못하면서 목소리 없는 약자들은 거리로 나올 수밖에 없었다. 촛불과 광장 민주주의는 대의 민주주의가 실패한 결과였다. 마찬가지로 촛불과 광장 민주주의가 모두 진보적이지는 않다는 데 주목해야 한다. 광장 민주주의를 가장 극적으로 이용한 사례가 히틀러의 극우 포퓰리즘이었다. 도널드 트럼프 전 미국 대통령도 에스엔에스와 연

2017년 초 박근혜 탄핵을 외치며 시위하는 청소년들을 황망한 표정으로 바라보는 노인들.

설을 적극적으로 활용해 극우 대중을 광장으로 끌어내 의회를 점령하게 했다.

문재인 정부 들어 나타난 촛불과 광장 민주주의의 변화도 사정은 비슷하다. 그전까지 민주화 운동 진영 또는 개혁과 진보 진영이 촛불을 주도한 반면, 문재인 정부 시기에는 태극기 부대로 상징되는 냉전 보수 진영이 촛불 집회를 독점했다. 2019년 '조국 사태'가 시작된 뒤 조국 전 법무부 장관 지지자들이 서초동 대검찰청 앞에서 촛불 집회를 열자, 박근혜 탄핵 촛불 집회의 현장이자 광장 민주주의의 중심인 광화문은 태극기 부대 차지가 됐다. 촛불과 광장 민주주의가 대의제와 간접 민주주의의 결점을 보완하는 직접 민주주의를 의미한다면, 이 집회들은 직접 민주주의가 아니라 기성 제도 정치권을 지지하는 세력들이 모여 세를 과시하는 자리라는 비판도 제기된다.

환청과 환희가 사라진 자리

"이게 나라냐!"

코로나19 때문에 텅 빈 광화문광장에 섰다. 오만과 독선 때문에 더불어민주당은 2022년 대통령 선거와 지방 선거에서 패배했다. 시민들이 외치는 함성으로 가득한 박근혜 탄핵 촛불 집회가 떠올랐다. 환희가 가라앉자 걱정이 밀려왔다. 코로나19 때문에 잠깐 잠잠해졌지만, 집회 금지 조치 속에서도 극우 기독교도들은 예배를 핑계 삼아 광화문광장에서 장외 집회를 열었다. 텅 빈 광화문광장은 누가 차지할까? 언제가 다시 타오를 촛불과 광장 민주주의는 어디로 갈까?

찾을 곳

광화문광장 서울특별시 종로구 세종로 1-68.

마치며

역사의 토건화, 역사 지우기, 진실과 화해

긴 시간이 걸린 책을 마무리하면서 드는 세 가지 생각을 전하고 싶다.

첫째, 역사의 토건화다. 일본은 정부 재정을 쏟아부어 필요 없는 도로를 깔아 경기를 부양하는 토건 국가로 비판받는다. 한국은 '역사의 토건화'가 한창이다. 기념물을 만들어 역사를 기억하는 일은 필요하지만 정도가 지나쳐 '토건화'로 나아가면 그 안에 담긴 정신을 해친다. 국립5·18민주묘지가 대표적이다. 윤상원 열사를 비롯한 5·18 희생자들을 가족이 싣고 와 묻은 구묘역을 놔두고, 현장성과 역사성을 제거한 채 외형만 강조한 신묘역을 새로 조성했다.

기념물이 가장 많은 사건은 한국전쟁과 월남전이었다. 몇 년 전 태백시가 한국전쟁과 월남전 참전 기념탑을 세우려 하자 이미 만든 학도병 기념비도 제대로 관리하지 못한다며 논란이 됐다. 요즘은 동학 관련 기념물이 부쩍 늘었다. 그동안 동학이 제대로 대접받지 못한 점을 생각하면 이해도 되지만, 도가 지나쳐 동학 정신을 훼손할까 걱정이다. 꽤 잘 만든 황토현 동학 기념물들을 완전히 뒤집어엎어 대공사를 하고 있었다. 동학군이 몰살된 우금치도 대형 주차장을 만드느라 공사 중이었다. 거대한 조형물이 아니라 정신 계승이 중요하다.

둘째, '역사 지우기'다. 지금도 끊임없이 유적이 사라지고 역사가 지

남부군 지휘 벙커 터에 지은 회문산역사관.

확장 공사를 한다며 주변을 다 파헤친 정읍 동학공원.

세종시 은고개 학살 유적지는 개발에 밀려 사라졌다.

워진다. 전라북도 순창군 회문산에는 남부군 전북도당 지휘부 벙커가 있었다. 2000년 김대중 정부는 부서진 벙커 터에 원래 지휘부를 재현한 벙커를 건설했고, 이명박 정부는 새로 지은 벙커를 다시 철거하고 모양만 본뜬 역사관을 지었다. 남부군 사령관 이현상이 1953년 9월 반김일성파라는 이유로 쫓겨난 뒤 지리산을 내려오다가 사살된 빗점골 계곡 바위 옆에는 이런 사실을 적은 안내판이 있었는데, 이명박 정부 때 철거했다. 그러자 이현상을 기리는 사람들이 아예 바위에 '이현상 바위'라는 글자를 새겨버렸다.

한국전쟁 초기 이승만이 보도연맹원을 학살한 세종시 은고개도 마찬가지다. 진실화해위가 한 과거사 규명 작업에 관련해 2018년 지역 시민단체들은 은고개 학살 현장을 발굴해 유골 등을 수습했고, 세종국제고등학교 학생들은 모금을 해 위령비를 세웠다. 그런데 한국토지주택공사가 이 지역을 개발하면서 학살 현장을 없애고 위령비도 철거했다. 중앙정보부 건물도 마찬가지다. 6국 등 중요한 유적을 철거하거나 유스호스텔로 바꿔 역사를 지워버렸다. 안타까운 일이다.

셋째, 진실과 화해다. 진실화해위는 제주 4·3이나 여순 사건 등을 둘러싼 진실을 규명하고 화해로 나아가려 노력했다. 2기 진실화해위가 활동하지만 아직 모자란 구석이 많다. 관련자들이 세상을 떠나기 전에 과거사 진실 규명과 명예 회복, 화해를 해야 한다. 한국전쟁 전후에 벌어진 좌우익 교차 학살에 관련해 모든 피해자를 함께 추모하는 '용서와 화해의 위령탑'을 세운 영암이나 화순이 귀감이 될 만하다. 보상 문제는 좀 복잡하다. 제주4·3특별법이 국회를 통과하면서 4·3 피해자 명예 회복과 보상이 결정됐고, 산청·함양·거창 학살 사건과 여순 사건 피해자도 정부 보상을 요구하고 있다. 정읍시는 동학 참여자 유족에게 유족 수당을 월 10만 원 지급한다. 피해자와 유가족이 외채 동결을 요구하며 시위를 하는 아르헨티나 실종자 어머니 모임 '5월 어머니회' 회원들.

겪은 고통을 생각하면 보상은 당연한 일이지만, 5·18을 비롯한 민주화 운동 때문에 생계가 어려운 피해자뿐 아니라 출세가도를 달린 사람들까지 거액을 보상받고, 한 사건이나 성격이 비슷한 다른 사건들 사이에서 보상을 받은 자와 못 받은 자끼리 반목이 일어나고, '가짜 피해자'까지 등장하면서 어렵게 지켜온 대의를 해칠 염려도 있다. 특히 여순 사건은 피해자라고 주장하는 사람들에 견줘 정부가 인정한 피해자가 너무 적어 심각한 갈등이 예상된다.

아르헨티나 군사 독재 시절 실종 활동가 어머니들이 만든 '5월 어머니회'는 내 자식은 현재의 운동 속에 살아 있는 만큼 시신을 발굴하지 않고, 희생자들의 정신을 가두는 기념물을 안 만들고, 생명은 돈으로 대신할 수 없으니 금전 보상을 거부한다는 뜻을 모은 뒤, 매주 목요일마다 아르헨티나가 마주한 문제를 주제로 삼아 집회를 연다. 모든 피해자에게 이런 태도를 요구할 수는 없다. 적절한 보상을 하되, 보상을 둘러싼 반목과 추태, '역사의 금전화' 등 부작용을 줄일 솔로몬의 지혜가 필요하다.